Frühe Hochkulturen an Euphrat und Tigris

Für Wolfgang
in dankbarer Erinnerung

Jürgen Bär

FRÜHE HOCHKULTUREN AN EUPHRAT UND TIGRIS

THEISS WISSENKOMPAKT

THEISS

Inhalt

■ Der alte Orient – Einheit und Vielfalt
10 Forscher und Abenteurer
14 Geographische Schauplätze und natürliche Bedingungen
17 Flüsse und Schwemmebenen

■ Die Geschichte des alten Orients
21 »Wiege der Zivilisation« – 12. bis 6. Jahrtausend v. Chr.
38 Aus Dörfern werden Städte – 6. bis 4. Jahrtausend v. Chr.
55 Von vielen Kleinstaaten zu einem Großreich – 3. Jahrtausend v. Chr.
72 Die neuen Völker – Ende 3. und erste Hälfte 2. Jahrtausend v. Chr.
89 Gleichgewicht der Mächte – Zweite Hälfte 2. Jahrtausend v. Chr.
112 »Das Imperium schlägt zurück« – Erste Hälfte 1. Jahrtausend v. Chr.

Figur eines Mannes aus Uruk, Alabaster, um 3100 v. Chr.

Rekonstruktion des Ischtar-Tores im Vorderasiatischen Museum, Berlin.

Panorama der altorientalischen Kulturen

149 Vom Token zur Bibliothek – Schrift und Schriftkultur
157 Von der Allmacht der Götter – Die mesopotamische Religion
164 »Gewusst wie ...« – Wissenschaft und Technologie
172 »Das bisschen Haushalt ...« – Alltag, Familie und Beruf

181 Weiterführende Literatur
184 Glossar
192 Bildnachweis, Impressum

Der alte Orient –
Einheit und Vielfalt

Die Geschichte der frühen Hochkulturen an Euphrat und Tigris umfasst einen Zeitraum von rund 10000 Jahren. Der alte Orient war der Schauplatz für mächtige Reiche und Metropolen mit prächtigen Tempeln und Palästen, ein Nährboden für unzählige Errungenschaften, ohne die unser tägliches Leben kaum vorstellbar wäre.

In Vorderasien wurden erstmals umherstreifende Jäger und Sammler zu sesshaften Bauern und Viehzüchtern. Sie entwickelten Lebensformen, die über die Sicherung der reinen Existenz weit hinausgingen. Aus Dörfern wurden Siedlungen, die aufgrund ihrer Fläche, Einwohnerzahl, Architektur, Verkehrswegen und Organisationsstrukturen die Bezeichnung »Stadt«, in vielen Fällen sogar »Großstadt«, verdienten. Aus kleinen Dorfgemeinschaften entstanden organisierte Staatswesen, die die Basis für die Entwicklung der ersten »Weltreiche« bildeten. Selbst wenn man heute davon ausgehen muss, dass Erfindungen, wie das Rad, Metall- und Töpferhandwerk bis hin zu einem Schriftsystem nicht nur im alten Orient, sondern auch in anderen Regionen der Erde unabhängig voneinander gemacht wurden, schmälert dies die Bedeutung der frühen Hochkulturen an Euphrat und Tigris keineswegs. Denn es sind weniger die einzelnen Innovationen, die ihre Leistungen so bewundernswert machen, als vielmehr deren Summe, vor allem aber deren konsequente Weiterentwicklung und ständige Verbesserung, von denen wir bis heute tagtäglich profitieren.

Maßgebliche Anstöße für solche Fortschritte ergaben sich nicht allein aus der technischen Notwendigkeit. Voraussetzung waren gleichfalls hoch entwickelte soziale, politische, wirtschaftliche und auch religiöse Verhältnisse, die geeignete Rahmenbedingungen für die Umsetzung neuer Ideen und Konzepte schufen. In Anbetracht der unausgewogenen Quel-

oben: Die »Mona Lisa von Nimrud« (Kalchu) ist ein 16 cm großes Elfenbeinköpfchen, das vermutlich ein Möbelstück zierte (8. Jh. v. Chr.).

links: Über die fruchtbare Uferzone des Tigris hinweg zeichnet sich in der Ferne die Silhouette der assyrischen Metropole Assur mit ihrer Zikkurat ab.

Mesopotamien einst und jetzt: Schafhirte am Ufer des Tigris.

lenlage fügt sich unser Bild der Gesellschaft des altorientalischen Menschen und der Veränderungen, denen er unterworfen war, erst langsam zusammen. Doch sind es gerade die Veränderungen, die sich für das Verständnis dieser Kultur oftmals bedeutender erweisen als manche technische Neuerung.

Ein Gang durch die Geschichte der frühen Hochkulturen führt anschaulich vor Augen, dass die gesellschaftlichen und historischen Entwicklungsprozesse selten geradlinig verliefen. Die unterschiedlichen Völkergruppen, die im Laufe der Jahrtausende im Schmelztiegel des alten Orients zusammentrafen, sahen sich immer wieder neuen, teils selbst verursachten Problemen gegenüber: Veränderte Lebensbedingungen durch Klimawandel und fortschreitende Umweltzerstörung, Konflikte durch Migration und soziale Missstände, Schwierigkeiten bei der Integration von Einwanderern und zunehmende Landflucht. Kriege und bewaffnete Auseinandersetzungen wurden damals zwar noch nicht um Öl, aber bereits um eine andere lebenswichtige Ressource, das Wasser, geführt. Die genannten Probleme sind aktueller denn je und werden uns heute auch noch für die Zukunft prognostiziert. Bei aller Unterschiedlichkeit in der ethnischen Zusammensetzung versuchten sich die altorientalischen Gesellschaften diesen Herausforderungen durch flexible Anpassung, neue Formen des Zusammenlebens und verbesserte Techniken zu stellen. Das einigende Band bildete dabei die Verständigung auf eine vielfältige aber gemeinsame Kultur, Religion und Schrift sowie die

Bereitschaft zur Assimilation. Geschichte und Traditionen stellten ein Erbe dar, das von allen geteilt wurde.

Im Mittelpunkt des alten Orients steht traditionell Mesopotamien, das in der altgriechischen Sprache das »Land zwischen den Flüssen« Euphrat und Tigris bezeichnete. Nach heutigen Begriffen deckt sich das »Zweistromland« relativ genau mit dem Staatsgebiet des modernen Irak. In der Antike wurde ab der Mitte des 2. Jahrtausends v. Chr. eine politische Aufgliederung Mesopotamiens in Assyrien im Norden und Babylonien im Süden üblich. Diese Differenzierung wurde später auch auf die unterschiedlichen Landschaften übertragen, wobei die ungefähre Trennungslinie beider Bereiche auf Höhe der irakischen Hauptstadt Bagdad verlief. Die weitere Teilung Babyloniens in Akkad und Sumer reicht bis in das 3. Jahrtausend v. Chr. zurück. Auch diese Benennungen übernahm man, ungeachtet ihrer politischen Bedeutung, im Lauf der Zeit für die Nord- beziehungsweise Südhälfte des südlichen Irak zwischen Bagdad und dem Persischen Golf.

Seit vielen Jahren ist in einer ohnehin von Krisen und Kriegen geschüttelten Region insbesondere der Irak aus der aktuellen Berichterstattung nicht mehr wegzudenken. Täglich erreichen uns neue Schreckensnachrichten und Bilder terroristischer Akte, die von Gewalt und Zerstörung traumatisierte Menschen in einem Land zeugen, das in Chaos und

Archäologie im Dienste der Propaganda: Diktator Saddam Hussein ließ sich direkt neben den Ruinen des Nebukadnezar-Palastes in Babylon ebenfalls einen Palast errichten, weil er sich als Nachfolger des berühmten Königs sah.

Anarchie versinkt. Im Zuge dieser Ereignisse geriet – mehr als je zuvor – auch das kulturelle Erbe des Irak in den Blickpunkt der Öffentlichkeit. Das Nationalmuseum in Bagdad, das weltweit eine der größten Sammlungen mesopotamischer und frühislamischer Altertümer beherbergte, wurde mehrere Tage lang ausgeplündert. Die Fundstätten im Süden des Landes, dem Kerngebiet der sumerischen und babylonischen Kultur, die auch Schwerpunkte dieses Buches bilden, sind Raubgräbern preisgegeben, die mit den gestohlenen Fundobjekten einen international organisierten und millionenschweren Kunsthandel bedienen. Nicht nur für die wissenschaftliche Forschung sind die Konsequenzen dieser Vorgänge katastrophal, sondern auch für die kulturelle Identität des Landes und seiner Bevölkerung. Die geraubten Artefakte sind für die Forschung unwiederbringlich verloren, da sie aus ihrem archäologischen Kontext herausgerissen wurden und ihren kulturhistorischen Aussagewert größtenteils eingebüßt haben. Den Entwicklungen im Irak steht man sicherlich nicht nur als Archäologe mit Betroffenheit und Ohnmacht gegenüber. Dennoch muss es auch die Aufgabe der Wissenschaft bleiben, das Interesse an dem antiken Vermächtnis diese Landes wach zu halten, um Anknüpfungspunkte für zukünftige Kontakte zu schaffen.

■ Forscher und Abenteurer

Im Gegensatz zu den antiken Kulturen Griechenlands und Roms, deren geistiges und materielles Erbe im Bewusstsein des Abendlandes stets lebendig blieb, gerieten die weitaus älteren Zivilisationen des alten Orients nach ihrem Untergang relativ schnell in Vergessenheit. Die einstmals blühenden Metropolen der Sumerer, Babylonier und Assyrer, die bereits im 4. Jahrtausend v. Chr. die Ausdehnung und Einwohnerzahlen antiker Städte wie Athen und Rom übertrafen, lagen viele Jahrhunderte unter dem Sand der Wüste verborgen, bevor sie mehr oder weniger zufällig wiederentdeckt wurden. Lediglich die negativ gefärbten Schilderungen im Alten Testament lieferten bis in die Neuzeit die Vorlage für zahlreiche Klischees und falsche Vorstellungen vom alten Orient.

Eine weitere Erschwernis in der nachträglichen Beurteilung der altorientalischen Kulturen besteht in dem Umstand, dass aufgrund mangelnder Rohstoffe, wie Stein und Holz, fast ausschließlich mit dem vergänglichen Material des luftgetrockneten Lehmziegels gebaut wurde, sodass sich die mesopotamischen Fundstätten dem heutigen Besucher als verwitterte, hellbraune Lehmhügel in einer meist öden Landschaft prä-

In seinem Gemälde »Tod des Sardanapal« spielte Eugène Delacroix 1827 auf den assyrischen Herrscher Assurbanipal an und brachte die damals herrschenden Klischees eines wollüstigen, dekadenten Orients zum Ausdruck.

sentieren. Nur noch in Ausnahmefällen lässt die Größe einer Ruine oder der imposante Stumpf eines Tempelturmes (Zikkurat) erahnen, welche monumentale Erhabenheit diese Bauwerke einstmals ausgestrahlt haben müssen. Angesichts dieses wenig beeindruckenden Erhaltungszustandes darf man sich aber nicht darüber hinwegtäuschen lassen, dass auch die Heiligtümer und Paläste Mesopotamiens den steinernen Bauten des alten Ägypten oder den marmornen Tempeln der klassischen Antike in nichts nachstanden. Im Gegenteil, der Orient hat den Okzident bereits sehr früh in vielerlei Hinsicht beeinflusst.

Die archäologische Erforschung des alten Orients lässt sich in mehrere Phasen unterteilen. Ab der zweiten Hälfte des 19. Jahrhunderts waren es vor allem europäische Reisende, Abenteurer und Gelehrte die sich gezielt auf die Suche nach den in der Bibel erwähnten Stätten Mesopotamiens machten. Unternehmungslustige und autodidaktisch gebildete Altertumsforscher, wie der Engländer Austen H. Layard oder der Franzose Paul E. Botta, förderten durch ihre aufsehenerregenden Funde in den Ruinen der assyrischen Königsstädte das Interesse am geheimnisvollen Zweistromland. Einen weiteren Anstoß erhielten diese ersten Ausgrabungen durch die Entzifferung der Keilschrift, die fortan eine Fülle unterschiedlichster Informationen über die altorientalischen Kulturen preisgab. Die

DER ALTE ORIENT – EINHEIT UND VIELFALT

oben: Im 19. Jahrhundert transportierte man die steinernen Skulpturen und Reliefplatten aus den altorientalischen Ruinenstätten systematisch ab, um sie an die europäischen Museen und Privatsammlungen zu verkaufen.

links: Antiker Ruinenhügel (Tell) am Flusslauf des Tigris.

ersten systematischen Ausgrabungen, die auch wissenschaftlichen Ansprüchen genügten, wurden jedoch erst zu Beginn des 20. Jahrhunderts von den deutschen Architekten und Bauforschern Robert Koldewey in Babylon (1899–1917) sowie Walter Andrae in Assur (1903–1914) durchgeführt.

Nach dem Ersten Weltkrieg begann eine zweite Phase, in der sich vorwiegend europäische und amerikanische Grabungsteams sowohl im Irak als auch in den benachbarten Ländern Syrien, Jordanien, Türkei und Iran mit langfristigen Projekten engagierten. Besonders erwähnenswert sind hier die Tätigkeiten einer anglo-amerikanischen Kooperation (1918–1934) unter Leitung von Sir Leonard Woolley im südirakischen Ur, wo der berühmte »Königsfriedhof« mit seinen ungeheuren Schätzen entdeckt wurde, die bis heute zu den sensationellsten Funden des alten Orients gehören. Das Deutsche Archäologische Institut konnte an seine bereits 1914 ebenfalls im Süd-Irak begonnenen Ausgrabungen in Uruk-Warka anschließen und sie mit Unterbrechungen bis in jüngste Zeit fortsetzen. Amerikanische Forscher widmeten sich verstärkt dem Norden des Landes und dessen Frühzeit mit der Aufdeckung einer Reihe prähistorischer Siedlungen. Einen weiteren Meilenstein markierten die Arbeiten des *Oriental Institute* der Universität Chicago im westlich von Bagdad gelegenen Diyala-Gebiet (1930–1938). Die dort ausgegrabenen städtischen Siedlungen lieferten bedeutende Erkenntnisse zur Kunst und Architektur der frühdynastischen Zeit (2900–2350 v. Chr.) und erlaubten Einblicke in die Struktur altbabylonischer Stadtanlagen des 19. und 18. Jahrhunderts v. Chr., deren Freilegung im restlichen Babylonien durch den inzwischen angestiegenen Grundwasserspiegel nicht mehr möglich ist. Seit 1933 graben französische Forscher in Syrien den riesigen Palast von Mari mit seinen bedeutenden Archiven aus, deren Auswertung ebenfalls noch andauert.

Bereits unmittelbar nach dem Ende des Zweiten Weltkrieges setzte eine Neuorientierung in den archäologischen Forschungsschwerpunkten ein. Zunächst traten die neugegründeten Staaten des Nahen und Mittleren Ostens, wie Syrien oder Irak, selbst als »ausgrabende Nationen« auf ihrem eigenen Territorium in Erscheinung und gründeten staatliche Antiken-

Flussaue am oberen Tigris bei Assur (Nord-Irak).

dienste, die auch mit der Restaurierung und Pflege der antiken Stätten betraut wurden, um den Besuchern einen besseren Eindruck von deren ursprünglichem Aussehen zu vermitteln. In jenen Jahrzehnten wandte man sich zudem verstärkt den Gebirgsregionen und Hochebenen von Türkei, Irak sowie Iran zu, da inzwischen insbesondere der Beginn der Sesshaftwerdung in den Blick gerückt war. Der Zeitraum zwischen 1960 und 1980 kann uneingeschränkt als »Blütezeit« der archäologischen Erforschung des alten Orients gelten. Im Zusammenhang mit mehreren Staudammbauten an Euphrat und Tigris in der Türkei, Syrien und dem Irak wurden zahlreiche international ausgeschriebene Rettungsgrabungen durchgeführt, bevor man die jeweiligen Gebiete überflutete.

Ab den 80er Jahren verschärften sich dann die politischen Konflikte in der Region und erschwerten die Durchführung archäologischer Unternehmungen. Im Irak kam die Ausgrabungstätigkeit zwar selbst während des irakisch-iranischen Krieges (1980–1988) nie völlig zum Erliegen, doch eine Ausdehnung auf die zwischenzeitlich gegründete autonome Republik Kurdistan im Norden des Landes war nicht mehr möglich. Der Einmarsch irakischer Truppen 1990 in Kuwait und die daraus resultierende Militäraktion der Vereinten Nationen beendete sämtliche noch laufenden Ausgrabungen. Die letzte Dekade des 20. Jahrhunderts war von den politischen und wirtschaftlichen Sanktionen der Weltgemeinschaft gegen den Irak geprägt und gipfelte 2003 in der erneuten Invasion der amerikanischen Armee, die diesmal auch den Sturz des irakischen Machthabers Saddam Hussein samt seines Regimes zur Folge hatte. Mittlerweile hat sich die wissenschaftliche Ausgrabungstätigkeit vom eigentlichen »Mesopotamien« hauptsächlich auf Syrien und die Türkei verlagert. Bis zum heutigen Tage harren Tausende von antiken Siedlungsstätten ihrer Entdeckung und Erforschung, in einer Region, deren kulturelles Erbe nicht noch einmal in Vergessenheit geraten sollte.

Geographische Schauplätze und natürliche Bedingungen

Die Kulturen des alten Orients sind geographisch in den Großraum »Vorderasien« eingebettet, der zwischen dem östlichen Mittelmeer, dem Schwarzen und Kaspischen Meer, dem Persischen Golf und dem Roten Meer im Schnittpunkt der Kontinente Asien, Afrika und Europa liegt. Politisch umfasst dieser Raum im Wesentlichen die heutigen Staaten Türkei, Syrien, Libanon, Israel, Jordanien, Irak, Kurdistan und Iran, einschließlich einiger Teile in den jeweils angrenzenden Nachbarländern Armenien, Georgien, Aserbaidschan, Saudi-Arabien, Jemen und den Anrainerstaaten des Persischen Golfes. Diese ausgedehnte Landmasse prägen nicht nur sehr gegensätzliche Landschaftsformen, zu denen sonnige Küstengebiete und schneebedeckte Gebirge ebenso gehören wie einladende Flussoasen und lebensfeindliche Wüsten, sondern auch unterschiedliche Klimazonen mit tropischen bis gemäßigt kühlen Temperaturen und seltenen bis häufigen Niederschlägen.

Eine zentrale Rolle bei der Entstehung der altorientalischen Hochkulturen nahm innerhalb Vorderasiens eine Region mit besonders günstigen natürlichen Bedingungen ein, die aufgrund ihrer geographischen Ausdehnung und Ertragsfähigkeit die Bezeichnung »Fruchtbarer Halbmond« erhielt. Er erstreckt sich von der östlichen Mittelmeerküste mit ihren Höhenrücken im Hinterland (Levante), der syrischen Steppe und dem türkischen Taurus-Gebirge über das zwischen Irak und Iran gelegene Zagros-Gebirge bis zum Scheitelpunkt des Persischen Golfes. In weiten Teilen des Fruchtbaren Halbmondes schafft eine jährliche Niederschlagsmenge von mindestens 200 Millilitern pro Quadratmeter die notwendigen Voraussetzungen für den Regenfeldbau. Entlang seiner inneren Randzone gibt es Regionen, die zumindest in den feuchteren Wintermonaten und im Frühjahr über ausreichend Wasser verfügen, um eine halbsesshafte oder nomadische Lebensweise zu ermöglichen, während in den fruchtbaren, aber regenarmen Flussebenen Mesopotamiens Euphrat und Tigris eine großflächige Bewässerung gewährleisten.

Nach derzeitigem Kenntnisstand geht man davon aus, dass – nach einer kühleren und trockeneren Phase zwischen 9000 und 6000 v. Chr. – seit etwa 3500 v. Chr. die Temperaturen in Vorderasien zwar den heutigen entsprachen, die Tier- und Pflanzenwelt jedoch in vielen Gegenden deutlich artenreicher war. Berichten ägyptischer und assyrischer Könige zufolge war noch um die Mitte des 2. Jahrtausends v. Chr. in der Wüstensteppe Syriens die Jagd auf Löwen, Elefanten, Gazellen und Straußenvögel

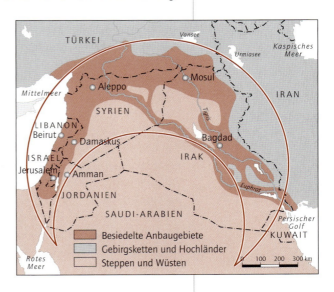

Lage und Verlauf des Fruchtbaren Halbmondes.

möglich. Ein Naturumfeld, das beim Anblick der staubigen, baumlosen Landschaft heutzutage unvorstellbar scheint. Damals müssen sich dort kleine Wälder mit weitläufigen Savannen und üppig bewachsenen Flussauen abgewechselt haben. Oftmals war es jedoch nicht der Wandel klimatischer Verhältnisse, sondern der Eingriff des Menschen, der die allmählichen Veränderungen in der Natur herbeiführte. Bereits in der Antike kam es beispielsweise aufgrund des hohen Bedarfs nach kostbarem Elfenbein zur Ausrottung des syrischen Elefanten und der systematischen Rodung der Zedernwälder im Libanon-Gebirge, um wertvolles Bauholz zu gewinnen.

Lange vor der Ankunft des Menschen im Gebiet des Fruchtbaren Halbmondes trug die Vielfältigkeit des Naturraumes und ein stabiles Klima wohl entscheidend dazu bei, dass sich ein umfangreicher Bestand an verschiedenen Pflanzen und Tieren ungehindert entwickeln konnte. So entstanden aus wild wachsenden Gräsern die Urformen unseres Getreides: die zweizeilige Gerste, Emmer und Einkorn. Ebenfalls vorhanden waren bereits Hülsenfrüchte, wie Erbsen und Linsen, Flachs sowie verschiedene Obst- und Gemüsesorten. Gleiches gilt für die Tierwelt: unter allerlei Groß- und Kleinwild fanden hier die zähen und genügsamen Wildformen

von Ziege, Schaf, Schwein, Rind und Esel schon früh einen geeigneten Lebensraum. Aus Sicht der ersten menschlichen Ankömmlinge boten sich in diesem Gebiet also sehr gute Lebensbedingungen mit einem abwechslungsreichen Nahrungsangebot. Die frühesten menschlichen Spuren stammen vom Neandertaler, der bis etwa 30 000 v. Chr. lebte. Seine Skelettreste und Steinwerkzeuge fanden sich in einem weiten Bogen, der von Israel/Palästina (Amud, Et-Tabun), der Südwest-Türkei (Karain/Antalya) über die heutige Republik Kurdistan (Schanidar/Rowanduz) bis in den südwestlichen Iran (Bisutun/Kermanschah) reicht. Abgelöst wurde der Neandertaler von unserem direkten Vorfahren, dem Cro-Magnon Menschen (*homo sapiens*), der die natürlichen Vorzüge dieser Region ebenfalls zu schätzen wusste und sich hier als Jäger und Sammler niederließ.

▪ Flüsse und Schwemmebenen

Euphrat und Tigris sind innerhalb des Fruchtbaren Halbmondes nicht nur die längsten, sondern auch die bedeutendsten Flüsse. Beide entspringen im Südosten des anatolischen Hochlandes in unmittelbarer Nähe zueinander, entwickeln sich in ihrem weiteren Verlauf aber durchaus un-

Palmenhain am unteren Euphrat bei Sippar (Süd-Irak).

terschiedlich. Der 2736 Kilometer lange Euphrat entsteht aus dem Zusammenfluss seiner beiden Quellflüsse Karasu und Murat. Er verläuft nach Verlassen des anatolischen Berglandes zunächst in einem großen Bogen in westlicher Richtung, um darauf nach Osten abzubiegen und geradewegs in den Persischen Golf zu münden. Wegen des geringen Gefälles und der wenigen Zuflüsse, wie dem Balich und Chabur, bleibt seine Fließgeschwindigkeit so gering, dass ein breites, aber nur flaches Bett entstand. Der mit 1899 Kilometern wesentlich kürzere Tigris fließt dagegen auf einem relativ direkten Weg in nord-südlicher Richtung in den Persischen Golf und wird unterwegs durch seine vergleichsweise großen Nebenflüsse, wie dem Großen (Oberen) und Kleinen (Unteren) Zab, dem Diyala und Karun, mit weit mehr Wasser gespeist. Dadurch schneidet sich der Strom tiefer in die Erde ein, was eine Wasserentnahme vom hoch gelegenen Ufer erschwert beziehungsweise entsprechende Schöpfvorrichtungen erfordert. Ungefähr auf Höhe des heutigen Bagdad nähern sich beide Flüsse an der engsten Stelle auf etwa 30 Kilometer einander an, um dann nahezu parallel weiter zu verlaufen, bis sie sich im Schatt el-Arab, ihrem Mündungsgebiet am Persischen Golf, vereinigen. In der weichen südirakischen Schwemmebene, dem so genannten Alluvialland, bilden sie zahlreiche Bögen (Mäander) und kleinere Seitenläufe aus.

Entstanden war diese alluviale Tiefebene über Jahrtausende hinweg aus den Ablagerungen (Sedimenten), die beide Flüsse in Form von Schlamm mit sich führten. Deshalb gibt es in diesem Gebiet auch keine nennenswerten Steinvorkommen. Eine stetige Erhöhung des Flussbettes beider Ströme ließ das Wasser nicht nur nach der Schneeschmelze im Frühjahr über seine Ufer treten, sondern ganzjährig. Die regelmäßigen Überschwemmungen an den Unterläufen von Euphrat und Tigris sorgten für äußerst frucht-

Der Umriss des längst ausgetrockneten Hafenbeckens zeugt heute noch davon, dass Uruk einst eine bedeutende Handelsstadt für die Binnenschifffahrt auf dem Euphrat war.

bare, immer wieder erneuerte Böden, die das ganze Jahr über bestellt werden konnten. Einer dauerhaften landwirtschaftlichen Nutzung der ertragreichen Bodenverhältnisse standen allerdings eine Reihe von Problemen gegenüber. Euphrat und Tigris erreichen ihre Höchststände nämlich im Frühjahr (März/April) vor der Ernte, sodass die Felder gegen Überflutung geschützt werden müssen, während für die neue Aussaat im Spätsommer (August/September) der ausgedörrte Boden wieder einen stark erhöhten Wasserbedarf hat. Eine künstliche Bewässerung mit eigens angelegten Kanälen (Irrigation) ist allein schon deshalb notwendig, weil der Süd-Irak mit weniger als 150 Millilitern Niederschlag pro Quadratmeter im Jahr weit außerhalb der Regenfeldbauzone liegt. Diese natürlichen Gegebenheiten bedingten eine grundlegend andere Form der Wasserbewirtschaftung als in Ägypten, wo der Nil durch seine Herbstschwemmen das Land für den Winter mit ausreichend Feuchtigkeit versorgte. Hinzu kommt, dass Euphrat und Tigris insbesondere bei Hochwasser im weichen Untergrund der Schwemmebene immer wieder ihre Richtung ändern oder sich sogar ein ganz neues Bett graben können. Auf diese Weise waren nicht nur Deiche, Dämme und Kanalsysteme permanent gefährdet, sondern auch die Siedlungen wurden im ungünstigsten Fall von ihrer Wasserversorgung abgeschnitten. Wie schwerwiegend sich diese Situation langfristig auswirken konnte, zeigen die Beispiele der einst prosperierenden Städte Uruk und Ur, die ursprünglich über Binnenhäfen am Euphrat verfügten und heute in wüsten Einöden rund 20 Kilometer vom jetzigen Flusslauf entfernt liegen.

Für die Menschen, die sich im Zweistromland ansiedelten, überwogen allerdings die Vorteile des günstigen Klimas und des fruchtbaren Bodens bei weitem. Sie stellten sich den Unwägbarkeiten der Natur, indem sie Euphrat und Tigris auf vielfältige Weise als wasserspendende Lebensadern zur Erschließung des Landes nutzten und dadurch blühende Landschaften entstehen ließen. Nicht umsonst wird von alters her der Ursprung der Sagen um paradiesische Zustände und einen Garten Eden in Mesopotamien gesucht. Darüber hinaus lieferten die Flüsse mit dem angeschwemmten Lehm das allzeit verfügbare Material ebenso für die Bauwerke wie für die Tontafeln als Träger der Keilschrift. Beide Ströme bildeten nicht nur die wichtigsten Verkehrswege im Binnenland des alten Orients, sondern fungierten zeitweilig auch als politische oder ethnische Grenzen zwischen verschiedenen Reichen und Völkern. Barrieren für die Ausbreitung sprachlicher Entwicklungen sowie kultureller Errungenschaften waren Euphrat und Tigris aber nie.

Die Geschichte des alten Orients

Vom 12. Jahrtausend bis zum 6. Jahrhundert v. Chr. prägten den alten Orient viele Völker, Kulturen und dynastische Reiche, die im Verlauf ihrer abwechslungsreichen Geschichte großartige Bauwerke und prachtvolle Kunsterzeugnisse hervorbrachten.

»Wiege der Zivilisation« – 12. bis 6. Jahrtausend v. Chr.

Mit den vielfältigen und äußerst günstigen Bedingungen des Naturraumes war in Vorderasien die wesentliche Voraussetzung dafür geschaffen, dass hier entscheidende Prozesse in der Menschheitsgeschichte schneller und geradliniger verlaufen konnten als in anderen Regionen der Erde.

Sesshafte Jäger und Sammler

Bereits gegen Ende der Altsteinzeit (18 000–12 000 v. Chr.) gibt es erste archäologische Hinweise auf eine eigenständige kulturelle Entwicklung in Vorderasien, die sowohl an einem andersartigen Wohnverhalten als auch in der Auswahl und Verarbeitung der verfügbaren Nahrungsmittel erkennbar sind. Die Jäger und Sammler der Kebaran-Kultur in Palästina nutzten nicht nur vorhandene Höhlen oder Felsüberhänge (Abris) für ihre saisonalen Aufenthalte, sondern errichteten schon einfache künstliche Behausungen im freien Gelände, wie die kreisförmigen Steinsetzungen von ʿAin Gev (ca. 15 000 v. Chr.) am Ostufer des See Genezareth im heutigen Israel nahelegen. Reibsteine und sichelförmige Feuersteinklingen weisen zusammen mit Pflanzenresten darauf hin, dass an solchen »Freilandstationen« gezielt wildwachsende Getreidesorten verarbeitet wurden. Knochenfunde geben Auskunft über spezielle Tierarten, die – je nach Lage

oben: Gründungsfiguren, wie der Gott mit dem Nagel, sollten in den Fundamenten versenkt Übel und böse Geister vom Gebäude abwenden.

links: Das »Nergal-Tor« war eines der imposanten Stadttore von Ninive (Rekonstruktion).

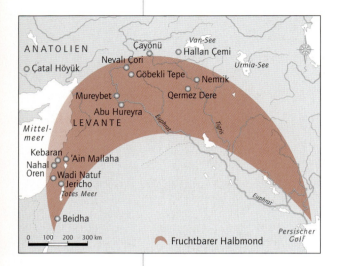

Steinzeitliche Fundplätze im Bereich des Fruchtbaren Halbmondes.

und Umgebung des Aufenthaltsortes – das bevorzugte Jagdwild stellten. Dazu gehörten, neben Gazellen, Büffeln und Hirschen, auch die Wildformen von Schaf, Ziege, Schwein und Rind.

Dauersiedlungen und frühe Wohnhäuser

In der anschließenden Periode des Epipaläolithikums (auch Proto-Neolithikum genannt, ca. 12 000–10 000 v. Chr.), das in der Levante nach einer Ansammlung charakteristischer Fundstätten im Wadi an-Natuf (Westjordanland) auch als »Natufien« bezeichnet wird, setzte sich der Prozess der beginnenden Sesshaftigkeit bei kleinen Gruppen von Jägern und Sammlern kontinuierlich fort.

Längerfristig genutzte Siedlungsplätze mit eigens konstruierten Wohnhäusern entstanden vermehrt in Gegenden mit einer besonders günstigen Fauna und Flora. Die runden Hütten waren, der besseren Standfestigkeit und Isolation wegen, bis zu einem Meter in den Boden gegraben und aus einem Steinsockel mit gestampften Lehmwänden aufgebaut. Der Lehm erwies sich fortan als ideales Baumaterial, weil er überall vorhanden war, gegen Hitze und Kälte gleichermaßen isolierte, mit Wasser leicht zu verarbeiten war und durch die Sonnenstrahlung schnell trocknete. Das Dach der Rundhütten stützten Pfosten ab, deren Abdrücke im Boden erhalten blieben. Im Inneren befand sich eine zentrale Herdstelle und gegebenenfalls weitere Einrichtungen aus Lehm oder Stein. In diesen einfachen Hausformen fand man ein breites Sortiment an Steingeräten, wie Mörser, Stößel, Reibsteine, Sichelklingen und primitive Gefäße aus ausgehöhlten Kalksteinen. Offenbar wurden Erdgruben ausgehoben, um Vorräte darin aufzubewahren. Neben Jagd und Fischfang bildete weiterhin das Sammeln von wildem Getreide und anderen Pflanzen die wichtigste Nahrungsquelle. Es kann sogar nicht ausgeschlossen werden, dass die Menschen des Natufien bereits in geringem Umfang Wildgetreide anbauten und zu einigen Tierarten, etwa dem Hund, engeren Kontakt hatten. Ihre Toten bestatteten sie einzeln oder zu mehreren in liegender Haltung mit angezogenen Beinen (Hockerstellung), entweder unter den Fußböden der Hütten oder außerhalb der Siedlungen. Grabbeigaben, die auf bestimmte Jenseitsvorstellungen oder Totenrituale schließen lassen, blieben die Ausnahme. Schmuckgegenstände, von denen sich meist Muschel- und Knochenperlen erhalten haben, sind dagegen die Regel und dürften aus dem persönlichen Besitz der Verstorbenen stammen. Manchmal weisen Pollenrückstände auf Blumenkränze hin.

Die überwiegende Mehrheit der Natufienzeitlichen Fundorte konzentriert sich im heutigen Israel/Palästina (Nahal Oren, ʿAin Mallaha/Eynan, Jericho). Im Süden ist das Natufien bis nach Jordanien (Beidha) belegt, im Norden bis nach Syrien an den mittleren Lauf des Euphrat (Abu Hureyra, Mureybet). Dem Natufien entsprechen epipaläolithische Kulturstufen mit vergleichbaren Ausprägungen im südöstlichen Anatolien (Çayönü, Hallan Çemi) sowie im Nordosten des Irak (Nemrik, Qermez Dere).

Jungsteinzeit und »Neolithische Revolution«

Im letzten steinzeitlichen Abschnitt, der Jungsteinzeit (Neolithikum), erfolgte in Vorderasien zwischen ca. 10 000 und 6000 v. Chr. der endgültige Schritt zur Sesshaftigkeit, das heißt dem dauerhaften Verbleib von Menschen an einem bestimmten Ort. Durch die damit verbundene Einführung zahlreicher technologischer Neuerungen veränderte sich das tägliche Leben und die sozialen Strukturen der bisherigen Jäger und Sammler einschneidend, denn das Zusammenleben in Siedlungsgemeinschaften erforderte ganz andere Verhaltensweisen als in den kleinen umherwandernden Familienverbänden. Schließlich begann der neolithische Mensch durch seine neu erworbenen Fähigkeiten in Ackerbau und Viehzucht seine Umwelt nachhaltig zu verändern: Er griff ganz bewusst in das Pflanzen- und Tierwachstum ein und gestaltete die Landschaft nach seinen Bedürfnissen um.

Gemessen am bisherigen Verlauf der Menschheitsgeschichte vollzogen sich diese epochalen Umwälzungen in der verhältnismäßig kurzen Zeitspanne von etwa 2000 Jahren während der ersten Hälfte der Jungstein-

> Für ganz Vorderasien typisch sind die Ruinenhügel, die arabisch »Tell«/»Tall« (plural: *Tel(l)ul/Tu(l)ul*), türkisch »Höyük« oder persisch »Tepe« heißen. Diese Bezeichnungen bilden sehr häufig auch einen Bestandteil in den heute gebräuchlichen Ortsnamen der Fundstätten. Ein **Tell** entsteht im Laufe der Zeit durch eine Abfolge verfallener Siedlungen, die immer wieder an der gleichen Stelle auf dem Lehmschutt der vorangegangenen Siedlung errichtet wurden. Je nach Erhaltungszustand und Mächtigkeit dieser so genannten Kulturschichten kann ein Tell eine kleine, kaum wahrnehmbare Bodenerhebung sein oder aber bis zu 30 Metern Höhe und mehreren Hektar Ausdehnung erreichen. Vor dem Beginn einer archäologischen Ausgrabung werden diese Ruinenhügel bei einer Oberflächenuntersuchung (englisch *Survey*) in Augenschein genommen, um anhand von Keramikscherben und anderen auf dem Boden verstreuten Kleinfunden das Alter und die Dichte der Siedlungen annähernd zu bestimmen.

zeit. Zudem verbreiteten sich die neuen Errungenschaften relativ schnell innerhalb Vorderasiens. Aus diesem Grund prägte im Jahre 1925 der australische Prähistoriker und überzeugte Marxist Vere Gordon Childe (1892–1957), in Anlehnung an die Industrielle Revolution der Neuzeit, den Begriff »Neolithische Revolution« für die Summe aller technischen, gesellschaftlichen und intellektuellen Entwicklungen dieser Zeit. Obwohl das Wort »Revolution« den Eindruck eines plötzlichen Umschwunges suggeriert, vollzogen sich diese Veränderungen im Zuge der so genannten Neolithisierung kontinuierlich über mehrere Jahrtausende hinweg, bis sie auch die Gebiete im heutigen Europa erfasst hatten.

Grundlagen und Konsequenzen sesshaften Lebens

Die Grundvoraussetzung für die Sesshaftigkeit war eine bäuerliche Lebensweise der Menschen, die ihre Nahrung überwiegend selbst produzierten, statt sie ausschließlich zu sammeln oder zu jagen. Dafür mussten aber zunächst wild vorkommende Tiere durch Domestikation sowie natürlich vorhandene Pflanzen durch Kultivierung an den Bedarf des Menschen angepasst werden. Erreicht wurde dies mit der gezielten Auswahl (Selektion) besonders geeigneter Spezies. Hund, Ziege, Schaf, Schwein und zuletzt auch das Rind ließen sich an den Umgang mit Menschen gewöhnen und züchten. Der normalerweise aus nur ein bis zwei Ähren bestehende wild wachsende Weizen bildet, ebenso wie die wilde Gerste, gelegentlich veränderte Formen (Mutationen) mit bis zu sechs Ähren aus, die für den Anbau separiert wurden. Ein wichtiger Bestandteil der sesshaften Lebensweise war die Produktion von Überschüssen, um sich von der Zufälligkeit und Unberechenbarkeit des natürlich vorhandenen Nahrungsangebotes unabhängiger zu machen. Erst das planmäßige Anlegen von Vorräten ermöglichte es einer größeren Gruppe von Menschen, über längere Zeit hinweg an festen Siedlungsplätzen zu bleiben. Das Jagen, Fischen und Sammeln blieb weiterhin von Bedeutung, weil es Ausfälle in der Nahrungserzeugung durch Unwetter, Dürren oder schlechte Ernten auszugleichen half. Darüber hinaus konnte das erwirtschaftete Nahrungsangebot durch Wildtiere und -früchte vielfältiger und abwechslungsreicher gestaltet werden.

Für die Wahl des Siedlungsplatzes waren daher gleich mehrere Faktoren ausschlaggebend: Fruchtbare Böden und eine ausreichende Wasserversorgung mussten ebenso vorhanden sein wie genügend natürliche Vorkommen von Tierbeständen und wilden Pflanzen. In Vorderasien fanden sich solche Bedingungen an vielen Orten der Levante, des westlichen

Kleinasiens, Zentralanatoliens und Nordmesopotamiens sowie den Gebirgsregionen des Zagros.

Allein die Wahl des Begriffes »Neolithische Revolution« zeigt bereits, welch gravierende Konsequenzen die Sesshaftwerdung in sämtlichen Bereichen des menschlichen Lebens nach sich zog. Sicher ist, dass durch die besseren Bedingungen, die ein langfristiger Aufenthalt gegenüber dem ständigen Umherwandern als Jäger und Sammler bot, ein merklicher Bevölkerungszuwachs einsetzte. Deutlich wird diese Veränderung nicht nur an der größeren Anzahl von Siedlungen, sondern auch an deren Ausdehnung und ihren höheren Einwohnerzahlen. Das Lebensalter der Menschen erhöhte sich bei gleichzeitig verringerter Kindersterblichkeit. Dennoch betrug die durchschnittliche Lebenserwartung in der Jungsteinzeit nur etwas mehr als 30 Jahre und fast jedes zweite Neugeborene überlebte das erste Jahr nach seiner Geburt nicht.

Gemeinschaftliches Zusammenleben auf engem Raum erforderte Regeln und Normen, einschließlich bestimmter Personen oder Instanzen, die sowohl für deren Einhaltung als auch für die Lösung von Konflikten zuständig waren. Dies begünstigte soziale Differenzierungen nach Eigenschaften und Fähigkeiten des Einzelnen. Zahlreiche Aufgabenbereiche, wie etwa Bauprojekte, mussten arbeitsteilig organisiert und überwacht werden. Das förderte zugleich auch individuelle Fertigkeiten, die nutzbringend für die Gesamtheit eingesetzt werden konnten. Damit war der Grundstein für die Herausbildung eines spezialisierten Handwerks gelegt. Mit den neuen Tätigkeiten als Ackerbauer und Viehzüchter mussten sich auch andere religiöse Vorstellungen entwickeln, denen die magischen Praktiken des Jäger- und Sammlerdaseins nicht mehr genügten. Fruchtbarkeit und Vegetation, reiche Ernten, der Schutz der Herdentiere und günstige Witterungsverhältnisse standen nun im Vordergrund.

Für die zivilisatorische Entwicklung Mesopotamiens in der Folgezeit ist außerdem von Bedeutung, dass sich im Neolithikum, parallel zu den überwiegend sesshaften Bevölkerungsteilen, ein Kleinnomadentum mit Ziegen- und Schafhaltung herausbildete, das über die besiedelten Gebiete hinausgriff und sukzessive neue Lebensräume außerhalb des Fruchtbaren Halbmondes erschloss.

Periodisierung der Jungsteinzeit

Die Jungsteinzeit Vorderasiens unterteilt man in zwei große Perioden, die nach dem Fehlen beziehungsweise dem Vorhandensein gebrannter Tongefäße (Keramik) benannt sind, nämlich dem vor- oder akeramischen Neoli-

Gerade für die steinzeitlichen Perioden Vorderasiens gestaltet sich die zeitliche Bestimmung (Datierung) der unterschiedlichen Phasen nach wie vor schwierig. Naturwissenschaftliche Analysen, wie die Radiokohlenstoffdatierung (^{14}C-Methode), sind nicht nur sehr aufwändig und teuer, sondern können lediglich größere Zeiträume eingrenzen. Für die aufs Jahr genaue Baumringdatierung (Dendrochronologie) fehlen jedoch meist die erforderlich umfangreichen Baumscheiben mit genügend Jahresringen. Daher handelt es sich sowohl bei abstrakten Phaseneinteilungen als auch absoluten Zahlenangaben letztlich nur um Hilfsmittel der **Chronologie**, um eine relative Abfolge mit Näherungswerten zu erstellen. Die so ermittelten Daten sind wegen ihrer starken Abweichungen häufig Gegenstand wissenschaftlicher Diskussionen. Ein weiteres Problem besteht im flächendeckenden zeitlichen Abgleich (Korrelation) der einzelnen Fundorte, die sich noch nicht gleichmäßig genug auf alle Regionen des Vorderen Orients verteilen.

thikum (ca. 10 000–8000 v. Chr.) und dem keramischen Neolithikum (ca. 8000–6000 v. Chr.). Beide werden noch einmal in mehrere Phasen unterteilt, die mit Großbuchstaben bezeichnet sind. Demnach entfallen auf das akeramische Neolithikum die Phasen A und B, während sich eine dritte Phase C am Übergang zum keramischen Neolithikum noch nicht in allen Bereichen des Fruchtbaren Halbmondes mit Sicherheit nachweisen lässt. Das keramische Neolithikum wird bislang in zwei Phasen, A und B, gegliedert. Der englischsprachigen Terminologie folgend, haben sich dafür in der Forschung die Bezeichnungen »Pre-Pottery-Neolithic« und »Pottery-Neolithic« mit den jeweiligen Abkürzungen »PPN A/B/C« sowie »PN A/B« eingebürgert.

Die maßgebliche archäologische Grundlage für diese Chronologie bildeten zunächst die Ausgrabungen in Jericho, einem der wichtigsten Fundorte der vor- und frühneolithischen Zeitstufen im Vorderen Orient. Die dort erzielten Ergebnisse führten auch zu der lange vorherrschenden Meinung, dass sich der Prozess der Neolithisierung zunächst punktuell in der Levante entwickelt und erst danach über das restliche Vorderasien ausgebreitet habe. In den letzten Jahrzehnten wurde jedoch durch die fortschreitende Grabungsaktivität, vor allem im Südosten der Türkei, in Nordwest-Syrien und dem Nord-Irak, deutlich, dass der Schwerpunkt dieser entscheidenden kulturellen Entwicklung in einem weitläufigen Gebiet zu suchen ist, das vom mittleren Euphrat- und Tigrislauf aufwärts bis in das anatolische Hochland reicht.

Akeramisches Neolithikum

Eine zeitliche und regionale Unterscheidung der keramiklosen Periode der Jungsteinzeit (PPN) ergibt sich weniger aus den bearbeiteten Steingeräten oder anderen typischen Fundobjekten, sondern vielmehr aus den variierenden Formen der Architektur sowie eines monumentalen Kunstschaffens. Die überraschenden Entdeckungen, die in den letzten Jahren in der Türkei gemacht werden konnten, haben vor Augen geführt, dass unser Bild vom Ausmaß und der Vielfältigkeit dieser frühen Kulturperiode gerade erst im Entstehen begriffen ist.

Die Bauweise der frühen jungsteinzeitlichen Phase (PPN A, ca. 10 000–9000 v. Chr.) knüpfte zunächst an die Traditionen des Natufien an, indem man runde, in den Boden eingelassene Lehmhütten auf Steinsockeln mit einem Durchmesser von drei bis acht Metern errichtete. Erstmals wurden für die Wände luftgetrocknete Lehmziegel verwendet, mit der Hand geformt oder in eckige Formen gepresst, und mit einem hellen Kalkmörtel verfugt. Niedrige Bänke oder kleine Mauern konnten den Innenraum mit zentraler Herdstelle in unterschiedliche Funktionsbereiche teilen, die dem Schlafen, Arbeiten und der Vorratshaltung dienten. Abgesehen von den reinen Wohnhäusern gibt es nun auch deutlich umfangreichere Bauten, die durch stärkere Mauern sowie einer aufwändigeren Innenausstattung mit gepflasterten Fußböden, Sitzbänken und Nischen in den Wänden gekennzeichnet sind. Zweifellos boten sie den Bewohnern der Siedlung für größere Versammlungen Platz. Teilweise skulptierte Pfeiler an den Wänden weisen zudem auf kultische Funktionen hin. In einem religiös-rituellen Kontext sind auch die mindestens 20 großen kreisförmigen Anlagen aus meterhohen Steinplatten in Göbekli Tepe bei Urfa (Türkei) zu sehen, die nach einer temporären Nutzung zugeschüttet und immer wieder neu errichtet wurden. Eine absolute Ausnahme stellt Jericho dar, für dessen massive Umfassungsmauer und dem angegliederten turmar-

Ein überregionales Zentrum des Totenkultes? Die steinernen Kreisanlagen von Göbekli Tepe geben viele Rätsel auf (10.–9. Jt. v. Chr.).

JERICHO – DIE ERSTE STADT DER MENSCHHEITSGESCHICHTE?

Berühmtheit erlangte Jericho (modern: Tell es-Sultan), das im Tal des Jordan nördlich des Toten Meeres 230 Meter unter dem Meeresspiegel liegt, vor allem durch die biblische Episode, nach der die gewaltigen Stadtmauern dem Ansturm der Israeliten standhielten und nur durch die Trompeten Josuas zum Einsturz gebracht werden konnten. Die überragende Bedeutung Jerichos für die archäologische Forschung geht allerdings auf einen Zeitraum zurück, der viele Jahrtausende älter ist als die Überlieferung des Alten Testaments.

Nachdem dort bereits 1868 erste Ausgrabungen begonnen hatten, die in den folgenden Jahrzehnten von wechselnden Grabungsteams mit nur mäßigem Erfolg fortgesetzt wurden, gelang Kathleen M. Kenyon von 1952 bis 1958 der entscheidende Durchbruch in der Erforschung dieser Fundstätte. Die britische Archäologin erkannte als Erste, dass es in den ältesten Schichten der Jungsteinzeit (Neolitihkum, ca. 10 000 bis 8000 v. Chr.) zwei Besiedlungsphasen gibt, in denen noch keine Keramikgefäße vorkommen und damit den »vorkeramischen« Kulturschichten angehören. Diese Erkenntnis widersprach der damaligen Lehrmeinung fundamental, wonach eine sesshafte Lebensweise untrennbar mit der Herstellung von Keramik verbunden war.

Ausschlaggebend für die Wahl Jerichos als Siedlungsort dürfte die ergiebige Quelle gewesen sein, die noch heute Menschen mit Wasser versorgt und einen längeren Aufenthalt in dem regenarmen Gebiet ermöglichte. Erste Besiedlungsspuren an dieser Stelle datieren bereits in die Zeitstufe des Natufien (12./11. Jahrtausend v. Chr.). Ab 7000 v. Chr. entwickelte sich dann die akeramische Ansiedlung, die schätzungsweise 1500 Menschen

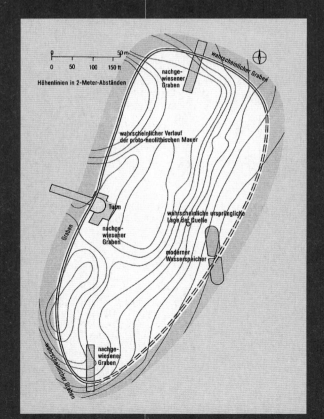

Plan der ummauerten Siedlung von Jericho.

Noch heute ragt der »Turm von Jericho« mit seiner massiven Basis aus trocken verlegten Kalksteinen acht Meter hoch auf.

Platz bot und über sämtliche Merkmale einer sesshaften Kultur verfügte: Häuser aus luftgetrockneten Lehmziegeln mit unterschiedlichen Grundrissen, Bestattungsplätze, ein differenziertes Sortiment an Steingeräten sowie die zur Nahrungsmittelproduktion notwendigen Nutzpflanzen und domestizierten Tierarten.
Das drei Hektar große Areal umschloss ein in den felsigen Untergrund gehauener Graben von acht Metern Breite und zwei Metern Tiefe und eine bis zu vier Metern hoch erhaltene Bruchsteinmauer. An deren Innenseite stand ein noch bis zu acht Metern aufragender Turm, der durch ein Tor über mindestens 22 Treppenstufen begehbar war. Dieser Befund verleitete schon früh dazu, Jericho als die älteste Stadt der Welt anzusehen, obwohl es bis heute umstritten bleibt, ob tatsächlich alle notwendigen Bedingungen gegeben waren, die eine großräumige Siedlung zu einer Stadt machen: etwa eine Zentrumsfunktion innerhalb eines hierarchisch gegliederten Siedlungssystems, eine städtische Infrastruktur oder verschiedene öffentliche Gebäude für unterschiedliche Verwaltungsaufgaben. Die Befestigungsanlage allein ist dafür jedenfalls noch kein Beweis. Neuere Erkenntnisse deuten außerdem darauf hin, dass auf dem Turm ein Rundbau mit etwa sieben Metern Durchmesser stand, der nicht der Befestigung, sondern dem Kult diente. Dennoch behält Jericho den Stellenwert einer ungewöhnlich großen und hoch entwickelten Siedlung, die in anderen Regionen der neolithischen Welt ihresgleichen sucht.

tigen Gebäude schätzungsweise mehr als 10 000 Tonnen Steine verarbeitet wurden, was für diese Zeit eine ungeheure Gemeinschaftsleistung bedeutete.

In der späteren Phase des akeramischen Neolithikums (PPN B), ca. 9000–8000 v. Chr., vollzog sich ein Wechsel von eingetieften Rundhütten hin zu rechteckigen Häusern, die ebenerdig oder leicht erhöht auf einem Sockel standen. Die neue Grundrissform begünstigte die Verwendung langrechteckiger Lehmziegel, die sich in hölzernen Formen schnell in großer Zahl herstellen ließen. Abgesehen von diesem bautechnischen Aspekt, entwickelten sich auch neue Haustypen, die den Erfordernissen des sesshaften Lebens wesentlich besser gerecht wurden als einräumige Hütten. Der Übergang vom Rund- zum Rechteckbau fand mancherorts parallel statt, an anderen Orten wiederum völlig abrupt, indem eine alte Rundbau-Siedlung aufgelöst und eine Rechteckbau-Siedlung neu gegründet wurde.

Im anatolischen Çayönu, etwa 40 Kilometer nordwestlich von Diyarbakır, lässt sich die Abfolge der unterschiedlichen Grundrisse, einschließlich ihrer Funktionen, besonders gut erkennen. Die acht bis elf Meter langen und drei bis fünf Meter breiten Häuser wurden anfänglich auf parallel verlegten Mauerzügen aus Bruchsteinen oder Lehmziegeln errichtet (»Grillplan«). Sie bestanden aus drei nebeneinander liegenden Vorratskammern, dem in der Mitte untergebrachten Wohnraum mit Herd und einem anschließenden Werkstattbereich. Später kam ein von Kanälen durchzogener Unterbau mit umlaufender Veranda hinzu (»Kanalplan«), der sich schließlich zu einem zwischen einem und anderthalb Meter hohen Untergeschoss entwickelte, das sich aus rechteckigen, begehbaren und als Kellerräume genutzten Kammern zusammensetzte (»Zellplan«). Statt einer Abdeckung mit Schilf oder Reisig gab es nun Flachdächer aus Lehm mit Brüstungen, die, ebenso wie das Obergeschoss, auf einem Gitterrost aus Holzbalken ruhten.

Innerhalb der Siedlungen verraten die einheitlich ausgerichteten Wohn- und Werkstatthäuser, zwischen denen sich regelmäßig größere Freiräume (Höfe?) befanden, eine kollektive Planung. Deutlich von diesem Teil der Siedlungen abgesetzt, finden sich in Randlagen rechteckige oder weiterhin runde Gebäude, die ganz oder teilweise in den Boden versenkt und von oben über eine Steintreppe oder Holzleiter zu betreten waren. Die zentralen Innenräume gleichen sich in der Ausstattung mit einer umlaufenden Bank, ritzverzierten oder reliefierten Steinpfeilern sowie sorgfältig geglätteten Fußböden aus Steinplatten oder mosaikartigem Terrazzo.

Außer Frage steht, dass diese Gebäude, ebenso wie die früheren Kreisanlagen, gemeinschaftlichen Aktivitäten, wie zum Beispiel Versammlungen und der Ausübung kultischer Handlungen, dienten.

Aufsehend erregend sind die Skulpturen aus den monumentalen Steinbauten von Nevalı Çori und Göbekli Tepe, die zu den frühesten ihrer Art zählen. Die mehrere Meter hohen Pfeiler aus weichem Kalkstein zeigen naturgetreue Reliefs von Schlangen, Adlern, Füchsen, Wildschweinen, Löwen und anderen Wildtieren. Rundplastische Figuren geben männliche oder weibliche Gestalten und einzelne Körperpartien wieder. Die markanten T-förmigen Monolithen sind ebenfalls als stilisierte Darstellungen von Menschen zu verstehen und beweisen den hohen Grad der gedanklichen Abstrahierung, der diesen Bildwerken innewohnt. Einmalig sind auch die aus mehreren Teilen bestehenden Kompositfiguren und Mischwesen aus einem Vogelkörper mit Menschenkopf. Die damalige Vorstellungswelt, die sich uns erst ansatzweise erschließt, schöpfte ihre Ideen und Symbole vermutlich aus mündlich überlieferten Mythen oder schamanistischen Traditionen. Naheliegend scheint eine Übel und negative Einflüsse abwehrende (apotropäische) Funktion zu sein, die auf gefährliche Tiere sowie andere Gefahren der Wildnis Bezug nimmt. Besonders die Konzentration von Bildwerken dieser Art im Kontext mit ausschließlich kultisch genutzten Bauten lässt es möglich erscheinen, dass es sich bei Göbekli Tepe um ein überregionales Kultzentrum handelte.

Neben diesen zumeist überlebensgroßen reliefierten Bildern gibt es eine Vielzahl kleinformatiger Figuren aus Steatit (Speckstein) und Ton, die das Motivrepertoire der Großplastik wiederholen. Reich dekorierte Steingefäße, Schmuckanhänger, Perlen und Steinglätter für die Bearbeitung von Pfeilschäften sind mit geometrischen, figürlichen oder aber astralen Ritzzeichnungen, wie Sonne, Mondsichel und Sterne, versehen. Von den ritzverzierten Anhängern lassen sich auch die ersten Stempelsiegel mit überwiegend geometrischen Motiven herleiten, die in der späteren Phase der akeramischen Jungsteinzeit (PPN B) zunächst in der Levante aufkamen.

Monumentale T-förmige Steinpfleiler mit Reliefs von Löwen und anderen Wildtieren zählen zu den ältesten Monumenten der Menschheit (10.–9. Jt. v. Chr.).

Ihre Verwendung auf bestimmten Gefäßen spricht bereits zu diesem Zeitpunkt eher für eine Besitzmarkierung denn für reine Dekoration.

Betrachtet man die monumentalen Bau- und Kunstwerke des frühen Neolithikums, so drängt sich die erstaunte Frage nach Durchführung und technischer Machbarkeit auf. Denn Bau oder Herstellung begannen ja nicht erst mit dem Abbau und Transport der tonnenschweren Steinblöcke, sondern bereits im Vorfeld mit der notwendigen Planung, Organisation und Arbeitsteilung. Die handwerkliche Bearbeitung erforderte spezialisierte, das heißt eigens ausgebildete Steinmetze, die sowohl mit den entsprechenden Techniken als auch den Bildmotiven vertraut gewesen sein mussten. Dies gilt im Übrigen auch für alle anderen handwerklichen und künstlerischen Gattungen des frühen Neolithikums.

Wie aufmerksam die Menschen damals die in ihrer Umwelt vorhandenen Ressourcen wahrnahmen, verraten die ersten Versuche in Anatolien, mit Metallen zu arbeiten. So wurde das in Schlacken natürlich vorkommende, so genannte gediegene Kupfer entweder kalt oder bereits unter Einwirkung von Hitze zu ersten Schmuck- und Gebrauchsgegenständen geschmiedet. Dem entsprach im levantinischen Raum die Verwendung des dort reichlich vorhandenen Gipses für Gefäße (»weiße Ware«). Zweifellos dürfte ebenso schon in dieser Zeit das Brennen von Tongefäßen bekannt gewesen sein, wenn auch noch nicht in dem Umfang, wie in der folgenden Periode.

Keramisches Neolithikum

Das keramische Neolithikum (PN A/B), von ca. 8000–6000 v. Chr., begann mit dem drastischen Rückgang der akeramischen Kulturen. Die Gründe hierfür sind umstritten: Veränderte klimatische und

Bei der pfeilerförmigen Figur eines Mannes aus Sanlıurfa handelt es sich um die älteste bisher bekannte Großplastik. Kalkstein, Höhe 1,93 Meter (9./8. Jt. v. Chr.).

ökologische Bedingungen kommen ebenso in Frage wie soziale Konflikte, möglicherweise aber auch eine Kombination aus beiden Faktoren. Jedenfalls nahmen in vielen Siedlungen des Frühneolithikums von der Levante bis zum Taurus-Gebirge die Einwohnerzahlen merklich ab, einige verschwanden sogar vollständig. In Zentralanatolien setzte sich unterdessen die Besiedlung ungebrochen fort, jedoch mit grundlegend geänderten Strukturen. An den Rändern der mesopotamischen Tiefebene zwischen Euphrat und Tigris entstanden in dieser Zeit die ersten dorfähnlichen Siedlungsplätze mit eigenem Kulturhorizont.

Die ursprünglich gewählte Aufteilung des Siedlungsplatzes in ein profanes Wohn- und Arbeitsgebiet auf der einen Seite und dem kollektiv-kultischen Bereich mit Gemeinschaftsbauten auf der anderen Seite wurde nicht länger beibehalten. Nach der Vielfalt der akeramischen Grundrissformen, wie beispielsweise in Çayönü, reduzierte sich der Bauplan auf Gebäude mit einem großen Wohnraum und maximal zwei bis drei kleinen Vorratskammern (»Großraumphase«). Die viereckigen Lehm- oder Steinhäuser baute man in ungeordneter, so genannter agglutinierender Weise direkt aneinander, ohne Freiflächen dazwischen. Mittlerweile beherbergten sie auch wieder kultische Bereiche in Form von »Schreinen« mit Installationen und Wandmalereien. Die Kult- oder Gemeinschaftshäuser mit ihren speziellen Konstruktions- und Einrichtungsmerkmalen fehlen in der keramischen Phase gänzlich. Eine Großsiedlung, wie das berühmte Çatal Höyük mit mehreren tausend Einwohnern, setzte sich von den kleinen Bauerndörfern der Umgebung deutlich ab und lässt von daher auf eine bedeutende Zentrumsfunktion innerhalb einer besiedelten Region schließen.

Die Einführung gebrannter Tongefäße, die dem keramischen Neolithikum den Namen gab, steht auch für veränderte Speise- und Vorratsgewohnheiten. Zur Sicherung der Lebensgrundlage verlor das Jagen und Sammeln immer mehr an Bedeutung, dafür nahmen Ackerbau und Viehzucht stark zu. Schnell entstand ein breit gefächertes Sortiment an unterschiedlichen Gefäß- und Behälterformen, in denen die Nahrung zubereitet und aufbewahrt werden konnte. Die rasante Ausbreitung der Keramikherstellung in allen Gegenden des Fruchtbaren Halbmondes weist nicht nur auf ein sehr engmaschiges, sondern auch weit verzweigtes Kommunikations- und Handelsnetz hin. Bestätigt wird dies auch durch die Verbreitung unterschiedlicher Arten von Obsidian, neben Feuerstein dem wichtigsten Material für Schneidewerkzeuge. Das vulkanische Gestein, das auch als das »schwarze Gold« der Steinzeit gilt, wurde in einem re-

ÇATAL HÖYÜK – »STADT OHNE STRASSEN«

In der vulkanisch entstandenen Hochebene von Konya (Türkei) liegt Çatal Höyük – einer der faszinierendsten steinzeitlichen Fundorte des alten Orients. Der englische Archäologe James Mellaart entdeckte den 21 Meter hohen und sich über 13,5 Hektar erstreckenden Siedlungshügel, den er zwischen 1961 und 1965 großflächig freilegte; 1993 wurden erneut Grabungen aufgenommen, die bis heute andauern.

»Leben auf Dächern«: Rekonstruktion der Siedlung von Çatal Höyük.

Bislang sind 18 Kulturschichten bekannt, die einen Zeitraum von etwa 7500 bis 5700 v. Chr. abdecken, wobei die bedeutendsten Funde aus den Schichten V–VII stammen, die in das keramische Neolithikum (7. und 6. Jahrtausend v. Chr.) datieren. Außergewöhnlich gut erhalten waren die einstöckigen Wohnhäuser dieser Siedlungsperioden, in denen zwischen 3500 und 8000 Menschen lebten. Da es weder Straßen noch ebenerdige Eingänge gab und die Häuser unmittelbar aneinander grenzten, konnten sie nur mit Leitern über das Dach zugänglich gewesen sein. Die wenigen hofartigen Freiflächen zwischen einigen Gebäuden waren ebenfalls nicht begehbar, sondern dienten der Lagerung von Müll und Bauschutt. Demnach dürfte sich das Leben der Einwohner im Freien meist auf den Flachdächern abgespielt haben, deren unterschiedliche Höhen auch die Beleuchtung der Innenräume gewährleisteten. Die durchschnittlich 25–30 Quadratmeter großen Häuser bestanden aus über einem Holzgerüst verbauten luftgetrockneten Lehmziegeln. Es kommt lediglich ein einziger Grundrisstyp vor, der sich aus einem größeren, viereckigen Raum und zwei kleineren Nebenräumen zusammensetzt. Im Inneren fanden sich weiße, stark kalkhaltige Lehmfußböden, eine Herdstelle und niedrige Plattformen, die wohl als Sitz- und Schlafgelegenheit dienten und unter denen auch die Knochen der verstorbenen Familienangehörigen mit Beigaben, wie Gefäßen, Spiegeln aus Obsidian sowie geometrischen Tonstempeln, bestattet waren. Als äußerst spektakulär erwies sich die Gestaltung der Innenräume mit mehrfarbigen Wandmalereien, plastischem Wandschmuck in Form von Stierköpfen (Bukranien), Paaren von Stierhörnern, Leoparden und abstrakten menschlichen Figuren. Der Motiv- und Themenschatz der ausdrucksstarken Malereien reicht von ornamentalen Mustern in der Art von Teppichen bis hin zu figürlichen Bildern, auf denen Jagdszenen, Ritualtänze oder riesige Geier über kopflosen, menschlichen Körpern dargestellt sind. Einen besonderen Eindruck vermitteln die rotfarbigen Handabdrücke, die Erwachsene und Kinder auf dem weißen Putz der Wände hinterließen. Vollplastische Tonfiguren korpulenter Frauen, darunter die berühmte »Göttin auf dem Leopardenthron«, lösten Diskussionen über weibliche Fruchtbarkeitskulte bis hin zu einer matriarchalen Gesellschaftsordnung aus, die auch außerhalb der archäologischen Fachwelt lebhaftes Interesse fanden, sich aber in der Folgezeit als wissenschaftlich nicht haltbar erwiesen.

Die wirtschaftliche Grundlage Çatal Höyüks bildeten, neben der Jagd, das Hausrind und verschiedene Nutzpflanzen. Außergewöhnlich hoch entwickelt war die Herstellung von Geräten aus Obsidian. Die Großsiedlung als Stadt einzustufen, sollte – wie im Fall von Jericho – nur unter Vorbehalten geschehen, denn dafür reichen die bisher vorhandenen Informationen noch nicht aus. Doch auch vor dem Hintergrund anderer Ausgrabungen mit spektakulären Funden bleibt dieser Ort einzigartig und lässt sich nicht mit den bäuerlich geprägten Dörfern der Umgebung vergleichen. Denn hier ist der kultisch-rituelle Aspekt nicht nur übermäßig stark ausgeprägt, er scheint mit seiner Symbolik außerdem auf eine mythische Welt lange vor dem Beginn der Sesshaftigkeit zu verweisen.

Die »Göttin auf dem Leopardenthron« ist ein bedeutendes Bildwerk der neolithischen Kultur Vorderasiens, um 6300 v. Chr. Ton, Höhe 14 Zentimeter.

Vulkanisches Obsidian-Gestein gilt als »Gold der Steinzeit« und eignete sich wegen seiner Härte besonders für Waffen, wie etwa Pfeilspitzen.

gelrechten Fernhandelssystem von Zentral- und Ostanatolien aus vertrieben. Gleiches trifft für andere Produkte zu, deren Herkunft sich zweifelsfrei bestimmen lassen, wie zum Beispiel Muscheln, Halbedelsteine oder Metalle. Auf diese Weise dürften auch Güter, wie Salz, Textilien, Korbwaren, Holzgegenstände und Häute oder Felle, die sich heute nicht mehr nachweisen lassen, überregional gehandelt worden sein.

Im keramischen Neolithikum war die Spezialisierung des Handwerks weiter vorangeschritten und erreichte mittlerweile einen hohen Standard. Hergestellt wurden nicht nur Gegenstände des täglichen Gebrauchs, sondern auch Luxuswaren und Statussymbole für privilegierte Personengruppen, wie kunstvoll gearbeitete Waffen, Schmuck und Gefäße aus kostbaren Materialien beweisen. Auch Stempelsiegel wurden deutlich häufiger verwendet. Die viel gleichmäßigere Gestaltung ihrer Siegelflächen mit geometrischen Ornamenten scheint einem Musterkatalog gefolgt zu sein.

Die monumentalen Steinskulpturen der akeramischen Periode verschwanden vollständig. An ihre Stelle traten kleinformatige Figuren aus Ton oder leicht zu bearbeitendem Kalkstein und Steatit. Meist handelt es sich um die Darstellung von Frauen, wie die Andeutung des Schamdreiecks verdeutlicht. Oftmals fehlen aber Geschlechtsmerkmale, was auf eine absichtliche Abstraktion hinweist. Auch bei den eindeutig als Frauen zu identifizierenden Figuren mit üppigem Busen, großem Gesäß und voluminösen Oberschenkeln war keine naturgetreue Wiedergabe beabsichtigt, sondern die Hervorhebung bestimmter Eigenschaften. So lassen die unterschiedlichen Haltungen der sitzenden, knienden und liegenden Statuetten auf verschiedene Bedeutungen schließen. Gefäße und kleine Vorratsbehälter wurden ebenfalls mit Reliefs oder plastisch aufgesetzten menschlichen Körperteilen, wie Armen und Köpfen, verziert.

Eine faszinierende Einzelerscheinung bleibt die Ausstattung der Wohnbauten von Çatal Höyük. Während roter Wandverputz auch in Häusern anderer Siedlungen dieser Zeit anzutreffen ist, fanden sich hier an Plattformen und Pfeilern Malereien zusammen mit plastisch aus Gips modellierten Skulpturen. Die akkurate Maltechnik sowie die verwendete Farb- und Motivpalette zeigen, dass in Çatal Höyük offensichtlich professionelle Maler am Werk gewesen sein müssen. Da die Gemälde immer wieder mit weißen Verputzschichten abgedeckt wurden, trug man sie anscheinend nur zu bestimmten Anlässen auf.

Ein auffälliges Kennzeichen im gesamten Neolithikum ist der Brauch des »Schädelkultes«, bei dem die Köpfe der Verstorbenen separat von den Körpern aufbewahrt wurden. Schnittmarken an Halswirbeln und anderen Knochen des Skeletts belegen, dass man den Schädel erst entfernte, nachdem der Leichnam vollständig verwest oder von allen Haut- und Fleischresten befreit war. Die ersten Hinweise auf eine nachträgliche Entnahme des Kopfes aus einem Grab finden sich im Vorderen Orient bereits um 60 000 v. Chr. bei einem Neandertaler-Skelett aus der Kebaran-Höhle (Israel). In den Gräbern des levantinischen Natufien (12 000–10 000 v. Chr.) häuften sich die Exhumierungen von Totenschädeln. In der Levante kam auch die Sitte auf, den Schädel, der entweder vollständig sein konnte oder keinen Unterkiefer mehr besaß, mit einer Masse aus Lehm und Gips zu überziehen, um damit die Gesichtszüge nachzubilden. Eingesetzte Muschelschalen für die Augen bis hin zur farbigen Wiedergabe der Haare verliehen dem Kopf eine gewisse Lebendigkeit. Dahinter stand wohl der Gedanke, dass der Kopf als der individuellste Teil des Körpers den Toten stellvertretend repräsentierte. Kaum beantworten lässt sich indes die Fra-

Mit plastisch modellierten Stierköpfen und mehrfarbigen Wandmalereien muss man sich die Kulträume in den Häusern von Çatal Höyük vorzustellen.

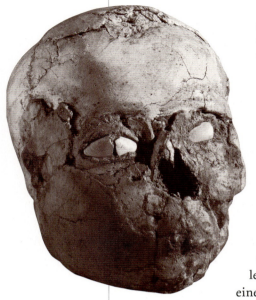

Präparierte Totenschädel mit eingesetzen »Augen« aus Muschelschalen spielten eine wichtige Rolle im Bestattungsritus der Jungsteinzeit.

ge, ob die modellierten Köpfe das tatsächliche Aussehen der verstorbenen Personen wiedergeben sollten.

Nach dieser speziellen Behandlung wurden die Köpfe dann erneut einzeln oder in Gruppen unter den Fußböden der Wohnhäuser beigesetzt. Eine äußerst bemerkenswerte Ausnahme stellt in dieser Hinsicht das »Schädelgebäude« von Çayönü dar, in dem die Skelettreste von mindestens 400 Personen, ähnlich einem mittelalterlichen Beinhaus, gestapelt waren. Dort scheinen sich auch im Rahmen der Präparierung religiöse Rituale abgespielt zu haben. Gegen Ende des keramischen Neolithikums wurde der Schädelkult wieder aufgegeben und man ging dazu über, die Toten mitsamt ihrem Kopf in Hockerlage außerhalb der Siedlungen beizusetzen.

▌Aus Dörfern werden Städte – 6. bis 4. Jahrtausend v. Chr.

Im alten Orient entwickelten sich bis zum Ende des 4. Jahrtausend v. Chr. die ersten Großsiedlungen mit städtischen Strukturen. Der Schwerpunkt dieses bedeutsamen Prozesses verlagerte sich von den Schauplätzen des Neolithikums in der Levante und Anatolien auf die Randgebiete Mesopotamiens und seiner Tiefebene zwischen Euphrat und Tigris.

Kupfer und Stein

Auf die Jungsteinzeit folgt ein Abschnitt, der durch die gleichzeitige Verwendung von Steingeräten mit Gegenständen aus gegossenem Kupfer charakterisiert ist und daher die Bezeichnung Kupfersteinzeit oder Kupferzeit beziehungsweise Chalkolithikum oder Äneolithikum erhielt. Technologisch setzte sich in diesem Zeitraum zwischen ca. 6000 und 3000 v. Chr. der professionelle Guss von Metallen, vornehmlich Kupfererzen, durch. Nachdem die Menschen in Anatolien schon im akeramischen Neolithikum gelernt hatten, natürlich vorhandene Metallschlacken zu bearbeiten, etablierte sich nun mit dem neuen Herstellungsverfahren ein spezialisiertes Metallhandwerk, das gleichförmige Objekte in Serie herstellte. Damit einher gingen die gezielte Suche nach nutzbaren Bodenschätzen (Prospektion) und der Abbau von Erzvorkommen, zunächst im Tagebergbau, mit anschließender Verhüttung sowie der Nachbearbeitung (Kaltarbeit) der Gussprodukte.

Durch das neue Material und die damit verbundenen Möglichkeiten dürfte sich die Entwicklung der bereits im späten Neolithikum vorangeschrittenen sozialen Differenzierung der Bevölkerung maßgeblich beschleunigt haben. Vor allem Waffen und Werkzeuge, aber auch Schmuck wurden in größeren Mengen benötigt, sodass der Besitz und Verkauf des begehrten Rohstoffes, samt seiner Endprodukte, zweifellos Reichtum und Macht sicherten. Es entstanden teure Prestigeobjekte und exklusive Würdezeichen für diejenigen, die es sich leisten konnten. Kaum eine chalkolithische Siedlung verzichtete noch auf Befestigungsmauern, da kriegerische Auseinandersetzungen auf der Tagesordnung standen, wie die immer wieder vorkommenden Funde von Schleuderkugeln in ihrer Umgebung beweisen. Die Toten wurden weiterhin unter den Fußböden der Häuser oder in Gräberfeldern außerhalb der Siedlungen beigesetzt.

Buntkeramik und Chronologie

Die zeitliche Einteilung des Chalkolithikums erfolgte in Vorderasien jedoch nicht – wie man nun meinen könnte – auf Grundlage der Metallobjekte, sondern anhand von farbig bemalten Keramikgruppen. Denn auch in der Produktion von Tongefäßen hatte es bedeutende technologische Fortschritte gegeben. Zwar bediente man sich noch der langsamen, mit der Hand gedrehten Töpferscheibe (Tournette), jedoch hatte sich das Brennverfahren enorm weiterentwickelt. In speziellen Öfen konnte die Sauerstoffzufuhr während des Brennvorgangs reguliert werden, um verschiedene Tonhärten, einen besonderen Glanz der Oberfläche oder eine bestimmte Farbgebung zu erhalten. Mithilfe der so genannten Buntkeramik lassen sich für Mesopotamien gerade im frühen und mittleren Chalkolithikum zeitliche und räumliche Kulturhorizonte gegeneinander abgrenzen, die größere Siedlungsgebiete umfassten. Parallel dazu entstanden in den benachbarten Regionen örtlich begrenzte Ausprägungen markanter Keramiken, beispielsweise im anatolischen Haçilar, dem iranischen Hasanlu oder der Susiana-Ebene im Südwesten Irans. Folgerich-

ELAM – NACHBAR UND STÄNDIGER RIVALE MESOPOTAMIENS

Östlich von Mesopotamien erstreckt sich mit Elam eine weitere Kulturregion des alten Orients, die zwar in Schrift, Kunst, Architektur und Religion viele Übereinstimmungen zum Zweistromland aufweist, aber bei aller Ähnlichkeit doch stets ihr eigenes Gepräge bewahrte. In der Forschung glaubte man lange, das Gebiet im heutigen Südwesten Irans habe lediglich durch seine geographische Nähe zu Mesopotamien von dessen Errungenschaften profitiert. Nach aktuellem Kenntnisstand erfolgte die Entwicklung beider Gebiete jedoch in einem wechselseitigen Austausch. Das größte Problem für eine Beurteilung Elams bleibt aber nach wie vor die lückenhafte Überlieferungssituation.

Im 3. Jahrtausend v. Chr. entstand mit den ersten städtischen Siedlungen im Süden Mesopotamiens auch in Elam unter ganz ähnlichen Voraussetzungen eine urbane Zivilisation. Dies führte ebenfalls zur Ausbildung eines eigenen Schriftsystems, der »protoelamischen« Schrift, die allerdings bis heute nicht lesbar ist. Die Erwähnung einer Dynastie von Awan in der Sumerischen Königsliste beweist, dass Elam in dieser Zeit als fester Bestandteil der mesopotamischen Staatenwelt angesehen wurde. Schon früh kristallisierte sich mit Susa ein führendes Zentrum im Land heraus. Ab 2300 v. Chr. erlebte Elam Phasen einer wechselnden Abhängigkeit von den Großreichen der Akkad- und Ur III-Dynastie, bis es um 2000 v. Chr. einem namentlich nicht bekannten elamischen Herrscher erstmals gelang, einen Kriegszug nach Babylonien zu führen und die Stadt Ur zu zerstören. In der Folgezeit blieb die gewonnene Unabhängigkeit unter der Dynastie der Epartiden (ca. 1800–1500 v. Chr.) erhalten, deren Herrscher mit dem Titel »König von Anschan und Susa« den Anspruch auf die beiden Gebiete erhoben, aus denen sich Elam zusammensetzte. Nach dem Einfall der babylonischen Kassiten um 1330 v. Chr. etablierte sich eine neue elamische Dynastie, deren Vertreter mehrere erfolgreiche Kriege mit dem Nachbarn im Westen führten, bevor Nebukadnezar I. von Babylon sie 1110 v. Chr. besiegte. Erst ab 750 v. Chr. liegen wieder Nachrichten aus Elam vor, die darüber Auskunft geben, dass die Elamer nun verschiedene Bündnisse mit den Babyloniern und anderen westlichen Nachbarn eingingen, um sich gegen das neuassyrische Reich wehren zu können. Im 6. Jahrhundert v. Chr. siedelte sich schließlich der vom iranischen Hochplateau eingewanderte Volksstamm der Perser im Gebiet des ehemaligen Elam an. Die Region wurde in der Folgezeit zum Stammland der Dynastie der Achämeniden und zum Zentrum des neuen persischen Weltreiches.

Dünnwandige Becher mit Schlangenmotiv auf hellbeigem Untergrund sind typisch für die frühe Keramik aus Elam.

tig sind sämtliche Kulturen nach den Fundorten benannt, an denen die jeweilige Keramik erstmals archäologisch nachgewiesen werden konnte. Ein weiteres Kriterium für eine genauere Eingrenzung und Bestimmung liefert die Architektur.

Hassuna-Kultur

Ausgangsbasis der ersten chalkolithischen Kultur (ca. 6000–5000 v. Chr.), für die der Fundort Tell Hassuna im Norden des Irak namengebend war, bildete eine »Proto-Hassuna« genannte Vorstufe des keramischen Neolithikums. In Verbindung mit rechteckigen, zwei- bis dreiräumigen Stampflehmhäusern kam hier, neben einer groben Tonware mit hohem Anteil an Strohteilchen (Häcksel) und mineralischen Substanzen, eine feinere, weil stärker »gemagerte« Keramik auf, die schlichte Muster in roter Farbe trug. Das Gefäßsortiment setzte sich aus wenigen, ganz einfachen Formen, wie flachen Schalen, tiefen Schüsseln und kugelförmigen Krügen, zusammen. Die folgende, frühchalkolithische Besiedlungsphase kennzeichneten schon kleine Gehöfte aus mehrräumigen Rechteckhäusern mit Speicherbauten und Höfen, in denen kuppelförmige Brennöfen mit zwei Metern Durchmesser standen. Hergestellt wurde jetzt eine breitere Auswahl an Tongefäßen mit einer sowohl eingeritzten als auch gemalten Motivpalette. Es überwiegen geometrische Muster, bei denen Schraffuren, Punkte und Aussparungen in den Hals-, Schulter- und Bauchzonen der Gefäße abwechslungsreich eingesetzt wurden. Das übrige Fundrepertoire mit Steingeräten und Gegenständen aus geschmol-

Ritzverzierte und einfarbig bemalte Gefäße der Hassuna-Keramik.

zenem sowie kalt bearbeitetem Kupfer entspricht dem zeitgenössischen Standard und ist daher weniger für eine kulturelle Differenzierung geeignet.

Samarra-Kultur

Gegen Ende der frühen Kupfersteinzeit (ca. 5500 v. Chr.) tauchte im Bereich der nordmesopotamischen Hassuna-Kultur eine in Qualität und Dekor verbesserte Keramik auf. Ihr wichtigster Herkunftsort, Tell es-Sauwan, liegt nahe der irakischen Stadt Samarra und damit in einer Gegend, in der Regenfeldbau nicht mehr möglich ist. Bislang hatten die neolithischen Ackerbauern und Viehzüchter die Gebiete am mittleren und unteren Lauf von Euphrat und Tigris gemieden. Die jährliche Niederschlagsmenge reichte für ihre Belange nicht aus und beide Flüsse änderten ihren Verlauf im weichen Untergrund der Schwemmebene je nach mitgeführter Wassermenge unberechenbar. Lediglich kleine nomadisierende Gruppen dürften mit ihren Schaf- und Ziegenherden von Zeit zu Zeit bis in die schmalen, aber vegetationsreichen Auenlandschaften entlang der Flussufer vorgedrungen sein. Während des Chalkolithikums änderte sich diese Situation grundlegend, weil die ersten Siedler den schwierigen Schritt vom Regenfeldbau zur Bewässerungswirtschaft wagten, indem sie Kanäle von den Flüssen auf ihre Felder abzweigten. Erleichtert wurde dieses Unterfangen durch einen in der Antike wesentlich höheren Wasserspiegel und die zahlreichen Seitenarme, die Euphrat und Tigris ausbildeten. Im Zuge dieser neuen Besiedlungsphase breitete sich im mittleren und südlichen Mesopo-

Schüsseln, Schalen, Töpfe und Näpfe der mehrfarbigen Samarra-Keramik.

tamien die Samarra-Keramik aus. Dabei handelt es sich um eine relativ weich gebrannte, grünlich gelbe Tonware mit kleinteiliger Bemalung in braunen bis beigen Farbtönen. Typisch für den Formenbestand sind große Schalen und flache Schüsseln mit S-förmig geschwungenem Rand. Neben einer Vielzahl geometrischer Muster konzentrieren sich im Zentrum der Innenseiten stilisierte Tierbilder und Pflanzendarstellungen in einer verwirbelten Anordnung. An manchen Orten weisen umfangreichere Gebäude abseits der Wohnhäuser durch ihre anders strukturierten Grundrisse auf »öffentliche« Gemeinschaftsbauten hin, die man zur Vorratslagerung nutzte.

Halaf-Kultur

Die Phase des mittleren Chalkolithikums (ca. 5000–4000 v. Chr.) dominierte eine Kultur, deren Keramikabfolge zuerst außerhalb des mesopotamischen Kerngebietes entdeckt wurde, nämlich auf dem Tell Halaf im Nordosten Syriens. Die Lage des Fundortes zeigt bereits, dass die Halaf-Kultur nicht nur das gesamte nördliche und östliche Mesopotamien erfasste, sondern sich bis nach Anatolien, an die südtürkische Mittelmeerküste sowie in das iranische Zagros-Gebirge ausbreitete. Zu Recht gilt diese Periode als ein Höhepunkt in der materiellen Kultur der Kupfersteinzeit, was nicht zuletzt an der qualitativ hochwertigen und mehrfarbigen (polychromen) Keramik liegt. Der fein geschlemmte und »klingend hart« gebrannte Ton besitzt einen starken durch den Brand erzeugten Oberflächenglanz. Die Muster an Innen- und Außenseiten sind mit exakter Pinselführung in roter, schwarzer und weißer Farbe auf einen rotgelben Untergrund aufgetragen. Neben streng geometrischen und floralen Ornamenten, erweisen sich die figürlichen Motive stilisierter Köpfe von Wildschafen (Mufflon), Steinböcken und Rindern (Bukranion) in quadratischen Feldern als besonders charakteristisch. Dem hohen Niveau der künstlerischen Gestaltung passte sich auch das elegante Formenrepertoire der Gefäße an: Schalen mit geradem oder leicht gewölbtem Boden und scharf abgesetzter Wandung (»Knick-

Hohe Standfüße, scharf abgesetzte Ränder und flache Böden in Kombination mit geometrischen, pflanzlichen sowie figürlichen Motiven sind die Merkmale der polychromen Halaf-Ware.

wand«), Pokale und Schüsseln auf geschwungenen Standfüßen, Krüge mit angesetzten Tüllen und Näpfe mit Rundboden bilden ein breit gefächertes Sortiment. Chemische Tonanalysen belegen, dass sich die Produkte der Halaf-Keramik manchmal weit entfernt von ihren Herstellungsorten fanden und demnach auch Handelsgut gewesen sein müssen. Ebenfalls bezeichnend für die Ausbreitung des halafzeitlichen Horizonts ist die Abkehr von rechteckigen Grundrissformen in der Architektur. Stattdessen kommen einräumige Kuppelbauten auf, an die ein langer rechteckiger Gang anschließt. Durch diesen schmalen Raum, der zugleich als Vorratslager diente, konnte man das Gebäude betreten.

Obed-Kultur

Während sich die Halaf-Kultur in ihrer Ausdehnung noch entlang der Regionen des Regenfeldbaues orientierte, entstand um 4500 v. Chr. im künstlich bewässerten Süd-Mesopotamien eine weitere chalkolithische Kulturgruppe, die den Namen der Fundstätte Tell el-Obe(i)d (auch al-Ubaid) erhielt. Bis etwa 4300 v. Chr. hatte sie, von ihrem Zentrum im äußersten Süden ausgehend, nicht nur die Halaf-Kultur im Norden vollständig ersetzt, sondern sich in einem weitaus größeren Bereich ausgebreitet und dabei auch diverse lokale Keramikformen beeinflusst. Vereinzelt gelangte Obed-Keramik sogar bis auf die südliche Arabische Halbinsel und an die Ostküste des Kaspischen Meeres. Die Obed-Zeit wird in

Die Abfolge der Tempel in Eridu ist ein beeindruckendes Beispiel für die im alten Orient gepflegte Kontinuität des einmal geheiligten Kultplatzes.

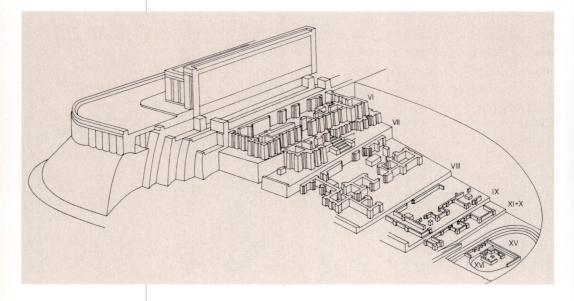

vier Phasen (Obed I-IV) unterteilt, wobei eine nach der antiken Ruine von Eridu, dem heutigen Tell Abu Schachrehn, benannte Vorstufe gesondert gezählt wird. Aufgrund ihrer starken Einheitlichkeit ohne nennenswerte regionale Unterschiede, was im Gegensatz zur kunstvollen Halaf-Keramik stand, gilt die Obed-Keramik als ein erstes gesamtvorderasiatisches Phänomen, das den Verfall der Buntkeramik-Epoche einleitete. Denn nicht nur die Farbigkeit, sondern auch der Motivbestand der Bemalung reduzierte sich deutlich. Es überwiegen breite, umlaufende Bänder, die auf einen extensiven Gebrauch der schnell drehenden Töpferscheibe hinweisen. Schraffierte Dreiecke, Wellenlinien und Zickzack-Muster wurden in matten Brauntönen auf den bei hohen Temperaturen gebrannten, grünlichen Ton aufgetragen. Stilisierte oder naturnahe figürliche Darstellungen wurden nur noch selten verwendet. Die Gefäßformen indessen gestalteten sich variationsreicher, angefangen bei der einfachen Tasse über alle Arten von Kannen und Krügen bis hin zu großen Vorratsbehältern mit einem Fassungsvermögen von 100 Litern.

Charakteristisch für die Architektur der Obed-Zeit ist das so genannte Mittelsaalhaus, das aus einem großen, langrechteckigen Raum in der Mitte mit einer Reihe kleinerer Räume an jeder Langseite besteht. Statusunterschiede der Bewohner dokumentieren sich sowohl in der variierenden Größe der Häuser als auch der Reichhaltigkeit ihres Inventars. In diese Periode gehören auch die ersten eigenständigen Tempelbauten Mesopotamiens, deren Entwicklung sich in Eridu anhand von 18 Bauschichten besonders gut ablesen lässt: Aus einem nicht einmal drei Quadratmeter großen Raum, der über eine Kultnische und einen Opfertisch verfügte, entstand im Laufe der Zeit an gleicher Stelle ein 24 Meter langes und zwölf Meter breites Gebäude, das sich auf einem sockelartigen Unterbau mit Terrasse erhob und damit bereits das spätere, für Mesopotamien so typische Bauprinzip der Zikkurat vorwegnahm. Auch die Gliederung der Außenfassade mit Nischen und vorspringenden Stützpfeilern sollte ein untrügliches Erkennungszeichen mesopotamischer Sakralarchitektur bleiben. Ein weiterer Aspekt stellt die Kontinuität des Kultplatzes dar, dass heißt der neue Tempel wurde stets unmittelbar auf den Vorgängerbauten errichtet. Der dreireihige Grundriss entspricht dem Mittelsaalhaus-Schema der Wohnhäuser, unterscheidet sich aber durch die Größe, den repräsentativen Treppenzugang, die turmartige Betonung der Ecken sowie die Einrichtung mit Altar und Opfertisch. Allenfalls Vermutungen können wir über die religiösen Vorstellungen und Rituale anstellen, die sich in dieser Zeit mit den Tempeln verbanden.

Stempelsiegel und Terrakotten

Abgesehen von der Keramik ist eine genaue Datierung der übrigen früh- bis mittelchalkolithischen Fundgattungen nach wie vor schwierig. Zum einen blieben die Artefakte formal und stilistisch über einen längeren Zeitraum hinweg relativ einheitlich, zum anderen beschränkt sich die Freilegung der tief in der Erde liegenden Schichten dieser Zeit häufig auf punktuelle Grabungen, die nur begrenzte Einblicke gewähren. Lediglich die lange Zeitdauer der einzelnen Phasen sowie die Mächtigkeit der unterschiedlichen Siedlungsschichten, die beispielsweise allein für die Obed-Periode mehr als ein Jahrtausend umfasste und in Eridu 14 Meter tief reichte, lassen das tatsächliche Ausmaß dieser frühgeschichtlichen Kultur erahnen.

Eine Blütezeit erlebten im Chalkolithikum die Stempelsiegel, die sich zusammen mit der Keramik im gesamten Vorderasien bis zum östlichen Mittelmeerraum ausbreiteten. Ihre Abdrücke auf tönernen Plomben (*bullae* oder Bullen), die an Verschlüssen von Gefäßen oder anderen »Verpackungen« angebracht waren, belegen, dass sie mittlerweile als Kontrollvermerke in Handel und Verwaltung eingesetzt wurden. Im Verlaufe der chalkolithischen Zeit verkleinerten sich die pyramiden-, kalotten- oder knopfförmigen Siegel und erhielten immer feinere, hauptsächlich geometrische Ornamente. Erst in der späten Obed-Phase rundet sich ihre Gestalt zu Walzen- oder konischen Linsenformen. Das geometrische Dekor tritt zugunsten figürlicher Darstellungen von Tieren und Menschen zurück, die häufiger auch in Gruppen zusammengestellt wurden. Gerade im Vergleich mit den Motiven der zeitgenössischen Keramik hat es den Anschein, dass sich die stilisierte figürliche Symbolwelt nun ganz auf die Stempelsiegel konzentrierte, die auch als persönliche Amulette fungierten. Fast modern muten die männlichen und weiblichen Terrakotten des mittleren Chalkolithikums mit ihren übertrieben schlanken Körpern, den ausladenden Schultern bei gleichzeitig schmalen Taillen sowie den in die Länge gezogenen Schädeln an. Schräg liegende Augenschlitze, ausgeprägte Nasen, kurze Arme und deutlich erkennbare Geschlechtsmerkmale verstärken nur noch den abstrakten Ausdruck dieser ungewöhnlichen Figuren.

Nord-Süd-Gefälle und Verstädterung

Die seit dem mittleren Chalkolithikum einsetzende Besiedlung der südmesopotamischen Tiefebene zeigte schon während der späten Phase (ca. 4000–3000 v. Chr.) eine deutliche Zunahme der Bevölkerung. Die künstliche Bewässerung bewirkte im fruchtbaren Boden des Schwemmlandes zunächst einen rasanten Anstieg der landwirtschaftlichen Erträge auf verhältnismäßig kleinen Flächen. Die kultivierten Nutzpflanzen reagierten äußerst positiv auf die neuen Verhältnisse, indem sie prächtig gediehen und gleich mehrere Ernten im Jahr erlaubten. Hinzu kam eine klimatisch bedingte Absenkung des Wasserspiegels von Euphrat und Tigris, die einstige Überschwemmungsgebiete trocken legte, größere, zusammenhängende Freiflächen schuf und beide Flüsse mit ihren unzähligen Seitenarmen bei Hochwasser für die Anwohner berechenbarer machten. Diese neuen, vermeintlich paradiesischen Zustände scheinen viele Siedler angelockt zu haben, die bereits ihre Erfahrungen als Ackerbauern und Viehzüchter in den nördlich gelegenen Regionen des Regenfeldbaues gesammelt hatten.

Archäologische Oberflächenuntersuchungen (Surveys) ergaben jedenfalls, dass sich die Anzahl der Siedlungen im Süden Mesopotamiens zunächst mehr als verzehnfachte, bei einem gleichzeitigen Rückgang der Siedlungsdichte in den bislang bevorzugten Gebieten im Norden. Die flache Schwemmebene bot genügend Raum, was sich auf Anhieb in deutlich größeren Siedlungsflächen bemerkbar machte, die zuvor im Durchschnitt nur etwa fünf Hektar maßen. Aufgrund fehlender natürlicher Barrieren und eines wesentlich geringeren Bedarfs an Ackerland für die notwendige Nahrungsproduktion rückten die stetig an Zahl und Einwohnern wachsenden Siedlungen immer näher zusammen. Die Erkenntnis, dass man mit gemeinschaftlich angelegten Bewässerungskanälen weniger landwirtschaftliche Flächen benötigte, um höhere Erträge zu erzielen, führte in bestimmten Bereichen zur Konzentration mehrerer Siedlungen. An diesem Punkt setzte in der Siedlungsverteilung eine rückläufige Bewegung ein, in deren Verlauf sich die Zahl der Einzelsiedlungen merklich verringerte, die Einwohnerzahl und Fläche der verbliebenen Siedlungen jedoch stark vergrößerte. Außerdem bildete sich mit den nunmehr entstandenen Zentren, um die jeweils ein Ring mittelgroßer und kleinerer Dörfer lag, eine hierarchische Struktur heraus.

Uruk-Kultur

Ein Paradebeispiel für die eben skizzierte Entwicklung zu einem städtischen, ja, sogar großstädtischen Zentrum bietet Uruk, das moderne Warka, rund 300 Kilometer südlich von Bagdad. Uruk war ursprünglich aus zwei kleineren Siedlungen des ausgehenden 5. Jahrtausends v. Chr. entstanden, die sich am Euphrat ursprünglich unmittelbar gegenüber ge-

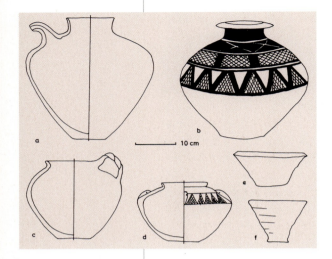

Auswahl Uruk-zeitlicher Keramik mit den charakteristischen Formen des »Glockentopfes« (e) und »Blumentopfes« (f).

legen hatten. Die Stadt wurde durch ihren sagenhaften König Gilgamesch im gleichnamigen Epos über die Grenzen Mesopotamiens hinaus bekannt und fand unter dem Namen »Erech« auch Eingang in das Alte Testament. Da beide Überlieferungen wesentlich jünger sind als die älteste städtische Ansiedlung, spiegeln sie vermutlich die Bedeutung der Metropole schon in diesen frühen Zeiten wider. Bereits um 3100 v. Chr. umfasste das Stadtgebiet zweieinhalb Quadratkilometer mit einer geschätzten Einwohnerzahl zwischen

> Ein Kennzeichen der Uruk-Kultur im 4. Jahrtausend v. Chr. stellt der **»Glockentopf«** dar, eine napfartige Schale mit abgeschrägtem Rand. Im Gegensatz zu der übrigen zeitgleichen Keramik bestanden die Töpfe aus grobem Ton mit einem hohen Anteil an Häcksel. Auch wurde ihre spezielle Gefäßform nicht auf der Töpferscheibe hergestellt, sondern in eine Form gepresst. Die großen Mengen und die weite Verbreitung an allen Fundorten der Uruk-Zeit machen die Glockentöpfe zu einem der ersten Massenprodukte. Da ihr Fassungsvermögen der Tagesration eines Arbeiters an Getreide entsprach und sich ihr symbolisches Bild in der frühen Schrift mit einem menschlichen Kopf zum Bildzeichen für »essen« zusammensetzte, dienten sie wahrscheinlich als Rations- und Maßgefäße. Abgelöst wurde der Glockentopf gegen 3000 v. Chr. von dem **»Blumentopf«**, der in einem schnelleren Verfahren mit höherem Standfuß auf der Töpferscheibe entstand.

25 000 und 50 000 Personen. Nur 200 Jahre später, um 2900 v. Chr., hatte sich die inzwischen ummauerte Fläche auf fünfeinhalb Quadratkilometer mehr als verdoppelt. Damit konnte Uruk von seiner Ausdehnung her durchaus mit anderen Städten des klassischen Altertums, wie Jerusalem, Athen und Rom, konkurrieren, die erst einige Jahrtausende später solche Dimensionen erreichten. Einschränkend ist jedoch zu bemerken, dass diese Großsiedlung, die der gesamten Periode des späten Chalkolithikums ihren Namen gab, auch die einzige geblieben ist, die entspre-

chend umfangreich archäologisch untersucht wurde. Zweifellos gab es zu jener Zeit im südlichen Mesopotamien weitere Siedlungen dieser oder unwesentlich geringerer Größe.

Im Fundmaterial kündigte sich die neue Kulturstufe in der Keramik durch die Abkehr von der mehrfarbigen (polychromen) Bemalung mit geometrischen oder figürlichen Mustern an. Stattdessen gab es nur noch einfarbige (monochrome) Gefäße mit Ritzverzierungen, die sich je nach Oberfläche in eine rote und eine graue Ware einteilen lassen. Während man die rote Färbung mit einem dünnen Farbüberzug zustande brachte, wurde das Grau mittels Sauerstoffreduktion beim Brennvorgang erzeugt. Die beiden typischen Gefäße waren zunächst der »Glockentopf« und später der »Blumentopf«, die ihre Bezeichnungen wegen ihrer leicht erkennbaren, äußeren Form erhielten. Daneben gab es noch große Flaschen mit kurzem Hals, ähnlich einer Amphora, oder mit langer, geknickter Ausgusstülle sowie Vorratskrüge mit weiter Öffnung und Ösen am Rand, durch die eine Schnur zur Befestigung des Deckels verlief. Trotz der inzwischen zur Verfügung stehenden schnell drehenden Töpferscheibe, die mit einem Fuß bedient werden konnte und damit beide Hände frei zum Modellieren ließ, wandelte sich die Keramik von einer aufwändig verzierten Kunstgattung zum reinen Gebrauchsgegenstand.

Mit den urbanen Siedlungen vergrößerten und differenzierten sich auch die Gebäude mit kultischen Funktionen. Zwar wissen wir auch weiterhin kaum etwas von den religiösen Vorstellungen dieser Zeit, doch scheinen sich inzwischen unterschiedliche Gottheiten herausgebildet zu haben, die in verschiedenen Tempeln in öffentlich-sakralen Vierteln der Stadt verehrt wurden. Das Zentrum von Uruk wird in dieser Zeit von

Die Reste der Eanna-Zikkurat markieren das Zentrum im ausgedehnten Stadtgebiet von Uruk.

DIE ZIKKURAT – EIN WAHRZEICHEN MESOPOTAMIENS

Zwei riesige Stümpfe aus verbrannten Lehmziegeln blieben von der Zikkurat in Borsippa übrig.

Keine andere Bauform repräsentiert derart beispielhaft die mesopotamische Kultur wie der gestufte Tempelturm, die Zikkurat. Etymologisch liegt der akkadischen Bezeichnung *ziqqurratu* das Verb *zaqaru* zugrunde, was soviel wie »herausragen« oder »hoch bauen« bedeutet. Rein äußerlich bestehen zwar gewisse Ähnlichkeiten zu den ägyptischen Pyramiden, insbesondere der Stufenpyramide von Saqqara, doch dienten die massiv gebauten Tempeltürme Mesopotamiens niemals als Grabstätten.

Ursprünglich entstanden Form und Funktion der Zikkurat aus den auf hohen Unterbauten, so genannten Hochterrassen, errichteten Tempeln, die sich bereits seit frühgeschichtlicher Zeit (ca. 5000 v. Chr.) neben den ebenerdigen »Tieftempeln« nachweisen lassen. Spätestens zur Zeit der III. Dynastie von Ur (2112–2004 v. Chr.) kam es dann zu einer Vereinheitlichung dieses Bautyps mit übereinstimmenden Merkmalen: eine quadratische bis rechteckige Grundfläche, die sich nach oben verjüngende Mehrstufigkeit sowie eine zentrale und zwei flankierende Treppenaufgänge an der Vorderseite.

Im Aufbau bestand die Zikkurat aus einem massiv gemauerten Kern aus luftgetrockneten Lehmziegeln, der in regelmäßigen Abständen durch in Bitumen (Asphalt) verlegte Lagen von Schilfmatten und hölzerne Zuganker verstärkt werden musste, um die schwere Ziegelmasse zu stabilisieren und der Erosion vorzubeugen. Schräg nach außen verlaufende Schächte leiteten das Regenwasser ab. Über diesen Kern wurde ein Mantel aus gebrannten Lehmziegeln gestülpt, an dem die zum Tempel auf der obersten Plattform führenden rampenartigen Mittel- und Seitentreppen angebracht waren. Die Außenseiten waren vermutlich farbig gestaltet.

Bislang sind 15 Zikkurate bekannt, die sich auf Assyrien, Babylonien und das östlich angrenzende Elam (Südwest-Iran) über einen Zeitraum von ca. 2100 bis 600 v. Chr. verteilen. Weitere noch nicht entdeckte oder untersuchte Tempeltürme werden in den Schriftquellen genannt. Erhalten haben sich meist nur die

Fundamente oder, unter günstigeren Umständen, ein Teil des noch aufragenden Innenkerns, wie in Assur, 'Aqr Quf und Borsippa. In keinem Fall fanden sich Spuren des Tempels auf der obersten Stufe.

Anhand der Überreste sowie einiger Bilddarstellungen zeichnen sich geographisch und kulturell bedingte Varianten der allgemein verbindlichen Grundform ab. Während die assyrischen Zikkurate meist unmittelbar mit einer Tempelanlage verbunden und über deren Dachterrasse begehbar waren, standen die babylonischen Exemplare innerhalb eines von Höfen gegliederten Sakralkomplexes separat und somit vom eigentlichen Haupttempel des Heiligtums getrennt. Im Gegensatz dazu verfügte die Zikkurat im elamischen Choga Zanbil (Dur Untasch) an jeder ihrer vier Seiten über einen eigenen Treppenaufgang und war zusätzlich von einem aufwändig gepflasterten Weg umgeben, der bei religiösen Festlichkeiten wohl als Prozessionsstraße fungierte.

Das berühmteste Bauwerk dieser Art ist zweifellos der »Turm zu Babel«, der im Alten Testament zum Inbegriff für menschliche Anmaßung wurde und mit einer festgestellten Seitenlänge von 90 mal 60 Metern sowie einer rekonstruierten Höhe von mehr als 90 Metern auch eines der größten Exemplare überhaupt gewesen sein dürfte.

Das Kernmassiv der Zikkurat in Dur Kurigalzu bildet den Mittelpunkt der rekonstruierten Anlage mit terrassenartigem Unterbau.

zwei solchen Kultbezirken geprägt. Im Osten erstreckte sich das Heiligtum Eanna, das »Haus des Himmels« bedeutet und der Göttin Inana-Ischtar geweiht war. Es setzte sich zusammen aus einem Konglomerat einfacherer Kulthäuser ohne Altar und Postament, hallenartiger Bauten mit Säulenstellungen in streng symmetrischer Anlage, Badevorrichtungen, einem 2500 Quadratmeter großen, quadratischen Wasserbassin sowie dem Haupttempel mit wahrhaft monumentalen Ausmaßen von 80 auf 55 Metern Seitenlänge. Unter Beibehaltung des Mittelsaalhaus-Grundrisses steigerte sich die Anzahl und Größe der Räume ebenso, wie die Betonung der Nischenfassade mit starken Vor- und Rücksprüngen. Der langrechteckige Raum in der Mitte erhielt einen T-förmig erweiterten Schnitt und wuchs zu einem gewaltigen Saal mit hoher Decke. Breite rampenartige Aufgänge führten auf die erhöhten Terrassen der hell verputzten Kultgebäude aus Lehmziegeln und Kalksteinen. Ein besonderer Baudekor bestand in farbig bemalten Tonstiften, die – in Wände und Säulen eingelassen – bunte Mosaiken aus geometrischen Mustern bildeten. Von großflächigen Wandmalereien zeugen nur noch spärliche Reste. Umgrenzte Freiräume, die das Bauensemble auflockerten, dienten vermutlich als Festplätze für Kultfeiern. Im Westen erhob sich auf einem elf Meter hohen Unterbau mit abgeschrägten Seiten der Tempel des Himmelsgottes Anu, der mit 23 Metern Länge und 18 Metern Breite vergleichsweise bescheiden blieb, durch seinen gleißend weißen Kalkverputz aber weithin sichtbar gewesen sein muss.

Die bedeutendste Innovation, die diese Periode auch am augenfälligsten von den voran gegangenen abhebt, ist die Schrift, deren älteste Zeugnisse aus der Schicht IV (ca. 3200 v. Chr.) von Uruk zu Tage kamen. Die Entwicklung eines eigenen Schriftsystems resultierte aus den immer komplexer werdenden Abläufen in Wirtschaft, Handel und Verwaltung, die sich durch die neuen, urbanen Siedlungsstrukturen ergaben. Obwohl es nicht möglich ist, mit der frühen Schrift eine bestimmte Sprache in

---

Auch wenn es weder eindeutige schriftliche noch bildliche Schilderungen gibt, stellt sich doch immer wieder die Frage, ob es in Mesopotamien echte **Menschenopfer** gab. Immerhin gibt es Hinweise dafür, dass bei speziellen kultischen Praktiken manchmal Menschen starben. Die frühesten Siegelabrollungen aus dem 4. Jahrtausend v. Chr. zeigen wiederholt eine Szene, in der gefesselte, nackte Gefangene von bewaffneten Männern getötet werden. Allerdings bleibt unklar, ob es sich um Hinrichtungen oder Opferungen von Kriegs- und Strafgefangenen oder anderer Personen handelt. Im Königsfriedhof von Ur gab es so genannte Gefolgschaftsbestattungen, bei denen die Dienerschaft samt Hofstaat den Verstorbenen in den Tod folgte. Außerdem gab es noch die Sitte, bei schlechten Vorzeichen einen »Ersatzkönig« zu bestimmen, der das drohende Unheil von dem amtierenden Herrscher ablenken sollte, indem er an dessen Stelle sterben musste.

Verbindung zu bringen, übertrug man vor allem in der älteren Forschung die rund ein halbes Jahrtausend später aufkommende Keilschriftsprache des Sumerischen auch auf die Dokumente aus Uruk und legte für diese Zeit den Beginn der »sumerischen Hochkultur« fest.

Ebenfalls in der Schicht IV von Uruk tauchten zusammen mit den beschrifteten Tontafeln erstmals zylinder- beziehungsweise walzenförmige Siegel auf, die für die folgenden Jahrtausende das besondere Kennzeichen aller mesopotamischen Kulturen werden sollten. In der archäologischen Wissenschaft wurde sie zu einer der wichtigsten Fundgattungen, anhand der sich zeitliche, stilistische und motivische Veränderungen in der Kunst erkennen lassen. Dieses so genannte Rollsiegel entstand aus den Anforderungen, die neuartige Gefäßverschlüsse mit sich brachten: Auf einem länglichen Tonstreifen, der einen Pfropfen oder Deckel fixierte, wurde das Siegel vollständig, beispielsweise um den Hals eines Vorratskruges herum, abgerollt. Im Gegensatz zur begrenzten Bildfläche eines Stempelsiegels ermöglichte die Außenseite des Siegelzylinders vielfältige Gestaltungsmöglichkeiten, angefangen von sich endlos wiederholenden Einzelmotiven bis hin zu erzählenden (narrativen) Bildsequenzen mit figürlichen Darstellungen. Während der Uruk-Zeit wurde das Stempelsiegel schnell vom Rollsiegel verdrängt, jedoch zunächst nur im südlichen Mesopotamien. In den weniger stark urbanisierten Regionen des Nordens, aber auch im östlich benachbarten Elam, blieb vorerst das Stempelsiegel in Gebrauch.

Frühes Rollsiegel mit figürlich gestaltetem Griffstück und einer Abbildung des »Mannes im Netzrock«. Kalkstein, um 3100 v. Chr.

Sämtliche Siegelzylinder sind der Länge nach durchbohrt zur Aufnahme eines oftmals figürlich verzierten Stiftes, mit dessen Hilfe das Siegel abgerollt und mittels einer Schnur auch an der Kleidung befestigt werden konnte. Von Beginn an gab es sowohl persönliche Siegel von Privat- und Amtspersonen als auch offizielle Siegel, die von einer Behörde verwendet wurden. Auch die unterschiedliche künstlerische Gestaltung der eingravierten Bildthemen ist zu diesem Zeitpunkt bereits voll entwickelt. Es gibt großformatige Siegelwalzen mit Kultszenen vor Tempelfassaden, Reihungen von Rindern in einem Gehege, Kampf- und Gefangenendarstellungen, in denen ein großer Mann mit netzartig schraffiertem Rock im Mittelpunkt steht, der naheliegenderweise mit dem Herrscher und höchsten Priester identifiziert wird. Außerdem kommen ineinander verschlungene Tiere und Mischwesen sowie geometrische Ornamente vor, die bei der Abrollung des Siegels dekorative Endlosreihen bilden. Auf kleinen, gedrungenen Siegelzylindern hocken Figuren mit Zopffrisuren beisammen, um Alltagsarbeiten zu verrichten.

Ein weiteres Phänomen der Uruk-Kultur besteht darin, dass wir auf dem Gebiet der Skulptur und des Reliefs völlig unvermittelt mit einem reichen und hochwertigen Kunstschaffen konfrontiert werden, für das im Chalkolithikum keine direkten Vorläufer zu finden sind. Zu den herausragenden Bildwerken zählen beispielsweise ein muskulöser Torso einer männlichen Alabasterfigur mit mächtigem Bart und in Bitumen (Asphalt) eingesetzten Augen aus Muschelschale sowie ein fast lebensgroßer, naturnaher Frauenkopf im Halbrelief, dessen Augen, Brauenbögen und Frisur ebenfalls aus einem anderen, vermutlich farbigen Material in den weißen kristallinen Kalkstein eingefügt waren. Dass die berühmte »Uruk-Vase« bereits in der Antike ein Kultobjekt von hohem Wert gewesen sein muss, beweisen die mehrfach durchgeführten Reparaturen. Die flachen,

Die **Kultvase aus Uruk** bildet auf umlaufenden Reliefstreifen eine Prozession von Gabenbringern ab. Kalkstein, 1,05 Meter hoch.

in vier umlaufenden Bildstreifen angeordneten Reliefs zeigen eine Prozession von Herdentieren und Gabenbringern, die von einem Getreidefeld mit Gewässer ausgeht, um vor einer großen, weiblichen Gestalt, vermutlich der Stadtgöttin Inana oder ihrer Hohepriesterin, zu enden. Die Löwenjagd, die bis ins 6. Jahrhundert v. Chr. ein königliches Privileg und ein beliebtes Thema bei der Selbstdarstellung altorientalischer Herrscher bleiben sollte, wurde auf eine Stele aus hartem Basalt gemeißelt. Das Bild stellt den Mann im Netzrock einmal mit Lanze sowie einmal mit Pfeil und Bogen im Kampf gegen die gefährlichen Raubtiere dar.

Ebenso wie in den früheren chalkolithischen Kulturen haben sich auch die kulturellen Erzeugnisse der Uruk-Kultur weit über die Grenzen Südmesopotamiens hinaus verbreitet. Dies trifft nicht nur für die Keramik zu, sondern auch für die Architektur, die Schrift und die Rollsiegel. Interessanterweise wurden diese Neuerungen ganz unterschiedlich angenommen, sodass sich die Fundorte darin unterscheiden, ob sie die Merkmale der Uruk-Kultur vollständig übernahmen, teilweise mit einheimischem Kulturgut vermischten oder überhaupt nicht adaptierten. Die Verbreitung dürfte über die weit gespannten und intensiven Handelsbeziehungen erfolgt sein, die von den Städten im Süden ausgingen. Gerade an den Orten mit voll ausgeprägtem Uruk-Inventar, wie Tell Brak in Nordost-Syrien, Tepeçik in Anatolien oder Habuba Kabira am mittleren Euphrat in West-Syrien, hält man eigens gegründete Handelsstützpunkte für wahrscheinlich, die vom südlichen Mesopotamien aus unterhalten wurden. Den Ausklang der späten Uruk-Zeit am Übergang zum 3. Jahrtausend (3100–2900 v. Chr.) markiert eine Periode, die den Namen des südlich von Bagdad gelegenen Fundortes Dschemdet Nasr erhielt, weil dort eine Wiederbelebung der mehrfarbigen und figürlichen Gefäßbemalung in roten, schwarzen und gelblichen Farbtönen festgestellt wurde. Der inzwischen perfektionierte Einsatz der schnell drehenden Töpferscheibe sorgte für scharf konturierte und qualitativ hochwertige Gefäße.

Von vielen Kleinstaaten zu einem Großreich – 3. Jahrtausend v. Chr.

Mit der frühdynastischen Zeit beginnt die historische Epoche des alten Orients, in der sich erstmals archäologische mit schriftlichen Quellen zur Rekonstruktion geschichtlicher Abläufe verbinden lassen. Politisch prägt diese Zeit zunächst eine Vielzahl konkurrierender Kleinstaaten, die am Ende zum Reich von Akkad verschmolzen.

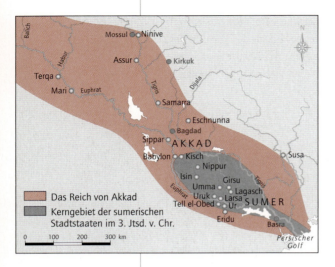

Das Reich von Akkad und die ehemaligen sumerischen Stadtstaaten.

Schriftzeugnisse und Schichtenfolge

Das maßgebliche Dokument für die frühdynastische Zeit (2900–2340 v. Chr.) stellt die so genannte »Sumerische Königsliste« dar. Sie besteht aus einer Aufzählung von Herrschern, die in dynastischer Abfolge über kleinere Flächenstaaten mit einer großen Stadt als Zentrum regierten. Der älteste erwähnte Name ist der des Enme-baragesi, der wohl um 2600 v. Chr. in Kisch herrschte. Allerdings handelt es sich bei dieser in sumerischer Sprache abgefassten Liste um kein Original, sondern eine rund 700 Jahre spätere Abschrift. Der lange zeitliche Abstand und die Umstände ihrer Entstehung erklären auch die zahlreichen inhaltlichen Widersprüche und Ungereimtheiten. Dennoch liefert diese Liste die meisten Angaben zu Herrschern, Städten sowie Regierungszeiten und wirft Schlaglichter auf die historischen Ereignisse der frühdynastischen Epoche. Parallel dazu gibt es im Frühdynastikum ein wesentlich erweitertes Schrifttum, das sich vornehmlich aus Wirtschafts- und Verwaltungstexten zusammensetzt, aber auch schon juristische, literarische oder religiöse Dokumente umfasst. Die tatsächliche Existenz einzelner Herrscher und ihrer Taten lassen sich insbesondere durch die neue Gattung der Königsinschriften und Beschriftungen königlicher Weihgaben verifizieren. Zu den ältesten Zeugnissen dieser Art zählen die Inschriften des Mesilim, König von Kisch, um 2550 v. Chr.

Eine archäologische Unterteilung der rund 550 Jahre dauernden frühdynastischen Zeit wurde auf der Grundlage der Ausgrabungen im Diyala-Gebiet vorgenommen. Diese Region erstreckt sich östlich von Bagdad und wird vom Diyala, einem Nebenfluss des Tigris, durchzogen. In den 1930er Jahren wurden hier die Ruinenhügel Tell Asmar, Chafadschi und Tell Agrab mit ausgedehnten frühdynastischen Siedlungen großflächig freigelegt. Anhand der dortigen Schichtenfolge unterscheidet man die Perioden »Frühdynastisch I« (2900–2750 v. Chr.), »Frühdynastisch II« (2750–2600 v. Chr.) und »Frühdynastisch IIIa/b« (2600–2450/2340 v. Chr.). Doch auch diese schematisierte Einteilung birgt Probleme. Einerseits ist sie nicht ohne weiteres auf andere Fundorte übertragbar, andererseits lassen sich die zeitlichen Abstufungen selbst im Fundmaterial des Diyala-Gebietes in dieser Eindeutigkeit nicht immer erkennen. Letztendlich sinnvoll erscheint deshalb oftmals nur eine Zweiteilung in eine ältere (2900–2600 v. Chr.) und jüngere (2600–2350 v. Chr.) frühdynastische Phase. Eine einigermaßen lückenlose zeitliche Abfolge, die sich sowohl durch archäologische Funde als auch schriftliche Informationen stützen lässt, setzt erst mit der I. Dynastie von Lagasch (2480–2350 v. Chr.) und ihrem Begründer Ur-Nansche ein.

Landflucht und Konflikte

Bei der Besiedlung des südlichen Zweistromlandes setzte sich die Tendenz, die während der späten Uruk-Zeit begonnen hatte, auch in der älteren frühdynastischen Periode ungebrochen fort: die Abwanderung von Einwohnern kleiner bis mittelgroßer Siedlungen in die städtischen Zentren und deren unmittelbares Umland. Verschärft wurde diese Situation durch äußere Einflüsse, wie anhaltende Trockenheit, die Absenkung des Wasserspiegels sowie der Rückgang der Wasserläufe. Ausgerechnet die künstliche Bewässerung, die einen dauerhaften Verbleib in diesem regenarmen Gebiet erst ermöglicht hatte, bewirkte eine nachweisbar von Menschenhand ausgelöste Umweltkatastrophe: die Versalzung des Ackerbodens. Bedingt durch die hohe Verdunstung bei großer Hitze, blieben nur die ausgelösten Salze von dem auf die Felder geleiteten Wasser übrig. Sie machten den Boden auf Dauer unfruchtbar und vernichteten dessen natürliche Nährstoffe. Folglich konzentrierten sich die verbleibenden Siedlungen an den wasserreicheren Flussläufen. Innerhalb dieser »Ballungsräume« lagen die kleinen und mittleren Dörfer nur höchstens 10 bis 15 Kilometer von der nächsten Stadt entfernt. Der Arbeitsaufwand zur Gewinnung des lebensnotwendigen Wassers vergrößerte sich drastisch. So mussten ausgedehnte und stark verzweigte Kanalsysteme nicht nur in einer gemeinschaftlichen Anstrengung geplant und gebaut, sondern auch ständig gewartet und instand gehalten werden. Hinzu kam der Bau

> »Als das Königtum vom Himmel herabgekommen war ...« – mit diesen Worten beginnt die **Sumerische Königsliste** (abgekürzt SKL), die älteste und zugleich umfangreichste Zusammenstellung mesopotamischer Herrschernamen aus dem 3. Jahrtausend v. Chr. Trotzdem ist diese Liste nur bedingt als historische Quelle verwertbar, denn den frühesten genannten Königen werden utopische Regierungszeiten von mehreren tausend Jahren zugewiesen, wohl um deren mythischen Ursprung zu untermauern. Außerdem sind die zeitgleichen Dynastien der verschiedenen Stadtstaaten hintereinander aufgelistet, um so eine möglichst lange Abfolge vorzutäuschen, während einige Herrscher, von denen wir aus anderen Inschriften wissen, völlig fehlen. Bereits die einleitenden Worte verdeutlichen jedoch die für den gesamten alten Orient geltende Vorstellung von der göttlichen Herkunft der Institution des Königtums und damit vom Gottesgnadentum, das jedem Monarchen zuteil wurde.

von Rückhaltebecken zur Wasserspeicherung, um Trockenperioden zu überstehen und Dürren zu vermeiden.

Eine sprunghaft angestiegene Siedlungsdichte brachte sowohl gesellschaftliche als auch politische Probleme mit sich. An Orten, an denen viele Menschen auf engem Raum leben, sind Konflikte unausweichlich. Nach innen machte sich dies in privaten Auseinandersetzungen bemerkbar, die in den Gerichtsurkunden greifbar werden. Die Rechtsfälle behandeln in erster Linie die Regelung von Eigentum und Grundbesitz, salopp gesagt, alle Arten von Nachbarschaftsstreitigkeiten. Nach außen spiegelten starke Befestigungsanlagen und die in den Königsinschriften erwähnten Kriege oder Bündnisverträge die Methoden der Konfliktlösung zwischen den Kleinstaaten wider. Eine Stadt wie Uruk schützte sich seit der älteren frühdynastischen Zeit mit einer 10 Kilometer langen, von unzähligen Türmen bewehrten Mauer aus Lehmziegeln. Das älteste historische Monument Mesopotamiens, auf dem die Inschrift direkten Bezug auf die Bilddarstellung nimmt, ist die so genannte Geierstele. Sie enthält den Siegesbericht des Eanatum von Lagasch (ca. 2450 v. Chr.) über das Fürstentum von Umma. In einem langjährigen Krieg war es um den Verlauf der Grenze zwischen beiden Stadtstaaten gegangen und damit letztlich um den Zugang zu Wasser und fruchtbarem Land. Auf der Vorderseite der Stele ist der König zu Fuß und im Streitwagen an der Spitze seiner Armee zu sehen, die in der Kampfordnung einer Phalanx in die Schlacht zieht. Während die Leichen der überrannten Feinde den Geiern zum Fraß vorgeworfen werden, bestattet man die eigenen Krieger ehrenhaft unter einem Grabhügel.

Auf der Geierstele greift Ningirsu, der Stadtgott von Lagasch, in das Kampfgeschehen ein, indem er die Feinde aus Umma in einem Netz fängt und mit seiner Keule erschlägt (um 2450 v. Chr.).

Tempel und Palast

Nachdem in der späten Uruk-Zeit weder die genaue Funktion der einzelnen Bauten in den öffentlich-sakralen Bezirken noch die Bedeutung des »Mannes im Netzrock« als mutmaßlichem Herrscher und höchstem Priester eindeutig geklärt werden konnte, zeichnet sich im Frühdynastikum eine deutlichere

Trennung zwischen Staat und Tempel ab. Neben den Tempelanlagen mit ihren kultischen Einrichtungen entstanden in den städtischen Zentren monumentale Gebäude, die man als Paläste identifizierte, weil sie die räumlichen Bedürfnisse der Administration, Repräsentation, Lagerhaltung, des Kultes und Wohnens unter einem Dach vereinten. Außerdem gehörten Schreibstuben mit Tontafelarchiven dazu, Höfe, Festsäle, ein zentraler Thronraum, Magazine, Kulträume und Privatgemächer. Gleichzeitig kommt in den Schriftquellen mit dem sumerischen Begriff »é.gal« und seiner akkadischen Entsprechung »ekallum« eine Bezeichnung auf, die wörtlich »großes Haus« bedeutet und mit »Palast« übersetzt wird. In den Wirtschafts- und Verwaltungstexten kristallisieren sich Tempel und Palast als eng miteinander verbundene, aber völlig eigenständige Institutionen heraus. An ihrer Spitze standen jeweils Personen, die den Titel »en«/»ensi« oder »lugal« für »großer Mann« trugen. Selbstbewusste Herrscher verkörperten nun ein unabhängiges Königtum, indem sie sich auf ihre göttliche Ernennung beriefen. Unverhohlen rühmten sie die eigenen Taten und Verdienste, die zumeist im Bau von Tempeln und Bewässerungskanälen, Kriegszügen sowie der Huldigung der Götter mit kostbaren Geschenken bestanden. An den Königshöfen und in deren Umfeld bildete sich eine elitäre Oberschicht, dem mittelalterlichen Adel in Europa vergleichbar, die durch verwandtschaftliche und wirtschaftliche Bande mit der Herrscherfamilie verwoben waren. Ihre Mitglieder wurden zu Hauptabnehmern einer kostspieligen Kunstproduktion und beanspruchten ihren exklusiven Status bis in den Tod. Im »Königsfriedhof von Ur« wurden unter anderem die unterirdischen Grabanlagen der Königin Puabum sowie der Könige A'ungdu und Mesungdu freigelegt, die an Pracht und Prunk kaum zu überbieten sind. Die neuen Herrschaftsansprüche und Abhängigkeitsverhältnisse, die man mit dem Königtum verband, fanden in der grausigen Sitte der Gefolgschaftsbestattung einen extremen Ausdruck. Bis zu 80 Personen des Hofstaats nahmen vermutlich Gift, um ihren Gebietern ins Jenseits zu folgen.

Ab etwa 2500 v. Chr. sind die ersten Götterlisten überliefert, die eine ebenfalls streng hierarchisch gegliederte Götterwelt (Pantheon) bezeugen. Die gesellschaftlichen und politischen Verhältnisse der Kleinstaaten finden ihre übernatürliche Entsprechung in den Stadtgöttern, die jeweils einer Stadt als oberster Repräsentant vorstanden. Dort residierten sie in ihren Hauptheiligtümern, genau so wie die Könige in den Palästen, mit einem eigenen Gefolge und entsprechender Ausstattung. Der jeweilige Herrscher war als höchster Untertan seinem Stadtgott gegenüber beson-

»KRIEG UND FRIEDEN« – DIE MOSAIKSTANDARTE VON UR

Eine der herausragenden Grabbeigaben aus dem Königsfriedhof von Ur ist die »Mosaikstandarte«. Dabei handelt es sich um einen ca. 20 Zentimeter hohen und 50 Zentimeter langen Holzkasten in Trapezform, der möglicherweise als Resonanzraum für ein Musikinstrument, wie etwa eine Harfe, diente.

Auf allen vier Seiten befinden sich figürliche und ornamentale Motive, die in Mosaiktechnik aus kleinen Stücken Kalkstein und Muschelschalen vor einem blauen Hintergrund aus Lapislazuli in ein Bett aus Bitumen (Asphalt) eingelegt sind. Solche handwerklich und künstlerisch ausgefeilten Einlegearbeiten mit ihrer Kombination aus verschiedenen exotischen und kostbaren Materialien sind ein typisches Erzeugnis der höfischen Palastkunst in der jüngeren frühdynastischen Zeit (2600–2340 v. Chr.). Dem elitären Geschmack der Fürstenhöfe entsprachen auch die Bildthemen mit mythischen Figuren auf den Schmalseiten sowie einer Kriegsszene mit anschließender Siegesfeier auf jeweils einer der Langseiten. Jede Seite ist nochmals in drei waagerechte Register unterteilt, die von unten nach oben zu betrachten sind. Im untersten Register der »Kriegsseite«, in dem das Kampfgeschehen noch in vollem Gange ist, rasen die Streitwagen über die Leichen der gefallenen Feinde hinweg. Darüber werden den besiegten Soldaten die Kleider vom Leibe gerissen, um sie als Zeichen größter Demütigung nackt in die Gefangenschaft zu führen. Im obersten Bildstreifen nimmt dann die übergroße Gestalt des siegreichen Herrschers mit seinem Gefolge die Parade der gefesselten Gegner ab. Auf der gegenüberliegenden »Friedensseite« transportieren die siegreichen Soldaten ihre erbeuteten Gegenstände und Tiere, wie Schafe,

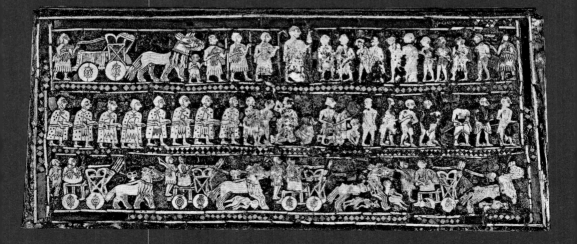

Mosaikstandarte, »Kriegsseite«.

Rinder, Ziegen und Fische, in einem langen Konvoi ab, während der erneut am größten wiedergegebene Herrscher mit seinen Untertanen ein Festbankett abhält und von einem Musikanten unterhalten wird.

Die Schilderung zeigt aufschlussreiche Details an Kleidung und Ausstattung der damaligen Zeit. So unterscheiden sich die Krieg führenden Parteien durch unterschiedliche Trachten. Die Sieger tragen lange, gepunktete Umhänge über ihren Fransen gesäumten Röcken und sind mit langen Speeren, Äxten und Schwertern bewaffnet. Sie fahren in vierrädrigen Streitwagen mit einer turmartigen Brustwehr, an der sich Halterungen für Speere befinden. Die Scheibenräder der Wagen bestehen aus zwei halbkreisförmigen Teilen, die mit Splinten und einem Nabenring auf der starren Achse gehalten werden. Zur Besatzung gehören je ein Krieger und ein Lenker, der die vier Onager, eine in Vorderasien domestizierte Wildeselart, an Zügeln hält. Die Zügel werden durch auf dem Jochbalken befestigte Ringe geführt, damit sie sich nicht verheddern. Bei dem Bankett dienen Hocker mit Streben in Form von Rinderbeinen als Sitzgelegenheit und eine Leier mit einer rundplastischen Stierkopfverzierung, wie sie sich auch in einem der reich ausgestatteten Gräber des Königsfriedhofs von Ur im Original fand, sorgt für musikalische Unterhaltung.

Über einen konkreten historischen Hintergrund der dargestellten Ereignisse auf der »Mosaikstandarte« ist zwar nichts bekannt, doch dürfte es sich mit Sicherheit um eine der zahlreichen kriegerischen Auseinandersetzungen handeln, die zwischen den rivalisierenden Stadtstaaten des Frühdynastikums ausgetragen wurden.

Mosaikstandarte, »Friedensseite«.

ders verpflichtet und musste sich durch regelmäßige Gottesdienste, Kultfeiern sowie Opfer- und Weihgaben dessen Gunst sichern. Auch außenpolitisch übertrug man das Konzept der Stadtgottheiten, indem sich die Götter zweier Städte bei Krieg und Frieden entweder bekämpften oder miteinander verbündeten. Auf der erwähnten »Geierstele« veranschaulicht dies die überdimensionale Gestalt des Stadtgottes Ningirsu, der an der Seite des Königs Eanatum die Feinde in einem Netz fängt und mit seiner Keule erschlägt. Auf Darstellungen in der Kunst erkennt man die menschengestaltigen Götter ab jetzt an einer speziellen Kopfbedeckung mit Stierhörnern. Vermutlich sollten diese Hörnerkronen die göttlichen Mächte der schieren Kraftentfaltung und Leben spendenden Fruchtbarkeit symbolisieren, die man in Wildstieren und Wasserbüffeln verkörpert sah.

Planwirtschaft und Reformen

In der frühdynastischen Zeit unterlag die gesamte Wirtschaft der staatlichen Kontrolle. Die Institutionen Tempel und Palast legten für Landwirtschaft, Gewerbe und Handel die Höhe der zu entrichtenden Abgaben fest und bestimmten anhand des Warenbestandes den Gegenwert an Produkten, die dafür ausgeteilt wurden. Ein solches redistributives System, das Züge einer Planwirtschaft trägt, funktioniert in der Praxis nur, wenn die Produzenten auf Dauer nicht überfordert werden. Sobald Abgabeverpflichtungen, aus welchen Gründen auch immer, nicht eingehalten werden können, entstehen Abhängigkeiten in Form von Schulden. Die ständige Überprüfung von Einnahmen, Ausgaben und Lagerbeständen führte zu einem bürokratischen Apparat von Beamten, die in diesen Fällen sozusagen als »Gläubiger« fungierten. Unter solchen Voraussetzungen keimten schnell Korruption und Amtsmissbrauch. Da die staatlichen Ämter innerhalb einer Familie weiter vererbt wurden, hatten es sich die Funktionäre angewöhnt, in die eigene Tasche zu wirtschaften. Sie profitierten von steigenden Abgabelasten und der daraus entstehenden Not der Schuldner. Der erste König, der diese Missstände nachweislich anprangerte, war um 2350 v. Chr. Iri-kagina von Lagasch. Er proklamierte nicht nur eine Amnestie für Strafgefangene und verfügte einen Schuldenerlass, sondern förderte auch die Privatisierung der Wirtschaft, um »die Waisen und Witwen vor den Mächtigen zu schützen«, wie er es selbst formulierte. Ganz uneigennützig waren seine Beweggründe allerdings nicht, höhlte die wachsende Schicht der reichen und mächtigen Beamten die königlichen Machtbefugnisse doch zusehends aus.

Architektur und Kunsthandwerk

Abgesehen von den Palästen zeigen sich in der frühdynastischen Zeit weitere Veränderungen in der Architektur. Der Typus des Mittelsaalhauses wurde auf einen langrechteckigen Raum mit Nebenräumen an nur einer Seite reduziert, aber um einen vorgelegten Hof erweitert, den zusätzliche Räume und Anbauten umgaben. Für die Tempel bedeutete dies, dass der Eingang an einem Ende des Kultraumes lag, während sich auf der gegenüberliegenden Seite das gestufte Kultpostament erhob. Dieser Grundriss ist in ganz Mesopotamien verbreitet und lässt sich für den nördlichen Bereich besonders gut am Ischtar-Tempel in Assur beobachten, der zudem ein nahezu vollständiges Inventar an Kultgeräten und Weihgaben aufwies. Die Bauten wurden auch nicht mehr zu ebener Erde errichtet, sondern auf Fundamenten aus Bruchsteinen und Lehmziegeln fest im Boden verankert. Die Tradition ummauerter Heiligtümer mit Tempeln auf erhöhten Terrassen blieb bestehen. Bemerkenswert sind in dieser Hinsicht ovale Außenmauern wie in Chafadschi. Größere Tempel sowie kleine Kapellen finden sich auch inmitten der Wohngebiete.

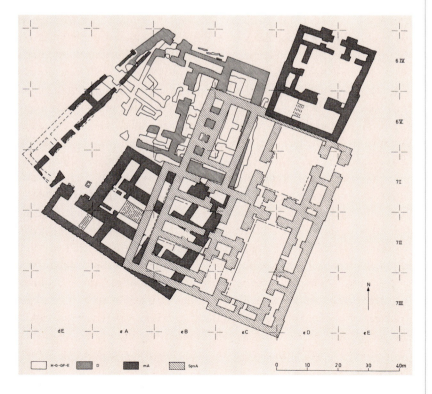

Vom 3. bis zum 1. Jt. v. Chr. lagen die einzelnen Bauzustände der Ischtar-Tempel in Assur dicht übereinander.

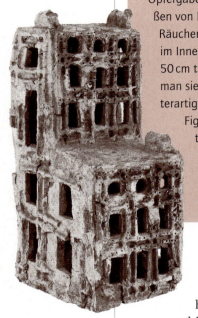

Absatzaltar aus gebranntem Ton, an den Ecken mit liegenden Löwenfiguren verziert.

> Zu den Kultgeräten gehören auch zweistufige **Absatzaltäre** aus Ton, die im Tempel auf dem Boden standen und auf deren Ablageflächen Opfergaben niedergelegt oder auch Kulthandlungen, wie das Ausgießen von Flüssigkeiten (Libation) oder das Verbrennen beziehungsweise Räuchern aromatischer Substanzen, vollzogen wurden. Die Altäre sind im Inneren hohl, zwischen 60 und 110 cm hoch, 35 cm breit und bis zu 50 cm tief. Mit einem Gewicht zwischen 25 und 30 Kilogramm konnte man sie noch transportieren. Die Außenseiten zieren zahlreiche fensterartige Öffnungen und Nischen, gelochte Leisten sowie aufgesetzte Figuren, die Löwen, Schlangen und Vögel darstellen. Es bedurfte einiger handwerklicher Erfahrung und technischer Kenntnisse, um Objekte dieser Größe aus Ton zu brennen. Lange hielt man die Altäre aufgrund ihrer Form und des architektonischen Dekors für Modelle realer Häuser, bis sich ihre tatsächliche Verwendung aus Siegelbildern erschloss.

Ohne Zweifel erlangte das altorientalische Kunstschaffen im Frühdynastikum einen Höhepunkt. Dafür sorgten ein sehr hohes handwerkliches Niveau, die Vielfältigkeit der hergestellten Objekte und die virtuose Kombination unterschiedlichster Materialien. Letztere beweisen einen regen Import exotischer Güter aus dem Hindukusch, vom Indus, der Arabischen Halbinsel, aus Anatolien und von der östlichen Mittelmeerküste. Religiöse Inhalte und Bezüge standen im Vordergrund. Kostbarer Schmuck, Waffen und Gefäße, reliefierte Ton- oder Steinplatten, Statuen aus Metall und Alabaster, Stelen sowie kunstvoll gearbeitete Siegelzylinder wurden schon eigens als Weihgaben für den Tempel hergestellt. Entsprechend aufwändig müssen auch die Dekorationen und Einrichtungen der oft nur noch in Resten erhaltenen Heiligtümer und Paläste gewesen sein. Ein zentrales Thema der Bilddarstellungen ist die Bankettszene, die speisende, trinkende und musizierende Personen zeigt und anlässlich von Kultfesten, Siegesfeiern oder Begräbnissen veranstaltet wurde. Die Rollsiegel zeigen außerdem noch Tierkämpfe, ineinander verschlungene Figuren und mythische Mischwesen in einer ornamentalen, bandartigen Abfolge. Aber auch das Gebet und Opfer des Gläubigen im Angesicht der Gottheit wurde thematisiert. Überraschenderweise haben die eher starren und blockhaften Skulpturen der älteren frühdynastischen Zeit so gar nichts mit den lebhaft modellierten Vorgängern der Uruk-Periode gemein.

IM ANGESICHT DER GÖTTER – BETERFIGUREN

Zu den bemerkenswertesten Weihgaben der frühdynastischen Zeit gehören die so genannten Beterfiguren. Die zwischen 20 und 120 Zentimeter großen Darstellungen meist stehender, teils sitzender Männer und Frauen hatten die Aufgabe, den Stifter vor der Gottheit zu vertreten, indem sie ständig für sein Leben und Wohlergehen sowie das seiner Familie beteten. Aus Opferlisten geht hervor, dass die Beterfiguren zum Tempelinventar gehörten. Sie mussten täglich mit Speisen und Getränken versorgt werden und erhielten regelmäßig Opfer. Nach dem Ableben des Stifters verblieben die Statuen im Tempel, weil sie durch Vererbung oder Verkauf auch auf andere Personen übertragen werden konnten. Gemäß der altorientalischen Vorstellung besaß das Abbild einer lebenden Person ein eigenes magisches Wesen, das besonders durch die groß dargestellten Augen mit der Außenwelt kommunizierte, weswegen es im Tempel auch direkt auf das Kultbild der Gottheit ausgerichtet wurde. Diesem Gedanken entsprach es auch, bei seiner Herstellung von einer »Geburt« zu sprechen und es am Ende seines »Lebens« kultisch zu bestatten.

Das Material, meist feinkörniger Alabaster, die Anfertigung und der Unterhalt einer Beterfigur erforderten einen hohen finanziellen Aufwand. Dies belegen auch die häufigen Ausbesserungen und Reparaturen, die die wertvollen Skulpturen so lange wie möglich in Stand halten sollten. Aufwerten konnte man die Figuren mit Einlagen für Haare, Augen, Brauen und Brustwarzen oder Schmuck aus kostbaren und farbigen Materialien, wie Gold, Silber und Edelsteinen. Zweifellos befriedigten die Beterstatuetten ab der Mitte des 3. Jahrtausends v. Chr. auch das Repräsentationsbedürfnis einer wohlhabenden Oberschicht in den städtischen Zentren Mesopotamiens. Die Weihinschriften geben Auskunft darüber, dass auf diese Weise nur Persönlichkeiten des öffentlichen Lebens, wie Herrscher, Priester, Beamte und sonstige Würdenträger, dargestellt wurden, wobei der hohe Anteil von Frauen auffällt. Am Ende der frühdynastischen Periode verringerte sich die Zahl der Beterfiguren drastisch. Ab der darauf folgenden Akkad-Zeit (2334–2193 v. Chr.) blieb es ein Privileg der Könige, sich in Form lebensgroßer Statuen aus Stein in den Tempeln zu verewigen. Private Stifter wichen stattdessen auf wesentlich kleinere Formate aus Metall oder kostengünstigerem Ton aus.

oben: Männliche Beterfigur aus Alabaster. Augen, Brauen und Brustwarzen waren aus anderem, vermutlich farbigem Material eingesetzt. Höhe 46 Zentimeter.

links: Weibliche Beterin mit Kopftuch und langem Umhang. Kalkstein, 65 Zentimeter hoch.

Sumerer und Akkader

In der Forschung machte man lange Zeit einen Wechsel in der Bevölkerung Mesopotamiens für den Umbruch von den frühdynastischen Kleinstaaten zum einheitlichen Reich von Akkad verantwortlich. Nachdem gegen Ende des 4. oder zu Beginn des 3. Jahrtausends v. Chr. sumerisch sprechende Volksgruppen, vielleicht von Osten kommend, in Südmesopotamien eingewandert waren, nahm man an, dass sich im letzten Drittel des 3. Jahrtausends v. Chr. etwas Ähnliches mit der aus dem Norden und Westen stammenden, semitisch sprechenden Bevölkerung wiederholte. Als eine unmittelbare Folge dieser Einwanderung wäre das Sumerische, das keiner der weltweit bekannten Sprachfamilien zugeordnet werden kann, vom Akkadischen verdrängt worden, das zu den semitischen Sprachen gehört, ebenso wie das moderne Arabisch und Hebräisch. Der daraus abgeleitete Gegensatz zwischen Sumerern und Akkadern sowie die Annahme eines langen ethnischen Konfliktes lässt sich heute jedoch nicht mehr aufrecht erhalten. Tatsache ist, dass sich das Sumerische bis zur Mitte des 3. Jahrtausends v. Chr. als Sprache in der Keilschrift durchgesetzt hatte. Von Anfang an war der Wortschatz jedoch durchsetzt mit so genannten Lehnwörtern aus dem Akkadischen, weil es dafür keine geeigneten sumerischen Entsprechungen gab. Im Bestand der Personennamen (Onomastikon) stehen sumerische Namen gleichberechtigt neben akkadischen. Die Konflikte der frühdynastischen Zeit wurden auch nicht zwischen Sumerern und semitischen Akkadern ausgetragen, sondern zwischen den einzelnen städtischen Zentren mit ihrer jeweils gemischten Bevölkerung. Vor diesem Hintergrund können unterschiedliche Entwicklungen in Kunst und Kultur nicht an einem überwiegend sumerischen oder akkadischen Einfluss fest gemacht werden. Vielmehr bestätigen die Quellen eine frühe Anpassung und Verschmelzung beider Ethnien.

Bereits gegen Ende der frühdynastischen Zeit, um 2340 v. Chr., hatten Enschakuschana von Uruk und Lugalzagesi von Umma versucht, durch militärische Eroberungen mehrere Kleinstaaten unter ihre Kontrolle zu bringen, um ein größeres Reich zu schaffen. Die Übernahme der beiden Königstitel aus den altehrwürdigen Städten von Kisch im Norden und Ur im Süden liefert einen Hinweis darauf, dass es wenigstens zeitweise zu größeren Zusammenschlüssen ehemals unabhängiger Gebiete unter einem Herrscher im südlichen Mesopotamien kam. Die Idee eines einheitlichen Reiches und das offen geäußerte Streben danach war in der ausgehenden frühdynastischen Zeit also keineswegs neu. Offenbar blieben die Herrscher aber dem kleinstaatlichen Denken noch zu sehr verhaftet, weil es ihnen trotz ihres ausgedehnten Machtbereiches nicht gelang, einen grundsätzlichen Wandel der politischen Verhältnisse einzuleiten. Vielleicht bedurfte es gerade deshalb einer Führungspersönlichkeit, die von außerhalb kam und die Schwächen der bestehenden Strukturen klar erkannte, um sie verändern zu können.

Mit Sargon I. (2334–2279 v. Chr.) tritt uns nicht nur der Begründer der Dynastie von Akkad entgegen, sondern auch eine der zentralen Herrschergestalten des alten Orients. Noch mehr als tausend Jahre später galt er mesopotamischen Königen als leuchtendes Vorbild. Bei dem Namen Sargons, der eigentlich »Scharru-ken« lautete und »wahrer, legitimer König« bedeutet, handelt es sich jedoch um keinen eigens zugelegten Thronnamen im Sinne einer plakativen Zurschaustellung seines Machtanspruches, wie häufig angenommen wurde, sondern um einen beliebten »Modenamen« dieser Zeit. Im Nachhinein rankten sich Legenden um seine Herkunft und die Umstände seiner Thronbesteigung. Angeblich als uneheliches Kind einer ranghohen Priesterin in einem Bastkörbchen im Euphrat treibend ausgesetzt, von einem Gärtner gefunden und aufgezogen, habe er es als Günstling der Göttin Inana-Ischtar zu höchsten Würden am Hofe von König Ur-Zababa von Kisch gebracht. Auch wenn es schwer fällt, Dichtung und Wahrheit zu trennen, scheint sicher, dass Sargon aus dem semitischsprachigen Norden stammte und eine politische Karriere im Süden einschlug, wo er ein hohes Amt in unmittelbarer Nähe des Königs von Kisch innehatte. Danach wird er unvermittelt als Sieger über den erwähnten Lugalzagesi von Umma genannt. Nach der Eroberung von Uruk und Ur regierte Sargon die eroberten Gebiete jedoch nicht von Kisch aus, sondern schuf sich mit Akkad eine Residenz im Norden Südmesopotamiens. Die neue Hauptstadt, die sowohl der Herrscherdynastie, dem Land als auch der Sprache ihren Namen gab, ist bis heute nicht entdeckt, weil ihre Ruinen möglicherweise unter der Millionenmetropole Bagdad verborgen liegen.

Für die Rekonstruktion der rund 150 Jahre andauernden Dynastie von Akkad (2334–2193 v. Chr.) ist die »Sumerische Königsliste« weiterhin die wichtigste Quelle. Allerdings stehen jetzt auch originale Inschriften der einzelnen Herrscher zur Verfügung. Am Ende der Akkad-Zeit kom-

Der lebensgroße **Bronzekopf** eines akkadischen Herrschers stellt handwerklich und stilistisch ein herausragendes Werk der mesopotamischen Kunst dar (um 2250 v. Chr.).

men noch die »Jahresnamen« hinzu, die jedes neue Jahr nach einem bestimmten Ereignis benannten, wie etwa einem siegreichen Feldzug, dem Bau eines neuen Tempels oder der Beförderung eines hohen Würdenträgers aus der Priesterschaft oder dem königlichen Beamtenapparat.

Sargons Reichsgründung unterschied sich durch weitsichtige und längst überfällige Maßnahmen von der Kleinstaaterei seiner frühdynastischen Vorgänger. Er führte das Akkadische als offizielle Amtssprache ein und vereinheitlichte landesweit Maße und Gewichte. Neben die staatlich organisierte Tempel- und Palastwirtschaft trat ein geförderter privatwirtschaftlicher Sektor. Der Fernhandel mit Rohstoffen und Luxuswaren aus Dilmun (Bahrain), Magan (Oman) und Melucha (Indus-Tal) blieb dagegen in königlicher Hand. Die Wahl seines Regierungssitzes im Norden des Landes und damit in deutlicher Distanz zu den alten Königsstädten des Südens, legt nahe, dass Sargon I. sich ganz bewusst aus deren Dunstkreis entfernen wollte. Außerdem war die mutmaßliche Lage im Bereich der engsten Stelle zwischen Euphrat und Tigris strategisch günstig, konnte doch von hier aus mit einfachen Mitteln der Wasserfluss in den Süden reguliert werden. In Sargons Regierungszeit fällt auch die Optimierung der Agrarproduktion. Inzwischen hatte man einen reichen Erfahrungsschatz gesammelt und bemühte sich, den negativen Begleiterscheinungen der künstlichen Bewässerung entgegenzuwirken. Die Felder wurden im zweijährigen Wechsel bepflanzt, damit sich der ausgelaugte Boden wieder einigermaßen erholen konnte. Wahrscheinlich trieb man sogar Ziegen- und Schafherden als natürliche Düngerspender auf die brachliegenden Äcker, um Nährstoffe zurückzuführen. Mit neu konstruierten Saatpflügen und trainierten Zugochsen wurde die Aussaat in enger liegenden Furchen auf den verbleibenden Anbauflächen verbessert. Die Beschränkung auf Gerste als dem wichtigsten Grundnahrungsmittel führte zwar zu einer Monokultur, doch ist keine andere Getreideart ähnlich widerstandsfähig gegen versalzte Böden. Der Bau und die Verwaltung der Bewässerungskanäle blieb nicht länger den einzelnen Siedlungen überlassen, sondern wurde von einer übergeordneten Behörde zentral gesteuert. Sargon besetzte die politischen Schlüsselpositionen in den Städten entweder mit nahen Verwandten oder treu ergebenen Gefolgsleuten, denen er zur Unterstützung eine Garnison zur Verfügung stellte. Ein bekanntes Beispiel war seine Tochter Encheduana, die er zur höchsten Priesterin des Mond- und Stadtgottes Sin in Ur einsetzte.

Sargons Vorstellungen von einem Großreich beschränkten sich bei weitem nicht auf die politische Einigung der beiden Landesteile im Süden und Norden, die man fortan mit Sumer und Akkad bezeichnete. Der Horizont seiner expansiven Bestrebungen nahm vorher nie da gewesene Ausmaße an und manifestierte sich in der Titulatur »schar kischati«, »König der Gesamtheit«. Er unternahm nicht nur Feldzüge bis an den Persischen Golf weit nach Elam hinein, sondern auch über das iranische Zagros-Gebirge hinweg, durchquerte Nordmesopotamien bis nach Zentralanatolien, eroberte die bedeutenden Städte Mari und Ebla in Syrien und erreichte sogar das Mittelmeer, in dessen Wellen er nach eigener Aussage seine Waffen reinigte. Eine Formulierung, die viele seiner Nachfolger noch übernehmen sollten und für die altorientalischen Herrscher zum Inbegriff einer erfolgreichen militärischen Expansion wurde.

Trotz aller Erfolge war das Reich von Akkad alles andere als ein stabiles politisches Gebilde. Vor allem in den Städten des Landes Sumer regte sich heftiger Widerstand gegen die Zentralregierung in Akkad. Insbesondere die Tempel mit der einflussreichen Priesterschaft sahen sich ihrer Machtbefugnisse beraubt. Die Umverteilung von Landbesitz und die großzügige Vergabe von Ländereien durch den König an loyale akkadische Magnaten lösten wohl starken Unmut in der Bevölkerung aus. Es kam immer wieder zu Revolten und militärischen Koalitionen gegen die ungeliebte Vorherrschaft. Von Sargon I. heißt es, er habe »34 Schlachten geschlagen und 50 Stadtfürsten besiegt«. Diese permanent unruhige Situation sollte sich auch unter seinen Nachfolgern nicht ändern. Sowohl die beiden Söhne Ri-

Die **Siegesstele des Naramsin** verherrlicht die Kriegstaten des vergöttlichten Königs gegen das Bergvolk der Lullubäer. Kalkstein, Höhe: 2 Meter (um 2260 v. Chr.).

musch (2278–2279 v. Chr.) und Manischtuschu (2269–2255 v. Chr.) als auch der Enkel Naramsin (2254–2218) sowie der Urenkel Scharkalischarri (2217–2193 v. Chr.) mussten zahlreiche Kriege um den Erhalt des Reiches führen. Da die von ihnen bezifferten Verluste der Feinde in die Zehntausende gingen, dürfte der verschwiegene Blutzoll der eigenen Leute ebenfalls nicht unerheblich gewesen sein. Die aufständischen Städte Sumers versuchte man mit drastischen Mitteln zu befrieden, indem Teile der Bevölkerung zur Zwangsarbeit in eigens eingerichteten Lagern inhaftiert wurden.

Eine neue Dimension erlangte das altorientalische Königtum unter Naramsin. Nachdem er sich als erfolgreicher Eroberer den Titel »*schar kibrat erbettim*«, »König der vier Weltgegenden« angeeignet und eine Rebellion sumerischer Städte blutig niedergeschlagen hatte, ließ er sich zum Gott ausrufen. Die Vergöttlichung war jedoch kein Symptom vollendeten Größenwahns, sondern wurde dem König von seinen Untertanen angetragen und als logische Konsequenz seiner Stellung und Verdienste erachtet. Folglich errichteten ihm die Einwohner von Akkad einen Tempel und schrieben seinen Namen mit dem Keilschriftzeichen *dingir*, das Götternamen einleitete. Damit sollte Naramsin der erste in einer Reihe altorientalischer Potentaten sein, denen bereits zu Lebzeiten göttliche Ehren zuteil wurden, was einen ganz anderen Stellenwert hatte als die ebenfalls praktizierte posthume Vergöttlichung eines Herrschers nach dessen Tod. Auch unter seinem Sohn Scharkalischarri blieben die Probleme des Machterhalts die gleichen. Vor allem der Druck von außen verstärkte sich, sodass die Kontrolle über das aufständische Sumer langsam verloren ging. Der letzte Herrscher der Akkad-Dynastie hatte Mühe, die Gutäer aus dem Zagros-Gebirge am Vordringen zu hindern. In der Nachfolge konnten sich noch zwei lokale Herrscher namens Dudu (2189–2169 v. Chr.) und Schudurul (2168–2154 v. Chr.) behaupten, bevor sich dann die Gutäer endgültig in Akkad festsetzten. Über die etwa 40 Jahre währende Herrschaft dieses Bergvolkes, das in den späteren Quellen als »barbarisch« verunglimpft wurde, liegen kaum schriftliche Nachrichten und schon gar keine archäologischen Funde vor. Die einzige überlieferte Inschrift eines gewissen Erridupizir knüpft in akkadischer Sprache mit dem Königstitel und der Erwähnung von Statuenweihungen im Enlil-Tempel von Nippur an die Tradition der Akkad-Dynastie an. Danach verschwanden die Gutäer ebenso spurlos aus Mesopotamien, wie sie aufgetaucht waren. Die spätere mesopotamische Geschichtsschreibung verklärte die Akkad-Zeit dagegen als eine »goldene Epoche«, in der die Einheit von Sumer und Akkad erreicht worden sei.

Das größte Problem bei der Beurteilung der akkadischen Kunst und Architektur besteht darin, dass nicht nur Funde und Bauten aus der noch unentdeckten Hauptstadt fehlen, sondern auch aus anderen bedeutenden Städten im Zentrum des Reiches. An der Peripherie stehen die Bauformen von Tempeln, Palästen und Wohnhäusern noch ganz in der jeweils lokalen Tradition des Frühdynastikums. Zufallsfunde, wie der Bronzekopf aus Ninive, lassen jedoch den hohen Stand des Kunsthandwerks erahnen. Alle anderen akkadischen Artefakte gelangten entweder als Beutestücke in zeitlich späteren Schichten ans Licht oder kommen aus dem Kunsthandel. Ihr ursprünglicher archäologischer Zusammenhang lässt sich daher kaum noch rekonstruieren.

Dem Machtanspruch der Akkad-Könige wurde mit Siegesdenkmälern, wie Stelen und Felsreliefs, sowohl in den eroberten Gebieten als auch den Zentren des Reiches Rechnung getragen. Das beste Beispiel ist die Siegesstele des Naramsin, die dessen Feldzug gegen die Lullubäer, einem sonst unbedeutenden Bergstamm im Zagros, verherrlicht. Die riesenhafte Gestalt des vergöttlichten Herrschers, kenntlich an den Hörnern auf seinem Helm, schreitet in voller Kampfmontur über die Leichen der Gefallenen seinen Kriegern voran. Erstmalig werden statt einfacher Trennlinien Elemente der gebirgigen Landschaft zur Staffelung der Bildebenen eingesetzt.

Ein Privileg der Könige war es, sich in lebensgroßen Statuen aus Diorit darstellen zu lassen, die als Beterfigur vor dem Kultbild der Gottheit aufgestellt wurden. Die gedrungenen Formen der frühdynastischen Skulptur wandelten sich zu schlanken Proportionen mit scharfer Kontur, wobei Muskulatur und Gewandfalten mit größter Präzision aus dem harten, polierten Stein modelliert wurden. Ebenfalls muss es der lückenhaften Überlieferungssituation angelastet werden, dass Gegenstände der Kleinkunst weitgehend fehlen. Das gilt jedoch nicht für die Rollsiegel, die noch einmal eine gesteigerte Bedeutung erfuhren. Sie sind jetzt vermehrt mit Inschriften versehen, die über Namen und Beruf des Besitzers Auskunft geben. Überhaupt wird die Inschrift jetzt in die Bildgestaltung mit einbezogen und nicht mehr nur am Rand platziert. Die figuren- und variantenreichen Darstellungen lassen eine regelrechte künstlerische Komposition erkennen, die über reines Kunsthandwerk weit hinausgeht. Zahlreiche mythische Wesen, wie der sechslockige Held oder menschengesichtige Wisente, bevölkern die aktionsgeladenen Bildszenen. Neu hinzu kommt als Motiv der aus dem Indus-Tal eingeführte Arni-Büffel, der in der Marschenlandschaft Südmesopotamiens einen geeigneten Lebensraum fand.

Die neuen Völker – Ende 3. und erste Hälfte 2. Jahrtausend v. Chr.

Die kurze Erfolgsdauer der in der Akkad-Zeit eingeleiteten Veränderungen führte an der Wende vom 3. zum 2. Jahrtausend v. Chr. nicht nur zu einer Wiederbelebung der sumerischen Sprache und Kultur, sondern auch zu einer Erneuerung der alten politischen Verhältnisse. An den Gedanken eines zentral regierten Großreiches knüpften jedoch die Herrscher der III. Dynastie von Ur bis Hammurapi erneut unmittelbar an.

Gudea und Utuchengal

Der Zusammenbruch des Akkad-Reiches brachte ein Erstarken der unabhängig gewordenen Stadtstaaten Sumers mit sich. In dieser Phase gewann im südlichen Mesopotamien die II. Dynastie von Lagasch große Bedeutung. Mit ihrem Herrscher Gudea (2122–2102 v. Chr.) verbindet sich eine Serie beschrifteter Statuen, die ihn als planenden Bauherrn, Überfluss spendenden Herrscher oder demütigen Beter zeigen. In seinem umfangreich erhaltenen Inschriftenwerk legte Gudea besonderen Wert auf den Bau von Tempeln und den Dienst für die Götter. Auffälligerweise verzichtete er auf jegliches herrschaftliche Gehabe, nannte sich nie »*lugal*« oder »*scharrum*« für »König«, sondern bescheiden »*ensi*« »Fürst«, und erhob niemals Anspruch auf die Weltherrschaft. Lediglich einmal ist ein Feldzug ins iranische Elam und Anschan erwähnt, doch nur im Zusammenhang mit einer Weihung von Kriegsbeute an den Stadtgott Ningirsu. Ansonsten vermied Gudea jede Anspielung auf Gewaltanwendung und gab sich als friedliebenden Fürsten, dessen Expansion nicht auf militärischen Aktionen,

Fürst Gudea von Lagasch hält ein überquellendes Wassergefäß in Händen, das Wohlstand und göttlichen Segen für seine Untertanen symbolisiert.

sondern auf friedlichem Handel beruhte. Keine einzige Abbildung zeigt ihn mit einer Waffe in der Hand oder gar an der Spitze einer Armee. Diese bewusste Abkehr vom kriegerischen Habitus der Akkad-Könige hatte sicherlich ideologische Gründe. Allem Anschein nach waren in Sumer die negativen Erinnerungen an die despotisch empfundene Akkad-Zeit noch zu frisch, als dass sich Gudea dem kleinsten Verdacht aussetzen wollte, in deren Tradition zu stehen. Dennoch dürfte er seine Interessen mit Nachdruck und Entschlossenheit vertreten haben, anders lässt sich sein erheblicher Einfluss nicht erklären. Dazu passt auch, dass er nicht aus einer Herrscherdynastie stammte oder durch eine gewaltsame Übernahme des Throns (Usurpation) an die Macht gelangte, sondern durch die Heirat mit der Königstocher Ninalla zum Nachfolger ihres Vaters Ur-Baba wurde.

Ganz anders dagegen Gudeas Zeitgenosse Utuche(n)gal (2119–2113 v. Chr.) aus der II. Dynastie von Uruk, der ein Waffenbündnis gegen die Gutäer im Norden des Landes schmiedete, um sie zu verjagen. Daraufhin nahm er vollmundig den akkadischen Herrschertitel »*schar kibrat erbettim*«, »König der vier Weltgegenden«, an und rühmte sich, das Königtum nach Sumer zurückgebracht zu haben. Auskosten und sinnvoll nutzen konnte Utuchengal seinen Sieg jedoch offenbar nicht lange. Einer seiner ranghöchsten Militärs, vielleicht sogar sein eigener Bruder, Ur-Namma, stürzte ihn vom Thron und begründete mit der III. Dynastie von Ur eine Reihe von fünf Herrschern, die die nächsten 108 Jahre der mesopotamischen Geschichte bestimmen sollten.

Bürokratie und Diplomatie

Die Zeit der III. Dynastie von Ur (2112–2004 v. Chr.) ist ein Epoche des alten Orients, über die wir mit am besten unterrichtet sind, obwohl von den weit über 30 000 erhaltenen Keilschrifttafeln erst ein Teil bearbeitet werden konnte. Allein schon die Art der meisten Dokumente wirft ein bezeichnendes Licht auf die politischen Strukturen, handelt es sich doch um tausende von Akten und Protokollen einer umfangreichen staatlichen Verwaltung und Wirtschaft. Die Verwendung von Formularen mit feststehendem Wortlaut und die Ausbildung von spezialisierten Beamten für unterschiedliche Behörden führten dazu, dass sich die Schrift in größeren Teilen der Bevölkerung verbreitete. Die Herrscher der Ur III-Zeit setzten wichtige innenpolitische Akzente zur Modernisierung des Staates: Angefangen mit der Einführung eines einheitlichen Kalenders sowie neuen Maß- und Gewichtseinheiten, über die Trennung von ziviler und militärischer Administration, bis hin zu Steuer- und Verwaltungsreformen sowie einer allgemein verbindlichen Rechtsprechung. Ein besonderer Schwerpunkt lag auf dem konsequenten Ausbau des Verkehrswegenetzes zu Lande und zu Wasser mit staatlichen Kontrollstationen. Sie dienten nicht nur als Rasthäuser und Handelsstützpunkte, sondern waren auch Relaisstellen eines verzweigten Nachrichtensystems, das sich Botengängern bediente, um den Informationsfluss innerhalb des Reiches zu beschleunigen. Die zentral gelenkte Wirtschaft basierte nach wie vor auf dem Prinzip planwirtschaftlicher Verteilung (Redistribution) durch die Tempel- und Palasthaushalte, aber die bislang geltende Grundeinheit von 300 Litern Gerste wurde jetzt mit einem Schekel Silber (ca. 4,7 Gramm) als eine Art monetärem Gegenwert ins Verhältnis gesetzt. Alle genannten Maßnahmen brachten dem Reich der III. Dynastie von Ur nicht ganz zu Unrecht den heute eher zweifelhaften Ruf ein, die Bürokratie erfunden zu haben. Dennoch brachte diese Periode auch eine umfangreiche religiöse Literatur und Belletristik hervor, die sich in Weihinschriften, hymnischen Gedichten oder Liedkompositionen an Götter und Könige sowie der Überlieferung alter Epen und Mythen dokumentiert. Dabei stellte das als Schriftsprache gewählte Sumerische einen Rückgriff auf die Zeit vor der Akkad-Dynastie dar. Gleichwohl scheint das Akkadische schon längst die zeitgenössische Umgangssprache gewesen zu sein.

Den Herrschern der III. Dynastie von Ur gelang die Umwandlung der Kleinstaaten in Sumer und Akkad zu autonomen Provinzen eines Reiches. Deren einstige Könige bezeichneten sich nun kleinlaut als »Diener des (einen) Königs«, die regelmäßige Abgaben, sumerisch *bala*, entrichten mussten. Im Gegenzug durften die Stadtfürsten ihre Befugnisse in inneren Angelegenheiten, wie der Rechtsprechung, Infrastruktur, Bautätigkeit und des religiösen Kultes, behalten. Nur außenpolitisch war es ihnen verboten, eigenmächtig zu handeln oder Bündnisse zu schließen. In dieser Billigung einer gewissen Souveränität lag wohl auch der wesentliche Unterschied zum Akkad-Reich, das seine Maßnahmen gegen alle Widerstände und zur Not auch mit Gewalt durchgesetzt hatte. Dagegen spielten die Könige von Ur ihre Vorteile mit mehr Zurückhaltung aus: Sie schufen sich eine solide wirtschaftliche Grundlage, von der auch die Provinzen profitierten, behielten die Hoheit über die Heiligtümer der ranghöchsten Gottheiten, wie dem Göttervater Enlil in Nippur, dem Mondgott Nanna-Sin in Ur sowie der Kriegs- und Liebesgöttin Inana-Ischtar in Uruk. Auf dem außenpolitischen Parkett versuchten sie durch Handelskontakte und diplomatische Mittel Verbündete zu gewinnen. Ein Beispiel hierfür sind die politischen Heiraten der Prinzen und Prinzessinnen von Ur ins benachbarte Ausland. Allerdings verzichteten sie damit auf eine dem akkadischen Reich vergleichbare Ausdehnung und begnügten sich mit einem deutlich kleineren Machtbereich.

Aufstieg und Niedergang
Der Name des Dynastiegründers Ur-Namma (2112–2095 v. Chr.) verbindet sich vor allem mit einer Sammlung von Rechtsurteilen, dem Kodex Ur-Namma, der als das älteste bekannte Gesetzeswerk gilt. Darin formulierte der Herrscher, der sich auch den Titel »König von Sumer und Akkad« zulegte, persönlich ein Credo seiner Amtszeit: »Gerechtigkeit ließ ich walten, Unrecht verfolgte ich!«. Sein gewaltsamer Tod im Kampf gegen die Elamer, die sich mit den vertriebenen Gutäern verbündet hatten, weist jedoch auf anhaltende Konflikte mit den östlichen Nachbarn hin. Sein ihm auf den Thron folgender Sohn Schulgi (2094–2047 v. Chr.) begann seine Regierung noch vor der offiziellen Krönung mit einer Vergeltungsaktion gegen die Elamer, um den Tod seines Vaters zu rächen. Spätestens in der zweiten Regierungshälfte musste der aufgrund seiner Verdienste vergöttlichte Herrscher jährlich Kriegszüge unternehmen, um die Grenzen des Reiches zu sichern. Insbesondere mit der Gruppe der Amurriter, einem losen Zusammenschluss von Nomadenvölkern aus der syrischen Wüstensteppe, war ein neuer, schwer zu fassender Gegner erwachsen. Die Gründe für ihr Eindringen dürften mit verschlechterten Lebensbedingungen oder der Verdrängung durch andere Völker zusammenhängen. Schulgi ließ ein aus Mauern und Festungen bestehendes Bollwerk von 250 Kilometern Länge als Schutz gegen die räuberischen Übergriffe errichten, was sich angesichts der hohen Mobilität der wandernden Nomadenstämme jedoch nicht bewährte. Mit den Amurritern im Westen und den Elamern im Osten war das Reich der III. Dynastie von Ur in einen Zweifrontenkrieg geraten, den auch Schulgis Nachfolger Amar-Suena (2046–2038 v. Chr.) und Schu-Suen (2037–2029 v. Chr.) noch auszufechten hatten. Unter dem letzten König Ibbi-Suen (2028-2004 v. Chr.) setzte dann der Verfall des Reiches ein, das die ständigen Kriege gegen Elam und die Übergriffe plündernder Nomaden zermürbt hatte. Selbst die eigenen Gefolgsleute nutzten diese Schwäche für ihre Machtambitionen aus. Ein General namens Ischbi-Erra (2017–1985 v. Chr.), zuständiger Statthalter im südmesopotamischen Isin, zog immer mehr Provinzen auf seine Seite und verbündete sich sogar mit dem elamischen Erzfeind, um seinen vormaligen Dienstherrn zu stürzen. Der kämpfte noch mit den Folgen einer katastrophalen Hungersnot, die ihn zwang, Teile des Tempelschatzes aus

dem Heiligtum des Mondgottes Nanna-Sin für den Erwerb von Nahrungsmitteln zu verkaufen. Den endgültigen Untergang des Ur III-Reiches markierte die Eroberung und völlige Zerstörung der Stadt Ur sowie die Gefangennahme und Verschleppung des Ibbi-Suen nach Elam. Die dramatischen Vorgänge schildert ein eigens komponiertes Klagelied, das Einblicke in die verhängnisvollen Entwicklungen und ihre Ursachen bietet.

Tempeltürme und Einführungsszenen

Alle Könige der III. Dynastie von Ur sahen ihre vornehmste Aufgabe im Bau von Tempeln. In Anlehnung an die strikte Vereinheitlichung der staatlichen Zentralverwaltung, zeigt sich auch in der Architektur ein Streben nach standardisierten Bauformen. Der auf einer Hochterrasse errichtete Tempel von Ur wurde zu einer Zikkurat umgestaltet und erhielt damit sein endgültiges Aussehen, das sich im gesamten Reich verbreitete. Bei den Privathäusern blieb der aus einem langrechteckigen Raum bestehende Grundriss mit vorgelegtem Hof und umgebenden Räumen bestimmend. Die Toten fanden in kleinen Grüften unter den Häusern ihre letzte Ruhestätte. Leider ist aus dem Zentrum des Ur III-Reiches kein Palastbau erhalten, sondern lediglich die völlig ausgeraubten Königsgräber im heiligen Bezirk des Mondgottes Nanna-Sin von Ur. Die großräumigen, massiv gemauerten Gruftanlagen standen oberirdisch mit einem Tempel in Verbindung, in dem offenbar das Totenritual für die verstorbenen und teilweise vergöttlichten König zelebriert wurde.

Der Bau der Zikkurat von Ur ist auch das Thema der Stele des Ur-Namma. Die darauf reliefierte Bildergeschichte erzählt von der Errichtung

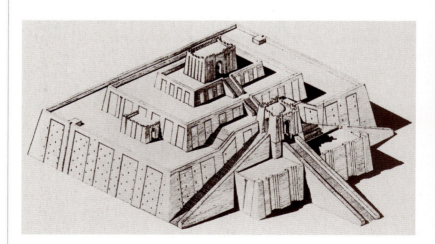

Rekonstruktion der Zikkurat von Ur.

und festlichen Einweihung. Im obersten Register erhält der König vom Mondgott Nanna-Sin selbst sowohl den Auftrag als auch die notwendigen Werkzeuge dafür. Einen weiteren Beleg der Bautätigkeit liefern kunstvoll gestaltete Gründungsfiguren, die als Weihgaben und zum Schutz gegen Unheil rituell in den Fundamenten der Neubauten versenkt wurden. Ebenso wie in der Akkad-Zeit blieben aus hartem Diorit-Gestein modellierte Skulpturen ein Privileg der Könige.

Die zunehmende Schriftlichkeit verdeutlichen auch die Rollsiegel, die jetzt regelmäßig mit Inschriften versehen waren. Die daneben angebrachte Darstellung hingegen reduzierte sich zumeist auf eine aus drei Figuren bestehende, so genannte Einführungsszene, in der eine Person im Gebetsgestus, nämlich der namentlich genannte Siegelinhaber, von einer fürbittenden Gottheit vor eine der Hauptgottheiten des Pantheons geleitet wird.

Originaler Siegelzylinder der Ur III-Zeit mit »Einführungsszene« sowie antike und moderne Abrollungen.

Übergang und Restauration

Obwohl die Periode, die auf das Reich der III. Dynastie von Ur folgte, mit rund 200 Jahren fast doppelt so lange dauerte, stellte sie bis zum Beginn des altbabylonischen Reiches unter Hammurapi, 1792 v. Chr., rückblickend eine lange Übergangsphase dar. Politisch zerfiel Südmesopotamien erneut in zahlreiche Kleinstaaten. Jeder Fürst nannte sich wieder König und proklamierte seine Unabhängigkeit, auch wenn sein Einfluss noch so gering war. Im Prinzip war damit der alte Zustand des Frühdynastikums wiederhergestellt. Nachdem der abtrünnige Ur III-General Ischbi-Erra sich in Isin etabliert und eine eigene Herrscherdynastie gegründet hatte (2017–1794 v. Chr.), erhielt er mit Gungunum von Larsa und dessen Nachfolgern (2025–1763 v. Chr.) ebenbürtige Gegner. Abwechselnd beherrschten beide Städte-Dynastien weite Teile Mittel- und Südmesopotamiens. Dabei stützten sie sich nicht nur auf die administrativen Strukturen des Ur III-Reiches, sondern belebten sowohl die alten Königstitulaturen als auch die Praxis der Herrschervergöttlichung neu, um ihren Machtanspruch zu untermauern. Im Schatten ihrer Rivalität entwickelten sich kleinere Fürstentümer, wie etwa Eschnunna (Tell Asmar) im Diyala-Gebiet oder das sumerische Uruk, die mal mehr, mal weniger in politische Abhängigkeit gerieten.

SCHADUPPUM – DIE GEPLANTE STADT

Inmitten eines Wohngebietes im heutigen Bagdad liegt die flache Erhebung des Tell Harmal, unter dem sich die Ruinen einer Stadt namens Schaduppum verbargen. Wenngleich ihre Fläche von nur 1,7 Hektar vergleichsweise klein ausfiel und sie auch über keine außergewöhnlichen Gebäude oder Denkmäler verfügte, ist Schaduppum vor allem deshalb bemerkenswert, weil die Art und Weise der Bebauung exemplarisch für den Typus einer am Reißbrett geplanten Stadt der frühen altbabylonischen Zeit (um 1850 v. Chr.) steht.

Die Mauerverläufe der Gebäude von Schaduppum sind in der modernen Rekonstruktion nachgebildet.

Das planmäßig angelegte Verkehrswegenetz, das sich aus einer gerade verlaufenden Hauptstraße mit rechtwinklig davon abzweigenden Nebenstraßen zusammensetzt, teilt das ummauerte Areal in annähernd quadratische Grundstücke, sodass für die Bebauung regelrechte *insulae* entstanden, wie man sie sonst eigentlich nur von antiken römischen Städten kennt. Die 147 Meter lange und 98 bis 133 Meter breite trapezförmige Außenmauer war auf über sechs Meter starken Lehmziegelfundamenten errichtet und in regelmäßigen Abständen durch turmartige Vorsprünge gegliedert. Im Südosten lag das einzige, ebenfalls turmbewehrte Stadttor. Die Ausgrabungen, die der irakische Antikendienst durchführte, konzentrieren sich denn auch auf das südliche und südöstliche Stadtgebiet, wo in unmittelbarer Nähe zum Eingangsbereich zwei Tempel, zwei kleinere eher als »Kapellen« zu bezeichnende Heiligtümer und ein Verwaltungsgebäude ans Licht kamen. Die beiden Doppeltempel, in denen jeweils zwei vermutlich lokale Gottheiten verehrt wurden, nehmen sich mit ihren Abmessungen von 8 auf 18 beziehungsweise 14 auf 15 Metern ziemlich bescheiden aus. Selbst die für Sakralbauten übliche Nischengliederung der gesamten Fassade blieb hier auf die Frontseiten beschränkt. Erwähnenswert sind allenfalls die lebensgroßen Löwenplastiken aus Terrakotta, die den Eingang zum Kultraum (Hauptcella) eines der Tempel bewachten. Dagegen beansprucht der 25 auf 30 Meter große Verwaltungsbau mit zentralem Verteilerhof gleich einen ganzen Häuserblock. Die übrigen freigelegten Gebäude sind deutlich kleiner, spiegeln in ihren Grundrissformen aber die gesamte Palette der zeitgenössischen Architektur wider.

Rund 3000 aus der Ruine stammende Tontafeln geben Auskunft darüber, dass Schaduppum einst Sitz eines hohen Beamten (*schakkanakku*) im Dienst des Stadtstaats von Eschnunna war und damit Verwaltungszentrum eines größeren Bezirks mit einer eigenen Schreiberschule. Es beherbergte verschiedene wissenschaftliche »Akademien«, wovon insbesondere die Texte juristischen, mathematischen und geographischen Inhalts ein beredtes Zeugnis ablegen. Das weitgehende Fehlen produzierender Wirtschaftsbetriebe und die gemessen an der Größe des Stadtgebietes auffallend starke Befestigung legen die Vermutung nahe, dass ein Großteil der Bevölkerung sich erst bei einem drohenden Angriff in den Schutz der Stadtmauern begab, sonst aber außerhalb lebte.

Das stadtplanerische Konzept von Schaduppum und vergleichbaren Städten der altbabylonischen Zeit steht jedenfalls in deutlichem Kontrast zu den organisch gewachsenen und dicht bevölkerten urbanen Zentren Mesopotamiens und vermittelt mit seiner klar geregelten, funktional ausgerichteten Infrastruktur erste Ansätze modernen Städtebaus.

Genischte Außenfassaden mit bogenförmigen Toren und Fenstern sind typische Merkmale mesopotamischer Tempelarchitektur (Rekonstruktion).

Archäologisch sind wir kaum in der Lage, ein befriedigendes Bild von der so genannten Isin-Larsa-Zeit beziehungsweise der frühen altbabylonischen Zeit zu gewinnen. Skulpturen und Reliefs aus den Zentren Mesopotamiens fehlen weitgehend. Die wenigen zuweisbaren Erzeugnisse der Kleinkunst, wie die Rollsiegel, stehen thematisch und stilistisch noch ganz in der Tradition der Ur III-Periode.

Amurriter und Hurriter

Eine wesentliche Veränderung vollzog sich in der ersten Hälfte des 2. Jahrtausends v. Chr. in der Zusammensetzung der mesopotamischen Bevölkerung. Seit ungefähr 2000 v. Chr. waren die Amurru-Nomaden, gegen die die letzten Ur III-Könige so erbittert kämpfen mussten, allmählich sesshaft geworden und hatten sich unaufhaltsam in ganz Mesopotamien ausgebreitet. Nach und nach übernahmen sie Schlüsselpositionen in Staat, Religion und Gesellschaft, wobei sie sich schnell der sumerisch-akkadischen Kultur anpassten. Da sie ohnehin einen westsemitischen Dialekt sprachen, der dem Akkadischen nahestand, bereitete ihnen auch diese Umstellung keine Probleme. Der Gebrauch des Sumerischen beschränkte sich in dieser Zeit nur noch auf Schreiberschulen und gelehrte Zirkel. Auch die Gottheiten des Pantheons trugen ab jetzt ausschließlich ihre akkadischen Namensformen, wie Sin statt Nanna, Ischtar statt Inana oder Schamasch statt Utu. Da es sich sowohl bei dem sumerischen Begriff »*martu*« als auch dem akkadischen »*amurru(m)*« lediglich um eine Sammelbezeichnung für Nomaden handelte, bleibt unklar, welche Stämme sich genau dahinter verbargen. Fragen wirft auch die widersprüchliche Beurteilung der Amurriter in den historischen Quellen Mesopotamiens auf. Zum einen wurden sie als feindlich und gottlos charakterisiert, zum anderen scheinen sie, ihren überlieferten Personennamen zufolge, teilweise schon während der Ur III-Zeit in der mesopotamischen Gesellschaft voll integriert gewesen zu sein. Denn nur so lässt sich der Aufstieg einer ihrer Vertreter, wie Ischbi-erra, zum General und Statthalter von Isin unter den Königen der III. Dynastie von Ur erklären.

Durch die Amurriter entwickelte sich der Norden Mesopotamiens, der politisch bislang vom Süden abhängig war, als eigenständiger Machtbereich. Dazwischen setzten sich in einem Streifen, der vom Nordosten Syriens bis östlich des Tigris reichte, die Hurriter endgültig fest, eine weitere Volksgruppe, die vermutlich seit der Akkad-Zeit von Osten her eingewandert waren. Sie schufen sich zwar keinen selbstständigen Staat, sehr wohl aber durch ihre Sprache, das Hurritische, ein Gebiet mit eigener sprachlicher Identität. Ein bekannter hurritischer Fürstensitz war Urkesch im Nordosten Syriens.

Assur und Assyrien

Die politische, kulturelle und sprachliche Teilung Mesopotamiens setzte im Norden mit dem Aufstieg der amurritischen Dynastie des Puzur-assur I. (ca. 1980 v. Chr.) ein, der sich in der ehemals von Akkad und Ur abhängigen Stadt Assur am Tigris niederließ. Assur und deren gleichnamiger Stadtgott wurden nicht nur namengebend für das gesamte spätere Land Assyrien, sondern auch zu einem beliebten Bestandteil von Personennamen. Wie weit sich die Einflusssphäre der ersten amurritischen Herrscher von Assur erstreckte, bleibt fraglich. Der Wahrheitsgehalt einer Inschrift des Ilu-schuma (ca. 1940 v. Chr.), in der er eine Abgabenbefreiung bis nach Ur verfügte, konnte bis jetzt nicht bestätigt werden. Realistisch erscheinen behutsame Gebietserweiterungen nach Norden sowie in die Regionen westlich und östlich des Tigris. Ab Erischum I. (ca. 1920 v. Chr.) bildete Assur das Zentrum eines blühenden Fernhandels mit den in Anatolien gegründeten Handelsniederlassungen. Sowohl die spärlichen Königsinschriften als auch die umfangreichen Archive der Händler sind bereits in einem akkadischen Dialekt abgefasst, der als »(alt)assyrisch« bezeichnet wird.

Erst der Amurriter Schamschi-Adad (1833-1776 v. Chr.), der aus Terqa (Tell Aschara im heutigen Syrien) kam, sorgte dafür, dass der Norden zu einem echten Machtfaktor in ganz Mesopotamien und weit darüber hinaus wurde. Er verleibte sich das gesamte nordöstliche Syrien ein, eroberte die bedeutende Königsstadt Mari am mittleren Euphrat und legte sich mit dem mächtigen Fürstentum von Jamchad (Aleppo) an. Ebenso wie einst Sargon von Akkad reinigte auch er seine Waffen an der syrischen Küste im Mittelmeer. Der Titel »König der Gesamtheit« sowie eine eigene Residenz namens Schubat-Enlil (Tell Leilan) brachten seine Erfolge zum Ausdruck. Da ein Großteil der persönlichen Korrespondenz Schamschi-Adads erhalten ist, wissen wir, dass er ein äu-

---

Aus zwei Briefen assyrischer Kaufleute, die ihre Geschäfte in der Handelsniederlassung (*karum*) **Kanisch** tätigten: Assur-idi schreibt: »Meine lieben Brüder! Ich lebe nun seit 30 Jahren in der Stadt und habe immer meine Aufenthaltsgebühr bezahlt. Bittet die Stadtverwaltung um Nachsicht und ich werde 3 Schekel pro Mine für mein Silber hinterlegen. Wenn sie ablehnen, bittet darum, dass ich nur die Hälfte bezahle. Wisst Ihr, welche meiner Einlagen schuldenfrei ist? Ich habe bislang 37 Minen für die Aufenthaltserlaubnis bezahlt. Tut mir den Gefallen und sorgt dafür, dass ich nur die Hälfte zahlen muss.« Imdilum schreibt seinen Geschäftspartnern: »Bitte kümmert Euch um die Esel. Spart nicht am Futter. Verstaut das Silber für Eure Reisekosten in meiner Packtasche und bewacht es gut. Wenn sich ein störrischer Esel in der Karawane befindet, verkauft ihn und sorgt für Ersatz.«

»WANDEL DURCH HANDEL« – DIE ASSYRISCHEN HANDELSNIEDERLASSUNGEN IN ANATOLIEN

Vom 19. bis 18. Jahrhundert v. Chr. bestand zwischen Assyrien und Anatolien ein intensiver Warenaustausch, der auf einer äußerst erstaunlichen, weitgehend privatwirtschaftlich geregelten Organisationsstruktur basierte.

Ausgangspunkt und zentrale Drehscheibe dieses Handels war die nordmesopotamische Stadt Assur, von der aus einheimische Kaufleute in den zahlreichen von Fürsten regierten Stadtstaaten des damaligen Anatolien Handelsniederlassungen gründeten, die mit dem akkadischen Begriff »karum« für »Hafen« oder »Kaimauer«, im Sinne von Umschlagplatz, bezeichnet wurden. Im Verlaufe der Zeit entwickelten sich daraus eigenständige Siedlungen in unmittelbarer Nachbarschaft zu den anatolischen Städten. Der am besten erhaltene und erforschte Fundort dieser Art ist die Stadt Nescha mit dem *karum* Kanisch, unweit des heutigen Kayseri in Kappadokien (Türkei) gelegen. Hier konnte seit dem Beginn systematischer Ausgrabungen im Jahre 1948 die 550 auf 500 Meter große Oberstadt (Karahöyük) mit der zwei Kilometer durchmessenden Unterstadt (Kültepe) freigelegt werden, in deren Bereich sich auch die assyrische Kaufmannssiedlung über ein 400 auf 300 Meter großes Areal und insgesamt fünf Bauschichten (Ia/b-

Ein weit verzweigtes Netz von Handelsrouten spannte sich über ganz Anatolien. Der Hauptverkehrsweg verlief von Assur nach Kanisch (19./18. Jh. v. Chr.).

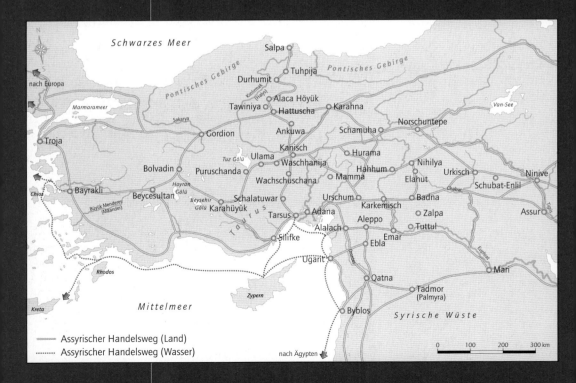

Luftbildaufnahme von Kültepe unter dem sich die Stadt Nescha mit der assyrischen Handelsniederlassung Kanisch verbarg.

IV) erstreckte. Die zahlreichen Texte aus den dortigen Tontafel-Archiven zeichnen nicht nur das Bild eines vielsprachigen, internationalen Handelsplatzes, sondern liefern auch detaillierte Einblicke in die komplexen Transaktionen des Import-Export-Geschäftes.

Demnach bildete Assur im *karum*-Handel den Schnittpunkt zahlreicher Fernhandelsrouten: aus Tadschikistan und Usbekistan kam Zinn, aus Afghanistan Lapislazuli und aus dem Iran bereits das erste Eisen. Babylonien lieferte sowohl Wolle als auch teure Stoffe und Gewänder. Textilien und Metalle, vor allem das für die Bronzeherstellung benötigte Zinn, waren die beiden wichtigsten Produkte, die man in Anatolien mit einer hohen Gewinnspanne gegen Gold und Silber verkaufte. Die geschäftliche Abwicklung lag meist in Händen assyrischer Familienbetriebe, die sich bei Bedarf in einer Partnerschaft (*narruqum*) zusammenschlossen, um sich gegenseitig über Kredite zu finanzieren. Der Transport erfolgte mit Eselskarawanen, die sich eines gut ausgebauten Wegenetzes mit Raststationen bedienen konnten und, bei geschätzten Tagesetappen von etwa 25 Kilometern, Gesamtstrecken von bis zu 1000 Kilometern auf einer Tour zurücklegten. Eine typische Eselslast bestand aus 130 Minen Zinn oder 30 Bahnen Stoff und wog durchschnittlich 75 Kilogramm. An dem profitablen Handel partizipierten nicht nur die Kaufleute und »Esels-Spediteure«, sondern auch die lokalen Behörden in Assur und im jeweiligen anatolischen Zielort, die Wegezölle, Steuern auf Ein- und Ausfuhr sowie den Absatz der Waren erhoben – entsprechend verbreitet waren deshalb auch Schmuggel und illegaler Verkauf.

Auf Dauer bewirkten die engen geschäftlichen und sozialen Beziehungen zwischen beiden Handelspartnern in vielerlei Hinsicht Veränderungen im anatolischen Alltagsleben. So kam es nicht nur zu wechselseitigen Eheschließungen und Familiengründungen, sondern die assyrischen Kaufleute hatten ebenso maßgeblichen Anteil an der Verbreitung mesopotamischer Errungenschaften, wie der Keilschrift oder dem Rollsiegel, in Anatolien.

ßerst engagierter Herrscher mit klaren politischen Vorstellungen und breit gefächerten Interessen war. Auf ihn geht beispielsweise die vereinheitlichte assyrische Zeiteinteilung in so genannte Eponymen-Chroniken zurück, in dem jedes Jahr nach einem hohen Beamten (*limmu*) benannt wurde. Schamschi-Adads älterer Sohn, Ischme-Dagan (1780–1741 v. Chr.), erwies sich zunächst als würdiger Nachfolger, musste dann aber Hammurapi von Babylon und Zimri-Lim von Mari weichen. Der jüngste, offenbar missratene Spross, Jasmach-Adad, erntete dagegen nur Kritik, wie aus überlieferten Briefen des Vaters hervorgeht, in denen er ihn ständig für sein Fehlverhalten und seinen unsteten Lebenswandel rügte.

Archäologisch konnten in Assur und einer Reihe von Fundorten im ostsyrischen Chabur-Gebiet altassyrische Schichten aus der Zeit des Schamschi-Adad aufgedeckt werden. Vom Heiligtum für den Gott Enlil-Assur in der Stadt Assur, das er bauen ließ, sind aber lediglich Fundamentreste erhalten. Ansonsten gibt es bislang kein Monument, das konkret diesem Herrscher zuweisbar wäre.

Babylon und Babylonien

In der 300 Jahre bestehenden I. Dynastie von Babylon (1894–1595 v. Chr.) reifte mit dem sechsten Herrscher Hammurapi (1792–1750 v. Chr.) wieder eine zentrale Führungspersönlichkeit der altorientalischen Geschichte heran. In einem zeitgenössischen Brief aus Mari heißt es zwar, »allein ist kein König stark« und der König von Babylon habe viele weitere Könige in seinem Gefolge, was als Anspielung auf die nach wie vor bestehenden kleinstaatlichen Verhältnisse zu verstehen ist. Doch Hammurapi scheint zumindest innerhalb Südmesopotamiens verstärkt auf Koalitionen unter seiner Führung, statt auf militärische Unterwerfung und Alleinherrschaft gesetzt zu haben. Trotzdem kam er nicht umhin, seine schärfsten Kontrahenten, Rim-Sin von Larsa (1822–1763 v. Chr.) und den Staat von Eschnunna, mit Hilfe seiner Bündnispartner endgültig auszuschalten. Sorgsam war Hammurapi darauf bedacht, die vorhandenen Strukturen der einzelnen Stadtstaaten nicht mehr als notwendig zu verändern. Allerdings weitete er die Domänen seiner eigenen Palastwirtschaft auf deren Gebiete aus und unterzog die von ihm eingesetzten Beamten einer strengen Kontrolle. Fest in königlicher Hand blieb auch der überaus wichtige Kanalbau und die Wasserversorgung. Insgesamt belegen seine umfangreichen brieflichen Anweisungen, dass er ein äußerst pflichtbewusster König war, der sich um viele Belange seiner Untertanen noch persönlich kümmerte und nicht an andere delegierte.

Hammurapi baute den Stammsitz der Dynastie, die bis dahin unbedeutende Provinzstadt Babylon, zur Hauptstadt seines Reiches aus. In der Folge sollte diese Metropole mit »Babylonien« und dem »Babylonischen« nicht nur ganz Südmesopotamien und dem dort gesprochenen akkadischen Dialekt einen neuen Namen geben, sondern Weltgeltung in der gesamten Antike erlangen. Wie im Falle von Akkad hatte die strategisch günstige Lage der Hauptstadt im nördlichen Teil Südmesopotamiens den Vorteil, dass man von hier aus die Flussläufe von Euphrat und Tigris kontrollieren konnte. So betonte Hammurapi in einer Inschrift, dass er die alten, ehrwürdigen Zentren Sumers mit Wasser versorgt habe und ihnen Überfluss angedeihen ließ. Eine Bemerkung, die andeutet, dass dieser Zustand natürlich jederzeit wieder rückgängig gemacht werden konnte. In seinem Königstitel erhob er Anspruch auf Sumer und Akkad, verzichtete offenbar aber auf seine eigene Vergöttlichung oder die seiner Vorfahren. Tatsächlich reichte sein Herrschaftsgebiet mit Mari und Tuttul (Tell Bi'a) im Westen, Assur und Ninive im Norden, dem Diyala-Gebiet im Osten sowie dem Persischen Golf im Süden annähernd an die Ausdehnung des Akkad-Reiches heran. Eine lange Dauer war dem altbabylonischen Reich jedoch ebenfalls nicht beschieden. Bereits unter den direkten Nachfolgern Hammurapis, Samsu-iluna (1749–1712 v. Chr.) und Abi-eschuch (1711–1684 v. Chr.) spaltete sich der südlichste Teil am Persischen Golf unter Führung einer ominösen »Meerland-Dynastie« ab. Es folgten Rebellionen weiterer Städte. Vom Zagros-Gebirge aus dem Osten strömte mit den Kassiten ein neues Volk ein, das sich der Kontrolle durch die Babylonier entzog. Am Ende verfügte das altbabylonische Reich gerade noch über die Ausdehnung eines mittleren Kleinstaats. Das Schicksal der Stadt Babylon besiegelten im Jahre 1595 v. Chr. allerdings die Hethiter aus dem weit entfernten Zentralanatolien. Ihr König Murschili I. unternahm von der Hauptstadt Hattuscha aus einen langen Feldzug nach Mesopotamien, bei dem er Babylon eroberte, ausplünderte und das Kultbild des Stadtgottes Marduk raubte. Ein Schlag, von dem sich die Stadt lange nicht mehr erholen sollte.

Rechtsprechung und Privatisierung

Der Name Hammurapis wird heute in erster Linie mit der nach ihm benannten, berühmten Gesetzessammlung in Verbindung gebracht. Abgesehen vom juristischen Inhalt beleuchtet der Kodex Hammurapi mit seinen exemplarischen Rechtsfällen auch die wirtschaftlichen und gesellschaftlichen Verhältnisse seiner Zeit. Dabei fällt auf, dass sich

neben den traditionellen Wirtschaftseinheiten des Tempels und Palastes die Privatwirtschaft endgültig durchgesetzt hatte. Bestätigt wird dies auch durch die privaten Geschäftsbriefe, Kauf- und Pachtverträge, Kredit- und Zinsdarlehen sowie Bürgschaften, die jetzt, im Gegensatz zur vorangegangenen Ur III-Zeit, in großen Mengen vorliegen. Aus ihnen geht hervor, dass Grundbesitz und Eigentum nicht nur zwischen Privatpersonen verkauft, vermietet oder verpachtet wurde, sondern auch von den Tempel- und Palastverwaltungen, die nach wie vor den größten Teil an verfügbaren Ländereien und Viehbestand kontrollierten, in private Hände überging. Dabei bedienten sich beide Institutionen eines Systems, das dem heutigen »Franchising« vergleichbar ist: Der selbstständige Unternehmer entrichtete einen festgesetzten Betrag in Silber, konnte dafür die von ihm erzielten Überschüsse als eigenen Gewinn verbuchen, musste aber auch für etwa-

> Drei Paragraphen aus dem **Kodex Hammurapi** zu den Straftatbeständen der Verleumdung, des Amtsmissbrauchs und eines Kapitalverbrechens aufgrund mangelnder innerer Sicherheit:
> § 1: »Wenn ein freier Bürger einen anderen des Mordes bezichtigt, dies aber nicht beweisen kann, wird er selbst getötet.«
> § 5: »Wenn ein Richter ein Urteil gefällt hat und seinen Rechtsspruch in einer gesiegelten Urkunde niederlegte, dann aber seinen Urteilsspruch ändert, muss er das 12-fache des Streitwertes an Strafe zahlen. Außerdem muss er seinen Sitz bei Gericht aufgeben und darf nicht mehr dorthin zurückkehren.«
> § 24: »Wenn ein Mensch in einer Stadt Opfer eines Raubmordes wird, muss die Stadt und deren Bürgermeister den Hinterbliebenen 1 Mine Silber bezahlen.«

Auf einer 2,25 Meter hohen Stele aus Basalt-Stein verewigte man die Gesetze des »Kodex Hammurapi« mit einem Bild des Königs, das ihn vor dem thronenden Sonnengott Schamasch als Hüter von Recht und Ordnung zeigt.

DER PALAST VON MARI – EINE MESOPOTAMISCHE SEHENSWÜRDIGKEIT

Bereits im 18. Jahrhundert v. Chr. galt der Palast von Mari aufgrund seiner Größe und Ausstattung als sehenswerte Attraktion, sodass der König von Ugarit sogar brieflich um einen Besichtigungstermin bat. Was ihn neugierig gemacht haben dürfte, lassen noch heute die imposanten Ruinen erahnen. Bei einer Außenlänge von mindestens 120 auf 100 Meter und einer Fläche von zweieinhalb Hektar übertrifft dieses Gebäude nicht nur so manche Kleinstadt dieser Zeit, sondern gehört zu den größten ausgegrabenen Bauwerken des alten Orients.

Ihre Blütezeit erlebte die Stadt Mari am mittleren Euphrat ab 1830 v. Chr., als sie sich zu einem der wichtigsten Handels- und Verkehrsknotenpunkte zwischen dem Persischen Golf und dem Mittelmeer im Westen entwickelte. Während sich die lokalen Fürsten von Mari zunächst noch mit einem alten Beamtentitel (*schakkanakku*) aus der Ur III-Zeit begnügten, nahm Zimri-Lim (1775–1762 v. Chr.) als erster Herrscher den Titel »König« (*scharrum*) an. Ein unmittelbarer Ausdruck dieses stark gewachsenen Selbstbewusstseins schlug sich in dem prächtigen Ausbau des von seinem Vorgänger Jachdun-Lim gegründeten Herrschersitzes nieder. Bei dem Palast handelte es sich um einen mindestens zweistöckigen Gebäudekomplex, der über eigene Kult-, Verwaltungs-, Archiv- sowie Wirtschaftsbereiche und Lagerräume verfügte. Sein festungsartiger Charakter entstand zum einen durch die starke mit Türmen bewehrte Umfassungsmauer, zum anderen durch die erhöhte Lage am Rande des oberen Stadtgebietes. Den Kernbereich bildeten zwei Höfe, die über einen Eingangsbereich im Norden zugänglich waren, aber durch diesen auch hermetisch von der Außenwelt abgeschlossen werden konnten. Am vorderen rechteckigen Hof lagen der Tempelbezirk mit dem Palastheiligtum sowie Magazinräume, die sich vom Keller bis auf die Dachflächen erstreckten. Um den hinteren quadratischen »Palmenhof« gruppierten sich Thron- und Festsäle mit einer rekonstruierten Deckenhöhe von zehn Metern, die königlichen Wohnquartiere, Gästeapartments und die Palastküche mit einem 3,80 Meter durchmessenden Ofen. Bepflanzungen und Wasserspiele im Hof sorgten für eine angenehme, Kühle und Schatten spendende Atmosphäre. Auffallend hoch fiel auch die Zahl der sanitären Einrichtungen mit Toiletten und Badewannen aus, die einen Vergleich mit neuzeitlichen Palästen nicht zu scheuen brauchen.

Grundriss des Palastes von Mari (18. Jh. v. Chr.).

1 Eingang
2 Großer Hof
3 Hof
4 Badezimmer
5 Küche
6 Audienzsaal
7 Raum für die diplomatischen Archive
8 Saal mit Podium
9 Thronsaal
10 Vorratsraum
11 Blauer Hof und Privatgemächer
12 Gemächer der Königin
13 Schreiberschule
14 Beamtenwohnungen
15 Baderaum
16 Hof des Aufsehers
17 Öfen
18 Heiligtümer
19 Handwerkerviertel
20 Vorratsräume

Die **wasserspendende Göttin** konnte durch eine in ihrem Inneren verlegte Rohrleitung tatsächlich Wasser aus dem Gefäß sprudeln lassen. Kalkstein, Höhe: 1,50 Meter.

ige Ausfälle selbst aufkommen. Die zunehmende Privatisierung brachte natürlich Vor- und Nachteile mit sich. Vor allem Kaufleute mit dem notwendigen Kapital gingen dazu über, Geld und Naturalien auf Zinsbasis Gewinn bringend zu verleihen oder Konzessionen an Tempel- und Palastgütern zu erwerben, um sie gegen Provision weiter zu vermitteln. Diese neuen Möglichkeiten des schnellen Gelderwerbs lockten auch Profiteure und Spekulanten an. Als besonders risikoreich für die Kleinbauern erwies sich die Landwirtschaft mit ihrer aufwändigen Bewässerung sowie den Nachteilen durch Bodenversalzung und Wetterabhängigkeit. Missernten, Trockenperioden oder Überschwemmungen konnten rasch den Ruin bedeuten. Es ist wohl kein Zufall, dass sich gerade in der altbabylonischen Zeit die Berichte von solchen Ereignissen häufen und in Zusammenhang mit sozialer Verelendung der Bevölkerung genannt werden. Der jeweils amtierende König betonte in auffälliger Weise seine Funktion als »gerechter Hirte« gegenüber den Untertanen und ordnete regelmäßig Schuldenerlasse an, damit die Kluft zwischen Arm und Reich nicht immer größer wurde.

Grundwasser und Terrakottareliefs

Da die altbabylonischen Schichten Babylons unterhalb des inzwischen stark angestiegenen Grundwasserspiegels liegen und sich damit einer archäologischen Freilegung entziehen, gibt es ausgerechnet aus der bedeutendsten Stadt dieser Zeit keine verwertbaren Funde. Um dennoch einen Eindruck vom zeitgenössischen Städtebau und den Palästen, einschließlich ihrer jeweiligen Ausstattung, zu gewinnen, kann man die Stadt Schaduppum und den Palast von Mari als Beispiele heranziehen.

Die Skulpturen dieser Periode sind in ihren Proportionen noch einmal schlanker geworden und haben durch eine freiere Modellierung auch die starre, monumentale Schwere der Ur III-zeitlichen Plastik überwunden. Eine Figur, wie die Wasser spendende Göttin aus Mari, bringt diese Lebhaftigkeit in der Gestaltung gut zum Ausdruck. Zeitliche und stilistische Unterschiede machen sich auch in der Mode, durch andere Kleidung sowie veränderte Frisuren und Barttrachten, bemerkbar. Am Bild auf der Gesetzesstele Hammurapis fällt zum einen das hohe und extrem plastische Relief auf, zum anderen die Hörnerkrone des Gottes, die hier erstmals korrekt in der seitlichen Perspektive dargestellt wurde und nicht mehr in Frontalansicht. Auf den Rollsiegeln dominieren weiterhin die »Einführungsszenen«, die man im Laufe der Zeit zu Opfer- und Anbetungsszenen (Adorationen) erweiterte. Das Bildfeld wurde außerdem mit einer Vielzahl zumeist schwer zu deutender Symbole und Zeichen angereichert.

Die Privatisierung der Gesellschaft spiegelt sich auch im privaten Kult in den mit kleinen Schreinen ausgestatteten Wohnhäusern wider. Hier fanden sich preiswerte Weihegaben für die »persönliche Gottheit«, die oft gar nicht namentlich genannt, sondern einfach als »mein Gott / meine Göttin« bezeichnet wurde. Die zahlreichen Funde von neuartigen in Modeln hergestellten, gebrannten Tonreliefs weist ebenfalls auf einen gestiegenen Bedarf an kostengünstigen Devotionalien hin. Sie überschritten niemals 20 Zentimeter Seitenlänge und waren sowohl zum Aufstellen als auch Aufhängen an der Wand geeignet. Die Relieftäfelchen zeigen mythische Szenen, einzelne Gottheiten, Kulthandlungen mit Musikern und Tänzern oder Episoden aus dem Alltag, wie Handwerker bei der Arbeit.

Gleichgewicht der Mächte – Zweite Hälfte 2. Jahrtausend v. Chr.

Zwischen dem 15. und 12. Jahrhundert v. Chr. teilten sich sechs Königreiche die Macht im alten Orient: Im Süden Mesopotamiens die Kassiten, im Norden zunächst die Mittani und dann die Assyrer sowie im Osten die Elamer. Im Westen trafen die Ägypter und Hethiter aufeinander. In dieser Konstellation bewirkte zunächst nur die Ausgewogenheit der Kräfte eine Balance der unterschiedlichen Interessen.

»Dunkles Zeitalter« und Staatenbildung

Den Ausgangspunkt für die Entstehung einer neuen Staatenwelt in der zweiten Hälfte des 2. Jahrtausends v. Chr. bildete das Ende des altbabylonischen Reiches. Das Fanal für dessen Untergang stellte die Eroberung Babylons und die Entführung des Marduk-Kultbildes durch die Hethiter im Jahre 1595 v. Chr. dar. Nachdem der hethitische König Murschili I. mit der Einnahme von Halab (Aleppo) sein eigentliches Ziel, die Kontrolle über Nord-Syrien, erlangt hatte, nutzte er anscheinend die Gunst der Stunde und zog den Euphrat abwärts, um weitere Fürstentümer zu unterwerfen. Aus strategischer Sicht handelte es sich bei diesem Feldzug eher um einen groß angelegten Raubzug, der keine dauerhaften Gebietsgewinne zur Folge hatte. Allerdings zeigt diese bemerkenswerte militärische Expedition das dramatische Ausmaß des Machtvakuums, das zu dieser Zeit in Mesopotamien bestand. Ermöglichte es doch einem hethitischen Heer aus dem anatolischen Hochland, mehr als 1500 Kilometer in die mesopotamische Tiefebene nach Babylon vorzudringen, ohne dabei auf nennenswerten Widerstand zu stoßen. Die Hethiter beabsichtigten jedoch nicht, Babylon für längere Zeit besetzt zu halten, sondern traten mit schwerer Beute bald wieder den Rückmarsch an. Bedauerlicherweise liegen keine Originalberichte aus dieser Zeit vor, sodass die Ereignisse anhand späterer Überlieferungen mühsam rekonstruiert werden müssen. Bis auf wenige lapidare Erwähnungen fand der Feldzug Murschilis weder in der späteren hethitischen noch der babylonischen Geschichtsschreibung einen gebührenden Nachhall. Tatsächlich versiegten nach dem letzten altbabylonischen Herrscher Samsu-ditana (1626–1595 v. Chr.) sowohl die schriftlichen als auch die archäologischen Quellen in ganz Mesopotamien für die nächsten 150 bis 200 Jahre, weswegen diese Periode auch als »Dunk-

In der zweiten Hälfte des 2. Jahrtausends v. Chr. teilten sich rivalisierende Reiche die Macht in Vorderasien.

les Zeitalter« bezeichnet wird. Genau in diese Zeitspanne fällt die Konstituierung neuer dynastischer Reiche, die vom 15. bis zum 12. Jahrhundert v. Chr. die politischen und kulturellen Geschicke im alten Orient bestimmen sollten.

Kassiten und Elamer

Schon seit dem 18. Jahrhundert v. Chr. berichten die altbabylonischen Schriftquellen von Kämpfen gegen die Kassiten, akkadisch *kaschu*, die von Osten nach Mesopotamien einwanderten. Gleichzeitig siedelten sich im Westen bereits größere Kontingente kassitischer Stämme im syrischen Hana am mittleren Euphrat an. Offenbar hatten sie Babylonien umgangen oder ungehindert durchzogen und dabei von der Zerschlagung des nahe gelegenen Mari durch Hammurapi profitiert, sodass sie sich im ehemaligen Machtbereich dieses Fürstentums festsetzen konnten. Das ursprüngliche Herkunftsgebiet der Kassiten ist nach wie vor unbekannt. Bis heute wissen wir nur sehr wenig von der kassitischen Sprache, die ebenso wie das Sumerische keiner der bekannten Sprachgruppen, weder dem Semitischen noch dem Indoeuropäischen, zuzuweisen ist. Unsere mangelnde Kenntnis liegt darin begründet, dass sich die Kassiten nach ihrer Einwanderung in Mesopotamien nahezu vollständig assimilierten, indem sie die vorhandene babylonische Sprache, Kultur und Religion übernahmen. Abgesehen von einigen Personen- und Götternamen sowie Fachausdrücken, die im Zusammenhang mit der Pferdezucht und -haltung stehen, sind keine zusammenhängenden Texte überliefert. Immerhin lassen die Spezialbegriffe darauf schließen, dass die Kassiten das Pferd in Mesopotamien einführten und mit dem leichten zweirädrigen, von Pferden gezogenen Streitwagen eine revolutionäre Neuerung in der damaligen Kriegsführung verbreiteten. Auf eine ehemals nomadische Lebensweise deutet ihre soziale Organisation in familiäre Sippenverbände hin. Ihre starke Anpassung an die babylonische Lebensweise und Kultur dürfte auch dazu geführt haben, dass eine später entstandene Königsliste die Kassiten nicht als Fremdherrscher, sondern als eine einheimische Dynastie Babyloniens verzeichnete. Dies kann ein Indiz für einen allmählichen Aufstieg

> Aus einem Brief der **Amarna-Korrespondenz**, geschrieben vom babylonischen König Kadaschman-Enlil I. (ca. 1374-1360 v. Chr.) an den ägyptischen Pharao Amenophis II.: »Was meine Tochter betrifft, wegen der Du mir bezüglich einer Heirat geschrieben hast: Sie ist jetzt eine heiratsfähige Frau geworden. Entsende eine Delegation, um sie zu holen! Früher schickte mein Vater einen Boten zu Dir und es vergingen nur wenige Tage bis zur Antwort. Du hast den Boten eilends mit einem schönen Geschenk zurückgeschickt. Nachdem ich Dir einen Boten gesandt habe, ließ Deine Antwort sechs Jahre auf sich warten und als einziges Geschenk – das einzige in sechs Jahren! – hast Du mir 30 Minen Gold geschickt, das wie Silber aussieht.«

DAS AMARNA-ARCHIV – DIPLOMATIE MIT »GESCHENKEN«

Mit dem Archiv aus dem ägyptischen Tell el-Amarna, ca. 300 Kilometer nilaufwärts von Kairo, steht uns eine unschätzbare Quelle für die internationalen Beziehungen im alten Orient ab der Mitte des 15. Jahrhunderts v. Chr. zur Verfügung. Es handelt sich um rund 400 Briefe der diplomatischen Korrespondenz aus der ehemaligen Hauptstadt Achetaton von Pharao Amenophis IV. (Echnaton), die dort im Jahre 1887 bei Feldarbeiten zufällig entdeckt wurden. Das Archiv umfasst zeitlich eine Spanne von etwa 100 Jahren, in der Forschung auch als »Amarna-Zeit« bezeichnet, und liefert ein wichtiges chronologisches Gerüst für die Synchronisation der erwähnten Herrschernamen. An dem Briefwechsel waren neben Ägypten, dessen syrische Vasallen und Zypern, dem antiken Alaschia, vor allem die altorientalischen Großmächte Babylonien, Mittani und Assyrien sowie das Hethiterreich beteiligt. Das Bemerkenswerte an diesen Briefen ist, dass sie auf Tontafeln in akkadischer Keilschrift geschrieben sind. Die dabei verwendete babylonische Sprache gilt deshalb zu Recht als die erste bekannte »*Lingua franca*«, vergleichbar mit Latein in der römischen und mittelalterlichen Welt oder dem heutigen Englisch. Für die Übersetzung und Abfassung der Schriftstücke waren am ägyptischen Hof nicht nur ausländische Dolmetscher beschäftigt, sondern es gab eigens eingerichtete Schreiberschulen, die in der »Weltsprache« des alten Orients unterrichteten.

Inhaltlich beschäftigen sich die Schreiben der von Ägypten abhängigen Fürstentümer in der Levante, wie Askalon, Tyros oder Meggido, hauptsächlich mit Fragen der Lokal- und Handelspolitik, wobei deren Vasallenverhältnis durch unterwürfige Formulierungen, wie dem siebenmal wiederholten siebenmaligen Niederwerfen zum Küssen der Füße des Pharao, sehr deutlich wird. Von größtem Interesse ist natürlich der Briefaustausch der Pharaonen mit den hethitischen Großkönigen, den mittanischen und assyrischen Herrschern sowie den babylonischen Königen der Kassiten-Dynastie. Die Briefe folgten einem streng festgelegten Standard aus Begrüßung, Anrede, Titulatur, Anliegen und Abschiedsgruß. Zumindest offiziell sahen sich ägyptische und orientalische Potentaten gleichberechtigt, wenn sie sich gegenseitig mit »mein Bruder« anredeten und damit auch den dynastisch-familiären Aspekt als den gemeinsamen Nenner ihrer Legitimation betonten. Gegenstand des Schriftverkehrs bildete der ständige Austausch von Gütern und Menschen. Ägypten lieferte in erster Linie das begehrte Gold und erhielt dafür junge Frauen für den Harem, durch deren Heirat politische Bande zwischen den Königshäusern geknüpft wurden. Internationale Politik wurde in dieser Zeit eben nicht von Staaten, sondern von den herrschenden Familien betrieben, sodass »politische Heiraten« zum festen Instrumentarium der Außenpolitik gehörten. Daneben wurden wertvolle und exotische Luxuswaren, wie Schmuck, Möbel oder Stoffe, sowie besonders ausgebildete Spezialisten, wie Ärzte und Handwerker, transferiert. Aus heutiger Sicht ungewohnt scheint der Umstand, dass sich dies nicht als Handel, sondern im Sinne des gegenseitigen Schenkens vollzog, obwohl man die »Geschenke« einforderte oder verweigerte und gegenseitig bewertete. Daraus erklären sich auch die häufigen Beschwerden über ausbleibende, zu geringe und qualitativ minderwertige Lieferungen. Letztlich verbargen sich auch hinter dieser Form der Diplomatie die harten Fakten der Realpolitik, bei der es darum ging, die eigene Position zu verbessern oder zumindest zu erhalten, indem man die Konkurrenten gegeneinander ausspielte.

Eng beschriebener Tontafel-Brief in babylonischer Keilschrift aus der Amarna-Korrespondenz.

der kassitischen Herrschaftsschicht sein, die friedlich an die Macht gelangte. Die genauen Umstände liegen jedoch völlig im Dunkeln. Erst ab dem 14. Jahrhundert v. Chr. verbessert sich die Nachrichtenlage aus Babylonien wieder deutlich. Weitere chronologische Angaben lassen sich mit Hilfe der Amarna-Korrespondenz aus Ägypten und den assyrischen Königsinschriften in Einklang bringen. So wurden zwischen dem 16. und 12. Jahrhundert v. Chr. insgesamt 36 Namen von kassitischen Königen überliefert, mit denen sich in den meisten Fällen jedoch keine konkreten historischen Taten verbinden lassen.

Der achte Herrscher in dieser Aufzählung, Agum II., war vermutlich der erste, der seine Residenz wieder in Babylon wählte und sich den Titel »König der Kassiten und Akkader« zulegte. Außerdem wird ihm die Rückgewinnung der Marduk-Statue zugeschrieben und die Ausdehnung seines Herrschaftsgebietes über Mittelbabylonien bis ans Zagros-Gebirge. Einer seiner Nachfolger, Burnaburiasch I., vereinbarte ein Stillhalteabkommen mit den Assyrern im nördlichen Mesopotamien. Später brachte der kassitische Herrscher Ulamburiasch das mit »Meerland« bezeichnete Sumpf- und Marschengebiet am Persischen Golf unter seine Kontrolle. Dadurch konnte auch der lukrative Fernhandel mit Dilmun (Bahrain) wieder aufgenommen werden, wie die dort gefundenen kassitischen Schriftzeugnisse und Kunstgegenstände beweisen. Zwischen dem kassitischen König Karaindasch und dem ägyptischen Pharao Thutmosis III. (1479–1425 v. Chr.) kam es dann zu einem historischen Treffen, das den Beginn diplomatischer Beziehungen zwischen beiden Staaten markierte. Die Kassiten akzeptierten den Euphrat als westliche Grenze ihres Reiches und durften dafür ihre Handelsbeziehungen auf die von Ägypten kontrollierten Gebiete in der Levante und dem östlichen Mittelmeer ausdehnen. Kassitische Exportwaren, zu denen auch Rollsiegel gehörten, fanden sich in einem vor der südwesttürkischen Küste beim heutigen Uluburun gesunkenen antiken Schiffswrack, im Heiligtum der griechischen Göttin Hera auf Samos sowie auf dem griechischen Festland in Theben. Einen Höhepunkt erreichte die Herrschaft der Kassiten um 1400 v. Chr. unter König Kurigalzu I. Er stellte mit dem Titel »König der Gesamtheit« und seiner eigenen Vergöttlichung ganz bewusst einen traditionellen Bezug zu den alten Herrschergeschlechtern von Akkad und Ur (III. Dynastie) her. Außerdem schuf er sich mit Dur Kurigalzu, was soviel wie »Kurigalzusburg« bedeutet, eine neue nach ihm benannte Residenzstadt, die in ʿAqr Quf

Der nur knapp 4,5 Zentimeter große Kopf eines bärtigen Mannes aus der kassitischen Hauptstadt Dur Kurigalzu weist ägyptisierende Gesichtszüge auf. Gebrannter Ton, bemalt (14. Jh. v. Chr.).

am Westrand von Bagdad liegt. Während seiner Regentschaft stellte das »Land Karduniasch«, wie die kassitische Bezeichnung für Babylonien lautete, eine feste Größe in der internationalen Politik des alten Orients dar.

Die Beziehungen der Kassiten zu ihren direkten Nachbarn, Assyrien im Norden und Elam im Osten, gestalteten sich dagegen zu allen Zeiten äußerst wechselhaft. In Phasen der Stärke kam es zu gegenseitigen Bündnissen, die häufig mit Heiraten zwischen den Königshäusern besiegelt wurden. Sobald aber einer der Bündnispartner durch politische Instabilität geschwächt war, wurde dies von den anderen schonungslos zum eigenen Vorteil ausgenutzt. Beispielhaft sind die Ereignisse nach der langen und beständigen Regierung des Burnaburiasch II. Ab 1350 v. Chr. verschärften sich die Konflikte mit dem aufstrebenden assyrischen Reich unter Assur-uballit, obwohl dessen Tochter mit dem kassitischen König verheiratet war. Als der Sohn und designierte Thronfolger aus dieser Verbindung, Karahardasch, einem Attentat zum Opfer fiel, intervenierte Assyrien militärisch und setzte mit Kurigalzu II. (1332–1308 v. Chr.) einen vermeintlich fügsamen Potentaten ein. Doch dieser verbündete sich prompt mit den Hethitern, griff Assyrien an und eroberte kurz darauf Elam. In den folgenden Jahrzehnten geriet Babylonien in eine ernste wirtschaftliche Krise, die zunächst der elamische König Untasch-napirischa (1340–1300 v. Chr.) für einen Überfall auf den westlichen Nachbarn nutzte,

Außenfassade des Kara-indasch-Tempels in Uruk mit Götterfiguren in den Nischen.

KUNSTRAUB UND BEUTEKUNST – »SAMMELLEIDENSCHAFT« IM ALTEN ORIENT

Eigentlich dürften wir von der imposanten Siegesstele des Naramsin, den meisten Bildwerken der Könige von Akkad oder der Stele des Kodex Hammurapi keine Kenntnis haben, denn ihre ursprünglichen Aufstellungsorte wurden entweder noch gar nicht entdeckt oder entziehen sich durch den stark angestiegenen Grundwasserspiegel für immer einer archäologischen Ausgrabung. Dass diese bedeutenden Monumente der mesopotamischen Kultur dennoch überliefert wurden, ist dem elamischen König Schuttruk-Nachunte (1185–1155 v. Chr.) zu verdanken, der einen Raubzug ins benachbarte Babylonien unternahm und die genannten Kunstwerke in seinen Palast nach Susa (Iran) verschleppte. Bei der Freilegung der Palastruine in Susa ließ sich die Aufstellung der Denkmäler zwar nicht mehr rekonstruieren, doch müssen sie für Gäste und Besucher entsprechend zur Schau gestellt worden sein, denn der neue Besitzer versah sie stolz mit eigenen Inschriften. Damit gilt diese Unternehmung als erster historisch verbürgter Kunstraub der Geschichte.

Nicht weniger bemerkenswert ist allerdings die Tatsache, dass im 12. Jahrhundert v. Chr. in Babylonien Kunstobjekte aus längst vergangenen Zeiten aufbewahrt wurden, die, wie im Falle der Skulpturen aus Akkad, damals schon über 1000 Jahre alt waren. Da Schuttruk-Nachunte bei seinem Feldzug vornehmlich die babylonischen Tempel und Paläste plünderte, müssen diese Werke wohl ursprünglich dort gestanden und einen Teil des historisch-kulturellen Erbes der Babylonier gebildet haben, das man in ehrenvoller Erinnerung hielt. Deshalb dürfte der Prestigewert der antiken Trophäen für den elamischen Eroberer weitaus größer gewesen sein als der ohnehin hohe Materialwert. Konnte er sich doch rühmen, die ältesten Zeugnisse der allseits bewunderten babylonischen Kultur in seinen Besitz gebracht zu haben – eine für jedermann sichtbare und eindrucksvolle Demonstration der eigenen Überlegenheit und Macht. Leider ist nicht bekannt, wie viele Kunstsammlungen dieser Art es in Mesopotamien tatsächlich gab, denn Schuttruk-Nachunte war nicht der Einzige, der es auf Beutestücke mit einem hohen ideellen Wert abgesehen hatte.

Besser unterrichtet sind wir über ein ganz ähnliches und ebenso häufig angewandtes Mittel der altorientalischen Kriegsführung, nämlich den Raub von Götterstatuen, das so genannte *godnapping*. Zweifellos handelte es sich bei den offiziellen Kultbildern um außerordentlich wertvolle Objekte, deren meist hölzernes Innenleben mit Edelmetallen verkleidet, mit Edelsteinen besetzt und in kostbare Gewänder gehüllt war. Dennoch wog der Verlust einer solchen Statue durch die »Entführung« mit anschließender »Geiselnahme« weit schwerer als der rein materielle Wert, weil er nicht nur Zeichen der totalen Niederlage und größter Demütigung war, sondern die völlige Gottverlassenheit der Besiegten symbolisierte. Die Tragweite, die ein solches Ereignis im Gedächtnis der mesopotamischen Bevölkerung hatte, spiegelt sich auch in den assyrischen und babylonischen Chroniken wider, die ganze Zeitabschnitte in den betroffenen Ländern oder Städten danach benennen, wie lange die Einwohner ohne ihr offizielles Götterbild auskommen mussten. Besonders gravierend gestaltete sich der Fall des babylonischen Nationalgottes Marduk, dessen Kultstatue sich zwischen 1595 und 689 v. Chr. gleich dreimal über einen Zeitraum von bis zu 100 Jahren in Gefangenschaft befand.

Aus der Luft deutlich zu erkennen ist der gewaltige Ruinenhügel von Susa (Iran) mit der Zitadelle am linken oberen Rand.

bevor der assyrische Herrscher Tukulti-Ninurta I. das Land für mehrere Jahrzehnte unter seine Kontrolle brachte. Erst Adad-schuma-usur (1216–1187 v. Chr.) erlangte wieder die Unabhängigkeit Babyloniens, indem er seinerseits die Wirren um die Nachfolge Tukulti-Ninurtas zum Anlass für einen Einmarsch in Assyrien nahm, wo er einen ihm hörigen assyrischen Exilanten auf den Thron setzte. Während der Amtszeiten Melischipaks (1186–1172 v. Chr.) und Marduk-apla-iddinas I. (1171–1159 v. Chr.) folgte dann eine längere Periode der friedlichen Konsolidierung, bis sich die Ereignisse auf verhängnisvolle Weise wiederholten: Zunächst startete Assyrien eine Offensive, die die Babylonier so entscheidend schwächte, dass sie dann von den Elamern vernichtend geschlagen werden konnten. Der elamische König Schuttruk-Nachunte (1185–1155 v. Chr.) plünderte nicht nur das gesamte Land, sondern bestimmte auch seinen Sohn Kutir-Nachunte II. zum neuen Regenten über Babylonien. Die Gefangennahme des letzten Kassiten-Herrschers Enlil-nadin-ache markierte das Ende dieser rund 400 Jahre währenden Dynastie.

Bis etwa 1140 v. Chr. erreichte Elam mit den hinzugewonnenen babylonischen Gebieten eine seiner größten Ausdehnungen. Gegen die elamische Gewaltherrschaft regte sich jedoch bald erfolgreicher Widerstand. Mit der II. Dynastie von Isin (1155–1070 v. Chr.) gelang es wieder einem lokalen Herrscherhaus, sich an die Spitze eines unabhängigen Babyloniens zu setzen. Der prominenteste König aus diesem Geschlecht, Nebukadnezar I. (1126–1104 v. Chr.), residierte traditionsgemäß wieder in Babylon und unternahm einen siegreichen Feldzug gegen Elam, der noch für viele hundert Jahre im historischen Gedächtnis der Babylonier haften blieb, zumal Elam als politischer Faktor für die nächsten Jahrhunderte in Mesopotamien nicht mehr in Erscheinung trat. Auf Dauer konnten sich Nebukadnezars Nachkommen aber nicht den immer mächtiger werdenden Assyrern und einem erneuten Ansturm von diesmal aus dem Westen kommenden Nomaden, den Aramäern, widersetzen.

Mittani und Assyrer

Ähnlich wie im Falle der Kassiten stellt sich auch die Dynastie der Mittani im Norden Mesopotamiens zunächst als ein rein sprachliches Phänomen dar. Die Umstände, unter denen sie sich mit der dort ansässigen hurritisch sprechenden Bevölkerung vermischten und an die Herrschaft gelangten, sind ebenfalls völlig ungeklärt. Durch einzelne Begriffe in ihrem Namens- und Wortbestand geben sich die Mittani als ehemalige Angehörige einer indoiranischen Sprachgruppe zu erkennen, deren Vor-

Gleichgewicht der Mächte – Zweite Hälfte 2. Jahrtausend v. Chr.

Hohe Trinkbecher mit dünner Wandung und kunstvoller Bemalung in hell-dunkel Kontrasten gehörten zum Repertoire der exquisiten **Nuzi-Keramik**.

fahren vielleicht bei der Besiedlung Indiens und des Iran bis nach Mesopotamien versprengt wurden. Genau wie die Kassiten waren auch sie Spezialisten in der Zucht und Ausbildung von Pferden, was zahlreiche Fachbegriffe in ihrem Wortschatz belegen. Um den Beginn des 16. Jahrhunderts v. Chr. entstand das mittanische Reich offenbar aus dem Zusammenschluss mehrerer hurritischer Kleinstaaten. Weder von den Hurritern noch den Mittani liegen Schriftzeugnisse in nennenswertem Umfang vor, was zum Teil auch daran liegt, dass Waschukanni, die Hauptstadt dieses Reiches, noch immer nicht entdeckt wurde. Stattdessen gibt es aus Alalach (Tell Açana), nahe Antakya in der Südwest-Türkei, Nuzi (Yorgan Tepe), unweit der ostirakischen Stadt Kirkuk, und Taidu, dem heutigen Ruinenhügel Tell Brak im nordostsyrischen Chabur-Gebiet, schriftliche und archäologische Hinterlassenschaften vom äußersten westlichen und östlichen Rand sowie dem vermuteten Zentrum des Mittani-Reiches, die zumindest in Umrissen Auskunft über deren Herrschaft geben. Zusätzliche Informationen können einmal mehr aus den Amarna-Briefen und mit Hilfe der erhaltenen hethitischen Staatsverträge gewonnen werden.

Die ersten mittanischen Königsnamen sind seit etwa 1500 v. Chr. bezeugt. Kurz darauf erreichte »Mittani«, »Hurri« oder »Hanigalbat«, wie das Land in den jeweiligen zeitgenös-

Die so genannte **Nuzi-Keramik** war ein vom 16. bis zum 14. Jahrhundert v. Chr. im gesamten Vorderen Orient begehrtes Luxus-Geschirr. Benannt nach Nuzi (dem heutigen Yorgan Tepe), einem Fundort im Nordosten des Irak, verbreitete sich diese Keramik von Mesopotamien über Syrien bis an die Mittelmeerküste. Die extrem dünnwandigen Gefäße überzieht ein heller, meist gelblich weißer Überzug, auf den dunkle, überwiegend violett-braune Streifen mit dem Pinsel aufgetragen wurden. Darauf sind filigrane pflanzliche oder geometrische Ornamente, selten auch Tiere, in der Farbe des hellen Untergrunds gemalt, sodass der Eindruck entsteht, die Motive seien in den dunklen Streifen ausgespart worden (so genannte Negativbemalung). Das Formenrepertoire beschränkt sich auf zylindrische, ovale und kugelförmige Becher mit spitzen oder knopfartigen Fußteilen, die zum Aufstellen einen eigenen Ständer erforderten.

sischen Quellen hieß, unter Parrattarna I. bereits seine größte Ausdehnung vom iranischen Zagros-Gebirge im Osten bis ans Mittelmeer im Westen. Für die mittanische Expansion erwies es sich von Vorteil, dass ein eigenständiger assyrischer Staat gerade einmal im Entstehen begriffen war und die Hethiter ihren Anspruch auf Nord-Syrien zu dieser Zeit nicht aufrecht halten konnten. Ägypten zeigte nur in Ansätzen Interesse an der Levante und die kassitische Herrschaft in Babylonien formierte sich zunächst noch. Über die Gebietserweiterung des Landes Mittani vom Euphrat bis zur Mittelmeerküste, die zu Lasten des hethitischen Einflusses ging, sind wir in erster Linie durch den eindrucksvollen Lebensbericht des Idrimi von Alalach, eines mittanischen Vasallen, unterrichtet, den dieser auf seiner Statue verewigte. Doch allein schon die Lage zwischen den Hethitern im Norden und den Ägyptern im Süden, die beide weiterhin ihre Interessen in Syrien wahrnehmen wollten, sowie dem aufstrebenden Assyrien im Osten verdeutlicht, dass das Territorium des neu geschaffenen Mittani-Reiches auf Dauer nicht ohne Spannungen und Konflikte zu sichern war. Trotz dieser komplizierten geopolitischen Situation gelang es den Mittani jedoch, nicht zwischen den Machtbestrebungen seiner Nachbarn zerrieben zu werden, sondern sich durch kluge Bündnispolitik und maßvolle Gebietsverzichte für rund 250 Jahre als eine der bestimmenden Mächte im alten Orient zu behaupten.

Zwar drängte zunächst Thutmosis III. die Mittani 1447 v. Chr. bis an das östliche Euphratufer zurück, doch schon gegen Ende des 15. Jahrhunderts v. Chr. kontrollierte der Mittani-König Schauschtatar nicht nur Nord-Syrien wieder vollständig, sondern eroberte auch das nach Unabhängigkeit

Als eine weithin sichtbare Landmarke hebt sich das Steinplateau ab, auf dem die assyrische Hauptstadt Assur mit der Zikkurat an der Nordspitze liegt.

strebende Assyrien. Zu Beginn des 14. Jahrhunderts v. Chr. kam es nach zähen Verhandlungen zu einem Friedensabkommen zwischen dem mittanischen Herrscher Artatama I. und dem ägyptischen Pharao Thutmosis IV. (1397–1388 v. Chr.), das sich gleichzeitig auch gegen mögliche hethitische Aktivitäten in Syrien richtete. Es folgte ein über mehrere Generationen dauerndes, friedliches Miteinander beider Staaten, das gemäß der damaligen diplomatischen Gepflogenheiten mit dem häufigen Austausch von Geschenken sowie politischen Heiraten regelmäßig erneuert wurde. In diese Periode gehört auch die bekannte Anekdote, nach der Schuttarna II. von Mittani das Kultbild der Ischtar von Ninive, dem man wundersame Heilkräfte zuschrieb, zur Genesung des kranken Amenophis III. (1388–1351 v. Chr.) nach Ägypten sandte. Das Ende des Mittani-Reiches bereiteten dann auch weniger die äußeren Feinde des Landes, sondern eher die innenpolitischen Machtkämpfe, die sich um 1365 v. Chr. mit der Thronbesteigung von Tuschratta ankündigten. Nutznießer dieser Unruhen waren natürlich die Hethiter, für die der Weg nach Syrien nun frei war, vor allem aber die Assyrer, die sich das ehemalige mittanische Gebiet nach und nach aneigneten. Lediglich im südöstlichen Anatolien, in der Gegend um Mardin, konnte sich noch für etwa 100 Jahre ein kleiner, hurritisch-mittanischer Nachfolgestaat namens Hanigalbat halten, der politisch aber keine Rolle mehr spielte.

Der Niedergang Mittanis bedingte den Aufstieg Assyriens, das sich nach der amurritischen Dynastie Schamschi-Adads I. zu einem Stadtstaat mit Assur als Zentrum entwickelt hatte. Seine Herrscherdynastie war von einem gewissen Adasi nach 1700 v. Chr. begründet worden. Spätestens seit dem Ende des 15. Jahrhunderts v. Chr. begann sich das erstarkende Assyrien gegen die mittanische Vorherrschaft zur Wehr zu setzen. Erste erfolgreiche Autonomiebestrebungen, denen man auch international Beachtung schenkte, verbinden sich mit dem Namen Assur-uballit (1353–1318 v. Chr.), der nicht nur den Titel eines Königs annahm, sondern in brieflichen Kontakt mit dem ägyptischen Pharao trat und sogar seine Tochter mit dem Kassiten-König Burnaburiasch II. verheiratete. Letzteres versetzte ihn auch in die Lage, nach der Ermordung seines Enkels aktiv in die babylonische Thronfolge einzugreifen. Während seine unmittelbaren Nachfolger sich noch auf Gebietserweiterungen in den an Assur grenzenden Regionen konzentrierten, setzte mit Adad-nerari I. (1295–1264 v. Chr.) und Salmanassar I. (1263–1234 v. Chr.) die Phase der großflächigen assyrischen Expansion ein. An deren vorläufigem Ende stand die völlige Zerschlagung des Mittani-Reiches. Der Euphrat bildete nun die westliche

Grenze Assyriens, das damit zum direkten Nachbarn der Hethiter und Ägypter wurde, die den Norden und die Mittelmeerküste Syrien-Palästinas unter sich aufgeteilt hatten.

Die Assyrer begnügten sich jedoch nicht mit kurzzeitigen Eroberungen oder der Verpflichtung abhängiger Vasallen, sondern versuchten schon früh, die neu hinzugewonnenen Gebiete dauerhaft in das eigene Territorium einzugliedern. Erreicht wurde dies durch die Schaffung einer schlagkräftigen Armee, der Stationierung von Garnisonen und der Errichtung einer effektiven Provinzverwaltung in den eroberten Ländern, bis hin zur Vertreibung oder Deportation ganzer Völkerschaften. Ideologisch begründet wurde diese Vorgehensweise mit dem Auftrag des allmächtigen Stadt- und Nationalgottes Assur, seinen Einfluss und Ruhm in der ganzen Welt zu verbreiten. Es handelte sich dabei aber nicht um religiös motivierte »Kreuzzüge« oder »heilige Kriege«, denn es kam zu keinem Zeitpunkt zu einer »Missionierung« seitens der Assyrer. Die unterworfenen Völker durften ihre eigenen Götter und Kulte weiterhin behalten. Allerdings sollte man die Überlegenheit des Gottes Assur und des von ihm protegierten assyrischen Königtums anerkennen und sich ihm bedingungslos unterwerfen. Ausschlaggebend für die aggressive Landnahme Assyriens dürften handfeste wirtschaftliche Gründe gewesen sein. Das kleine und rohstoffarme assyrische Kernland mit seinen begrenzten landwirtschaftlichen Möglichkeiten war langfristig auf entsprechende Ressourcen außerhalb des eigenen Gebietes angewiesen, um der Bevölkerung eine reelle Lebensgrundlage und politische Souveränität zu gewährleisten. Aus diesem Anspruch heraus entwickelte sich eine Art kriegerische Handlungsspirale, weil immer größere, militärisch erzwungene Gebietserweiterungen einen immer höheren

Der **Sockel zur Aufstellung von Göttersymbolen** zeigt auf seiner Vorderseite Tukulti-Ninurta I. in stehender und kniender Anbetung vor einem solchen Symbolsockel. Kalkstein, 13. Jh. v. Chr.

Aufwand an Personen und Investitionen erforderten, den man wiederum durch weitere Eroberungen zu decken suchte. Die rasch erzielten Erfolge gaben dem rigorosen Vorgehen der Assyrer für lange Zeit Recht.

Tukulti-Ninurta I. (1233–1197 v. Chr.), wohl eine der mächtigsten und schillerndsten Herrscherfiguren seiner Zeit, eroberte 1215 v. Chr. Babylonien und hielt es für viele Jahre besetzt. Einer drohenden Konfrontation mit den Hethitern kam er mit diplomatischen Mitteln zuvor und gegen die aus der syrischen Wüstensteppe vordringenden aramäischen Nomaden wehrte er sich erfolgreich. Ebenfalls siegreich verliefen seine Feldzüge in die nordöstlichen Gebirgsregionen des Zagros. Dafür zeichneten sich in der zweiten Regierungshälfte innere Unruhen ab, die offenbar von der einflussreichen Priesterschaft in Assur angezettelt und der Aristokratie unterstützt wurden. Tukulti-Ninurta brach den Bau einer gewaltigen Palastanlage in Assur noch während der Errichtung der dafür notwendigen Lehmziegelplattform ab, um sich flussaufwärts in Sichtnähe der Stadt eine neue prachtvolle Residenz am Tigris zu schaffen, die mit Kar-Tukulti-Ninurta, »Tukulti-Ninurta-Hafen«, seinen Namen trug. Doch auch dort konnte er den Gegnern, die aus seiner nächsten Umgebung kamen, nicht entrinnen. Er fiel einer Verschwörung zum Opfer und wurde vermutlich sogar von der Hand seines eigenen Sohnes ermordet. Der Tod dieses energischen Königs mit den anschließenden Wirren um seine Nachfolge hatte beträchtliche Macht- und Gebietseinbußen Assyriens zur Folge. Erst unter Assur-rescha-ischi (1132–1115 v. Chr.) und vor allem Tiglatpilesar I. (1114–1076 v. Chr.) gelangte das Land wieder zu alter Stärke zurück und dehnte sich vom Mittelmeer über Babylonien bis zum Zagros-Gebirge weiter aus als jemals zuvor.

Hethiter und Ägypter

Ab der Mitte des 2. Jahrtausends v. Chr. intensivierten mit dem Hethiterreich in Kleinasien und dem pharaonischen Ägypten gleich zwei Staaten, deren jeweiliges Zentrum weit außerhalb des Zweistromlandes lag, ihre machtpolitischen Interessen im Bereich des alten Orients. Im Gegensatz zu Ägypten war Kleinasien schon immer sehr stark nach Mesopotamien orientiert, bildete aber ebenso wie das Land der Pharaonen einen völlig eigenständigen Sprach- und Kulturraum innerhalb Vorderasiens.

Die historische Überlieferung der Hethiter beginnt um 1650 v. Chr., doch berief man sich da bereits auf einen königlichen Urahn namens Anitta, der dem Herrschergeschlecht der bislang noch nicht lokalisierten Stadt Kuschara entstammte. Damals waren in Kleinasien schon seit geraumer Zeit Volksstämme ansässig, die sich mit Nesisch, Luwisch oder Palaisch eindeutig indoeuropäischer Sprachen bedienten. Zu welchem Zeitpunkt diese indoeuropäischen Gruppen nach Kleinasien einwanderten und ob sie aus dem Westen über den Bosporus oder aus dem Osten über den Kaukasus gekommen waren, wird immer noch kontrovers diskutiert. Jedenfalls setzte sich nach dem Ende der assyrischen Handelskolonien im 18. Jahrhundert v. Chr. besagter Anitta unter den rivalisierenden Fürsten durch und regierte über ganz Zentralanatolien. Eine ihm nachfolgende Dynastie verlegte ihren Sitz in die alte Handelsstadt Hattuscha im Lande Hatti, östlich des heutigen Ankara. Den ersten dort residierenden Herrscher Labarna II. nannte man schlicht Hattuschili, »der aus Hattuscha kommt«. Mit ihm beginnt die in hethitischer und babylonischer Sprache abgefasste Geschichtsschreibung der Hethiter. Hattuschili I. (ca. 1650–1620 v. Chr.) bekämpfte das nordsyrische Königreich von Jamchad, das sich nördlich des Taurus-Gebirges ausdehnte, und erreichte dabei die Mittelmeerküste im Westen und den Euphrat im Osten Syriens. Seinem Nachfolger Murschili I. (ca. 1620–1590 v. Chr.) gelang die Eroberung der Hauptstadt Jamchads, Halab (Aleppo), an die er den denkwürdigen Feldzug nach Babylon anschloss. Der Meuchelmord an Murschili, verübt durch seinen Schwager Hantili, bildete den Auftakt zu einer langen Phase blutiger Auseinandersetzungen um die Thronfolge im hethitischen Königshaus. Außenpolitisch ging damit ein rapider Machtverfall einher, der die Hethiter auf ihr Kerngebiet in Anatolien zurückdrängte.

Erst Telipinu konnte die inneren Verhältnisse wieder stabilisieren, indem er die königliche Erbfolge in einem nach ihm benannten Erlass verbindlich regelte. Einer erneuten Ausdehnung des Hethiterreiches nach Syrien war durch die zwischenzeitliche Ausbreitung der Mittani jedoch ein Riegel vorgeschoben. Unter Tutchalija II. verbesserte sich um 1400 v. Chr. die Lage dann wieder deutlich. Er machte den Mittani wichtige hurritische Vasallen abspenstig, woraus sich nicht nur politische, sondern auch enge kulturelle und familiäre Verbindungen zwischen Hethitern und Hurritern ergaben. Unverkennbar ablesen lässt sich der starke hurritische Einfluss auf die hethitische Sprache und das Schrifttum an bestimmten Personennamen sowie in religiösen Texten und Kulten. Erwähnungen von Alaschia, dem antiken Zypern, und Achijawa, hinter dem sich das mykenische Griechenland verbergen könnte, bezeugen hethitische Kontakte bis weit in die westliche Ägäis. Zwischen der zweiten Hälfte des 15. Jahrhunderts v. Chr. und dem beginnenden 14. Jahrhundert v. Chr. wurden die Hethiter aber erneut auf ihr anatolisches Kerngebiet zurückgedrängt, wofür in erster Linie die ständigen Angriffe der Kaschkäer, eines sonst unbekannten Bergvolkes aus dem Norden Anatoliens, verantwortlich waren.

Den Aufstieg Hattis zu einer der führenden Mächte im alten Orient leitete um 1350 v. Chr. Schuppiluliuma I. ein, der als Begründer des hethitischen Großreiches gilt. Durch den Niedergang der Mittani-Dynastie ergab sich für die Hethiter eine günstige Ausgangsposition für die Ausweitung ihres Machtbereichs wieder bis nach Syrien hinein. Solche Bestrebungen mussten unweigerlich zu Konflikten mit Ägypten führen, das sich seit Thutmosis III. (1479–1425 v. Chr.) verstärkt in dieser Region engagierte. Erfolgreich gefestigt wurde die hethitische Kontrolle über die syrischen Gebiete entweder durch Vasallen, die sich dem Großkönig per Eid verpflichteten, oder Staatsverträge mit nominell unabhängigen Königtümern, wie der bedeutenden Hafen- und Handelsstadt Ugarit. In der alten Königsstadt Halab (Aleppo) sowie der Festung Karkemisch, die eine wichtige Furt über den Euphrat sicherte, setzte Schuppiluliuma seine Söhne als Könige ein, die dort ihrerseits Herrscherdynastien gründeten. Der Großkönig selbst nahm eine babylonische Prinzessin zur Frau. Seine Nachfolger Arnuwanda II. und Murschili II. konnten zwischen 1320 und 1290 v. Chr. das Reich in seinen bestehenden Grenzen bewahren, obwohl Epidemien, Rebellionen und die erneut aus Norden eindringenden Kaschkäer dessen Bestand gefährdeten. Muwatalli (ca. 1295–1282 v. Chr.) sah sich sogar genötigt, seine Residenz zeitweise aus dem bedrohten Hattuscha ins südlicher gelegene Tarhuntascha zu verlegen. Während seiner Regierung kam es in Syrien zur entscheidenden Konfrontation mit Ägypten unter Ramses II., die 1275 v. Chr. in der berühmten Schlacht von Kadesch gipfelte. Beide Seiten feierten den Ausgang der mehrere Tage dauernden Kämpfe als einen großen Sieg. Tatsache war jedoch, dass die hethitischen Besitzungen in Nord- und West-Syrien unverändert erhalten blieben und die Ägypter ihren Einfluss nicht ausweiten konnten.

Mit Hattuschili III. (ca. 1265–1240 v. Chr.) sowie seinem Sohn Tutchalija IV. (ca. 1240–1215 v. Chr.) erlangte das Hethiterreich seine größte Ausdehnung. Die schwelenden Grenzstreitigkeiten mit Ägypten wurden im Friedensvertrag von 1259 v. Chr. endgültig beigelegt, wohl auch angesichts der wachsenden assyrischen Bedrohung in beiderseitigem Einvernehmen. Bis heute nicht geklärt werden konnten die dramatischen Ereignisse, die zum raschen Untergang des hethitischen Großreiches samt seiner Kultur führten. Neue Völkerbewegungen aus dem Westen, innere

HATTUSCHA – HAUPTSTADT DER HETHITER

Etwa 150 Kilometer östlich von Ankara, bei dem heutigen Ort Boğazkale, erheben sich die Ruinen der hethitischen Kapitale und Kultmetropole Hattuscha aus einem engen Talkessel. Sie erstrecken sich in einem beeindruckenden Landschaftspanorama einen zwei Kilometer langen Berghang hinauf. Nach der Entdeckung durch den französischen Forscher Charles Texier im Jahre 1834 begannen dort ab 1905 systematische Ausgrabungen, die nach wie vor andauern. Seit 1985 gehört Hattuscha zum Weltkulturerbe der UNESCO. Bis heute wurden in dem 181 Hektar großen Areal, das sich in eine Ober- und Unterstadt gliedert, insgesamt 31 Tempel, die Königsburg (Büyükkale), ein Teil der Wohnhäuser sowie die 6,8 Kilometer lange Befestigungsmauer mit mehreren Toranlagen untersucht. Sämtliche Gebäude waren in hethitischer Bautradition teils aus monumentalen Steinquadern, teils aus hölzernem Fachwerk errichtet.

Während es sich bei der Unterstadt um ein allmählich gewachsenes Stadtviertel mit einem zentralen Tempelkomplex (Tempel 1) handelt, wurde die ein Quadratkilometer große Oberstadt als reiner Kultbezirk konzipiert, der den viel beschworenen »1000 Göttern des Landes Hattuscha« eine Wohnstätte bot. Dort konzentrierten sich die Heiligtümer und andere sakrale Einrichtungen. Auf einem Höhenrücken (Büyükkaya) innerhalb des Stadtgebietes legte man unterirdische Getreidesilos mit mindestens 6000 Tonnen Fassungsvermögen an, die den geschätzten Jahresbedarf von 23 000 bis 32 000 Menschen – und damit der Bewohner der gesamten Stadt und des Umlandes – decken konnten. West-

Das weitläufige Stadtgebiet von Hattuscha in Zentralanatolien gehört heute zum Weltkulturerbe der UNESCO.

Unweit von Hattuscha liegt das Felsheiligtum Yazılıkaya mit seinen beeindruckenden Reliefs von Götterprozessionen.

lich außerhalb der Stadtmauern liegt noch das Felsheiligtum Yazılıkaya, dessen Wände mit zahlreichen Götterreliefs verziert sind und in dem möglicherweise die Graburnen der verstorbenen hethitischen Könige aufbewahrt wurden.

Hattuscha erlebte seine Blütezeit von 1400 bis 1200 v. Chr. als Zentrum des hethitischen Großreiches, das sich nicht nur über ganz Anatolien, sondern zeitweise bis nach Syrien und in die Levante ausdehnte. Aus dieser Periode stammen die meisten der erhaltenen Bauwerke sowie der größte Teil der umfangreichen Tontafel-Archive mit Keilschrifttexten, die sich mit der staatlichen Administration, der politischen Korrespondenz und dem kultischen Geschehen befassen. Das Ende der Stadt gibt indes Rätsel auf. Die Bewohner scheinen Hattuscha noch vor einer verheerenden Brandkatastrophe mitsamt ihrem Hab und Gut verlassen zu haben. Sie ließen Tempel, Paläste und Wohnhäuser in einem nahezu »besenreinen« Zustand zurück, was die auffallend geringe Zahl von Fundobjekten in der Ruine erklärt. Auch das völlige Fehlen von Friedhöfen, abgesehen von vereinzelten Brandbestattungen in Felsnischen, bleibt unerklärlich.

In der Folgezeit wurde die aufgegebene Stadt zwar kontinuierlich von der phrygischen bis zur römisch-byzantinischen Periode (9. Jh. v. Chr.–10. Jh. n. Chr.) weiter besiedelt, erreichte jedoch nie mehr ihre einstige Bedeutung und Größe. Hattuscha ist nach wie vor der wichtigste Fundort für die Zivilisation der Hethiter, doch wurden inzwischen mit Schapinuwa (Ortaköy) und Sarissa (Kuşaklı) weitere städtische Zentren der Großreichszeit in Anatolien bekannt.

Kulturelle Vielfalt und kulturelles Erbe

Trotz der neuen Völker und Staatengebilde, die mit ihren weitgespannten Verflechtungen den alten Orient in der zweiten Hälfte des 2. Jahrtausends v. Chr. prägten, bleibt insbesondere in Mesopotamien die Zahl derjenigen Bau- und Kunstdenkmäler überschaubar, die einer dieser Bevölkerungsgruppen mit Sicherheit zugeschrieben werden können. Lediglich die zahlreich überlieferten Rollsiegel machen hier eine Ausnahme und lassen Eigenheiten in der künstlerischen Auffassung erkennen.

So wird die Bildfläche kassitischer Siegel größtenteils von einer Inschrift bedeckt, die ein Gebet des Siegelinhabers wiedergibt. Von der zuvor üblichen figürlichen Einführungsszene blieb nur ein einzelner Beter übrig und sogar die Gottheit wurde häufig aus Platzgründen durch ihr Symbol ersetzt. Diese Tendenz setzt sich auch auf der typischsten aller kassitischen Monumente, den so genannten Grenzsteinen, akkadisch *kudurru*, fort. Diese 30 bis 80 Zentimeter hohen ovalen Steinstelen tragen den Vertragstext von Landschenkungen des Königs an verdiente Untertanen und die Symbole möglichst vieler Gottheiten, die den Akt bezeugten. Spärlich bleiben Anhaltspunkte für eine eigenständige Architektur der Kassiten, die sich die bestehende babylonische Bauweise zueigen gemacht hatten. Mehrere weitläufige Palastanlagen und der ausgedehnte Tempelkomplex mit Zikkurat in Dur Kurigalzu konnten in ihren Grundrissen zudem nur teilweise freigelegt werden. Wenigstens liefern die Reste von Wandmalereien, farbigen Glasmosaiken und goldenen Dekorelementen Hinweise auf die einstmals prachtvolle Ausstattung. Der gerade einmal vier Zentimeter große farbige Terrakotta-Kopf eines Mannes gehört zu den seltenen Exemplaren kassitischer Skulptur und weist in Form und Gestaltung ägyptische Einflüsse auf. Eine Besonderheit sind auch die Tonfiguren von wasserspendenden Gottheiten, die sich in der Nischenfassade des von König Karaindasch gegründeten Ischtar-Tempels in Uruk befanden.

Göttersymbole in mehreren Registern stehen für die Gottheiten, die als Zeugen die Landschenkungen auf den »*kudurru*«-Stelen rechtswirksam bestätigten.

Unruhen, wiederholte Hungersnöte sowie Seuchen werden dafür in Erwägung gezogen.

Blick auf die Ruinen der mittelassyrischen Residenzstadt Kar-Tukulti-Ninurta (Nord-Irak).

Große Verdienste erwarben sich die Kassiten damit, ältere Werke mesopotamischer Literatur systematisch zu sammeln und im zeitgemäßen babylonischen Dialekt neu zu edieren. Erweitert wurde dieses Korpus durch eigene Schöpfungen in Lyrik und Prosa, die in der Tradition sumerischer Vorbilder standen. Babylonien erlangte dadurch eine kulturelle Vorbildfunktion im alten Orient, die heutzutage gern mit der Wirkung der griechisch-hellenistischen Kultur in Antike und Abendland verglichen wird.

Die wenigen Objekte und Bauwerke, die man allenfalls dem Dunstkreis der hurritisch-mittanischen Kultur zuweisen kann, erlauben es nicht, von einer eigenständigen Kunst und Architektur zu sprechen. Die Siegel präsentieren dagegen eine Fülle neuer Motive und fremdartiger Figuren, deren mythischer Hintergrund sich nur schwer enträtseln lässt. Bezeichnend ist der Drang, die zur Verfügung stehende Bildfläche möglichst vollständig und dekorativ auszufüllen, sodass kaum Freiräume bleiben. In Verbindung mit den Hurri-Mittani werden auch zwei recht gegensätzliche Produkte gebracht, die bis in die Ägäis verbreitet waren: Zum einen die in Massenproduktion hergestellten, kleinformatigen Siegelzylinder mit einfachen Motiven aus der leicht formbaren Fritte-Paste, zum anderen die exquisite »Nuzi-Keramik«, die als Luxusgeschirr diente.

Den besten Eindruck von der assyrischen Bau- und Bildkunst dieser Zeit vermitteln natürlich die archäologischen Hinterlassenschaften aus der Hauptstadt Assur und der benachbarten Residenz Kar Tukulti-Ninurta. Wandgemälde und farbig glasierte Tonplatten gehörten zur Innenausstattung von Tempeln und Palästen. Die Beigaben aus einer Gruftanlage in Assur bestehen aus reichem Gold- und Edelsteinschmuck, Bronzegeschirr sowie Elfenbeinschnitzereien, die stilistische Bezüge nach Anatolien und in die Levante aufweisen. In der Siegelkunst zeigt sich eine deutliche Beeinflussung durch die hurritisch-mittanische Glyptik. Die qualitätvoll gearbeiteten Rollsiegel bilden Tierkämpfe und Heldenfiguren in einem mythischen Naturraum ab. Kulturelles Vorbild für Assyrien war jedoch, ungeachtet aller politischen Konflikte, die Literatur und Sprache Babyloniens. Die Bewunderung ging sogar so weit, dass die Assyrer ihre offiziellen Inschriften und belletristischen Texte im babylonischen Dialekt abfassten, während das als prosaisch empfundene Assyrisch nur im Alltag Verwendung fand.

Völkerwanderung und »Seevölkersturm«

Die zweite Hälfte des 2. Jahrtausends v. Chr. beginnt für die Forschung mit einem »Dunklen Zeitalter« und endet gewissermaßen auch mit einem solchen. Denn über die Geschehnisse, die zwischen 1200 und 1000 v. Chr. den alten Orient einschließlich des östlichen Mittelmeergebietes erschütterten, sind wir nur unzureichend unterrichtet. Kaum eine andere Periode des Altertums zieht indes die Aufmerksamkeit so vieler Wissenschaftler unterschiedlichster Disziplinen auf sich und bietet ähnlich viel Raum für Spekulationen. Außer Frage steht allerdings, dass sich in dieser Zeit äußerst tief greifende Umwälzungen vollzogen, die das bisherige politische und ethnische Gefüge der Region grundlegend veränderten. Das Zentrum der Ereignisse lag in der Ägäis und den angrenzenden Küstengebieten. Die Auswirkungen erfassten jedoch den gesamten Mittelmeerraum sowie weite Teile Kleinasiens und des Vorderen Orients. Von der altorientalischen Staatenwelt, wie wir sie aus dem 15. bis 13. Jahrhundert v. Chr. kennen, blieb nur ein stark geschwächtes Ägypten zurück. Assyrien wurde wieder auf sein Kernland in Nord-Mesopotamien reduziert und das hethitische Reich verschwand sogar völlig von der Landkarte.

Als eigentlichen Auslöser dieser Entwicklungen vermutet man neuerdings eine Völkerwanderung, die im Südosten Europas ihren Anfang nahm, also weit entfernt vom späteren Schauplatz des Geschehens. Möglicherweise waren es wirtschaftliche, klimatische oder politische Ursachen, vielleicht auch eine Kombination aus allem, die immer mehr Menschen von ihren angestammten Siedlungsplätzen an Adria und unterer Donau nach Süden über den Balkan trieben. Im Verlauf des 13. Jahrhunderts v. Chr. gelangten so die Dorer auf das griechische Festland und die Peloponnes. Andere Stämme, wie Teile der Thraker oder die Lyder, Mysier, Bithynier und Phryger, zogen weiter über den Hellespont (Dardanellen) nach Kleinasien. Überall wo die Neuankömmlinge eintrafen, verdrängten sie die ansässige Bevölkerung, die sich ihrerseits auf die Flucht begab. Auf diese Weise wurde vermutlich eine regelrechte Wanderungswelle ausgelöst, die nicht nur immer wieder neue Völkerschaften mit sich riss, sondern auch mehr oder weniger direkt zum Zusammenbruch der mykenischen Kultur in Griechenland und dem Untergang des Hethiterreiches in Anatolien führte. Nach Erreichen der griechischen und westtürkischen Küsten, setzten die Flüchtlinge ihren Zug zu Wasser fort. Die Ägäischen Inseln, das fruchtbare Nildelta und die Levante mit ihren florierenden Handelsstädten jenseits des Meeres müssen verlockende Ziele für das zusammengewürfelte Heer der Heimatlosen gewesen sein. Im Stil von Piratenhorden plünderten und brandschatzten sie die Siedlungen auf den Inseln und entlang der östlichen Mittelmeerküste. Archäologisch dokumentiert ist ihre Spur der Verwüstung in Form von Brand- und Zerstörungsschichten, unter anderem in Troja, Milet, Enkomi auf Zypern sowie Knossos auf Kreta und schließlich im syrischen Ugarit, nahe dem heutigen Latakia. Es liegen aber kaum schriftliche Quellen vor, die über die historischen Hintergründe Auskunft geben.

Aus Ägypten kommen gegen Ende des 13. Jahrhunderts v. Chr. erstmals Informationen zu fremden Völkern, die »von den Inseln« oder »dem Meer dahinter« kamen und für die der französische Ägyptologe Gaston Maspero (1846-1916) den Begriff »Seevölker« einführte. Sie tauchten erstmals als Hilfstruppen einer libyschen Streitmacht auf, die 1208 v. Chr. bei der verlustreichen Schlacht von Sais, im westlichen Nildelta, von Pharao Merenptah zurückgeschlagen wurden. Die nächste Nachricht stammt vom König von Alaschia (Zypern), der seinen Verbündeten in Ugarit brieflich vor einer nicht näher bezeichneten feindlichen Flotte warnte, die Kurs auf die bedeutende Handelsmetropole nahm. Zufälligerweise fiel der Angriff der Seevölker mit einer Sonnenfinsternis zusammen, die sich auf einer Tontafel notiert fand, weil sie als Vorbote der schrecklichen Gefahr gedeutet wurde. Mithilfe astronomischer Daten lässt sich diese Himmelserscheinung exakt auf den 21. Januar 1192 v. Chr. festlegen. In großer Panik müssen die überlebenden Einwohner Ugarits geflüchtet sein, bevor die Stadt dem Erdboden gleich gemacht wurde und für viele Jahrhunderte unbewohnt blieb. Die Invasoren zogen nun zum Teil auch auf dem Landweg in Richtung Süden weiter nach Ägypten, das schon damals als Kornkammer am Nil galt. Der amtierende Pharao Ramses III. wurde durch seine Kundschafter rechtzeitig gewarnt und lockte die Seevölker an der Nilmündung in einen Hinterhalt. Mit einem massiven militärischen Aufgebot und einer kombinierten Aktion zu Lande und zu Wasser besiegte er die Eindringlinge 1177 v. Chr. in zwei Schlachten. Den Verlauf der Kampfhandlungen schildern die Inschriften im Tempel von Medinet Habu (am Nilufer südlich von Theben) ausführlich. Auf den dazu gehörigen Reliefs nähern sich die Seevölker in Segelschiffen mit steil aufragenden Bugsteven, die mit Vogelköpfen verziert sind. Ein weiteres Kontingent samt Frauen und Kindern kommt in Ochsenkarren, die das gesamte Hab und Gut transportieren. Die Krieger tragen Federkronen, Helme mit Stierhörnern oder Stirnbänder am hoch gebundenen Schopf und sind mit Brustpanzern, Rundschilden und langen Schwertern bewaffnet. Ramses III. vernichtete die Feinde aber nicht, sondern wehrte sie lediglich ab. Kleinere Gruppen der Geschlagenen dürften sich über das westliche Mittelmeer verteilt haben und werden mit der Besiedlung Siziliens und Sardiniens in Verbindung gebracht. Einen anderen größeren Verband, die Peleset, konnten sich die Ägypter nur dadurch vom Leibe halten, dass sie ihnen ein Siedlungsgebiet in ihrer Provinz Kanaan, im heutigen Israel, zuwiesen. Dort gingen sie in die biblische Überlieferung als Philister ein, von denen sich auch der Name Palästina ableitete. Sie gründeten mit Gaza, Askalon, Aschdod, Ekron (Tell Miqne) und Gath (Tell es-Safi) fünf neue Städte und gerieten dabei in Konflikt mit den einheimischen israelitischen Stämmen. Auf diese Zeit geht mit ziemlicher Sicherheit die Erzählung vom Kampf des Israeliten David gegen den Philister Goliath in der Bibel zurück. Ebenso spielt die später missverstandene Bezeichnung »Krethi und Plethi« für König Davids Leibwache angeblich auf die Herkunft der Philister von Kreta an und wurde damit sprichwörtlich für einen bunten Haufen kulturloser Banausen. Tatsächlich haben sich Sprache, Traditionen und Fertigkeiten der Zugewanderten mit denen der Einheimischen vermischt, sodass neue Reiche und Kulturen entstanden, die das folgende Jahrtausend prägen sollten.

»Das Imperium schlägt zurück« – Erste Hälfte 1. Jahrtausend v. Chr.

Die Endphase der mesopotamischen Kulturen bestimmten mit Assyrien und Babylonien zwei Staaten, die in einem wechselhaften Spannungsverhältnis standen und nacheinander zu Weltreichen aufstiegen. Politisch und kulturell stellte diese Zeit einen Höhepunkt dar, dessen Auswirkungen sowohl den Orient als auch den Okzident nachhaltig beeinflussten.

Aramäer und Chaldäer

Bis zum beginnenden 1. Jahrtausend v. Chr. etablierten sich entlang der Levanteküste neue Königreiche und Fürstentümer sowie zahlreiche Stadtstaaten. Laut Altem Testament gehörten dazu sowohl das Königreich Israel unter seinen Königen Saul, David und Salomo (965–926 v. Chr.), als auch das daraus hervorgegangene Nordreich Israel (926–597 v. Chr.) und das Südreich Juda (926–586 v. Chr.). Aus den assyrischen Inschriften hinlänglich bekannt sind die selbstständigen Hafenstädte Akku (Akko), Surru (Tyros), Sidunu (Sidon), Be'eru (Beirut), Gubla (Byblos) und Arwad (Tartus), die man später unter dem Namen »Phönizien« zusammenfasste. Der prosperierende Handel der Phönizier, der sich schnell auf den gesamten Mittelmeerraum ausdehnte, trug zum allgemeinen Aufschwung der Region bei. Einen Namen erwarben sich die Phönizier als exzellente Seefahrer und im Schiffsbau, für den sich das Holz der Libanon-Zeder besonders eignete. Weithin geschätzt waren ihre Textilien wegen der edlen purpurnen Farbe, die aus dem Sekret von Meeresschnecken gewonnen wurde. Auf diese typische Färbung der Gewandstoffe geht auch die griechische Bezeichnung »*phoinix*«, »purpur«, für Land und Leute zurück. Die Leistungen der Phönizier beschränkten sich aber nicht allein auf Seefahrt, Handel und Handwerk, sondern sie entwickelten auch mit ihrem Buchstabenalphabet eine Vorform unseres heutigen Alphabets.

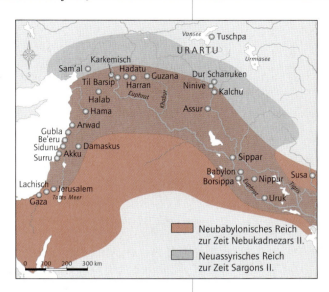

Das neuassyrische und neubabylonische Reich umfasste im 1. Jahrtausend v. Chr. jeweils ganz Vorderasien.

Im südwestlichen Kleinasien und Nord-Syrien behaupteten sich die ehemaligen Vasallen des untergegangenen Hethiterreiches sowie die Seitenlinien des hethitischen Königshauses in Aleppo und Karkemisch als unabhängige Kleinstaaten. Da sie mit der luwisch-hethitischen Hieroglyphenschrift und einigen Elementen in Architektur und Kunst die Tradition der Hethiter teilweise fortsetzten, bürgerte sich in der Forschung die Bezeichnung »späthethitische Fürstentümer« ein. Nach dem »Seevölkersturm« hatte sich somit wenigstens im Küstenstreifen des heutigen Syrien, Libanon und Israel die politische Situation wieder stabilisiert.

Inwiefern die Wanderung der so genannten Aramäer mit diesen teils vorangegangenen, teils gleichzeitigen Ereignissen in Verbindung stand, kann zum jetzigen Zeitpunkt kaum beurteilt werden. Naturwissenschaftliche Analysen von Pflanzenpollen weisen zudem auf eine lange Dürreperiode im Hinterland der Levante hin, die der Auslöser dafür gewesen sein könnte, dass sich ab dem 11. Jahrhundert v. Chr. sowohl Nomaden und halbsesshafte Viehzüchter aus der Wüstensteppe als auch ehemalige Kleinbauern aus den westlichen Randgebieten des Fruchtbaren Halbmonds auf den Weg in wasserreichere Regionen nach Nord-Syrien und Mesopotamien begaben. Bei der Bezeichnung »Aramäer« für diese Personengruppen handelt es sich, wie schon bei den Amurritern, um einen Sammelbegriff, der aufgrund der sprachlichen Zugehörigkeit getroffen wurde. Das westsemitische Aramäisch verbreitete sich nicht nur in ganz Vorderasien, sondern wurde auch über einen sehr langen Zeitraum gesprochen. Bekannt wurde es vor allem als die Sprache von Jesus. Statt der Keilschrift verwendete man für das Aramäische eine auf dem Phönizischen basierende Buchstabenschrift, die aus nur 22 Zeichen bestand. In Syrien vermischten sich die aramäischen Einwanderer mit der Bevölkerung der späthethitischen Stadtstaaten und gründeten mit Sam'al (Zinçirli), Hadatu (Arlsan Tasch), Til Barsip (Tell Achmar) und Guzana (Tell Halaf) weitere Fürstensitze.

Eine andere semitische Volksgruppe, die Chaldu oder Chaldäer, zog bis in den Süden Mesopotamiens nach Babylonien, wo sie schon früh die babylonische Sprache annahmen. In den zeitgenössischen Schriftquellen werden die Chaldäer stets von den Aramäern unterschieden. Ihre Aufteilung des Landes in lose umrissene Stammesgebiete mit einem Scheich an der Spitze verrät zwar noch den ursprünglich nomadischen Charakter ihrer Lebensweise, doch wurden sie nach ihrer Ankunft in Babylonien in Dörfern und Städten sesshaft. Zunächst blieben die Chaldäer den städtischen Zentren der Einheimischen im Norden fern, beherrschten dafür aber bald den gesamten südlichen Teil des Landes bis zum Persischen Golf und brachten eigene Königsdynastien hervor.

Eisen und Dromedare

Das Ende des 2. Jahrtausends v. Chr. markiert auch in technologischer Hinsicht einen Umbruch. Die lange Phase der Bronzezeit, die in Vorderasien schon um die Mitte des 4. Jahrtausends v. Chr. begann, endete zu diesem Zeitpunkt. Ein anderes Metall, das Eisen, hielt unaufhaltsam Einzug und gab der neuen Epoche mit der Bezeichnung »Eisenzeit« ihren Namen. Vermutlich experimentierte man im alten Orient schon sehr früh mit diesem Metall, das dort in kleineren Mengen in Erzmineralien und Meteoreisen natürlich vorkommt. Eine gezielte Verhüttung ist spätestens ab dem 16. Jahrhundert v. Chr. in Anatolien nachweisbar. Aus den hethitischen Schriftquellen geht hervor, dass ein Handwerker, der mit der Verarbeitung des Eisens vertraut war, höheres soziales Ansehen in der Gesellschaft genoss als ein Kupferschmied. Anfangs beschränkte sich die Fertigung noch auf wenige Objekte, wie beispielsweise Dolche, die als wertvolle Weihgaben, nicht aber als Gebrauchsgegenstände dienten. Nach 1200 v. Chr. gewann der neue Werkstoff immer größere Bedeutung, weil er unschlagbare Vorteile gegenüber der Bronze bot. Die große Härte und hohe Widerstandsfähigkeit bei einer bisher nicht gekannten Elastizität prädestinierten Eisen für die Produktion von Waffen und Werkzeugen. Während des Herstellungsprozesses war es sogar möglich, eine Verstählung der Oberfläche herbeizuführen, indem man durch die Verwendung von Holzkohle Kohlenstoff zuführte – ein Vorzug, der Pfeil- und Lanzenspitzen, Schwertern, Helmen und Panzerungen ebenso wie Pflugscharen, Radachsen, Äxten, Nägeln oder Splinten zugute kam. In machtpolitischer Hinsicht bedeutete dies aber auch, dass die Kontrolle der Eisenlagerstätten ein Monopol auf das allseits begehrte Material bescherte und wichtige strategische Vorteile verschaffte.

Ein weiterer, nicht zu vernachlässigender Fortschritt zu Beginn des 1. Jahrtausends v. Chr. war die Domestizierung und weite Verbreitung des Dromedars als Reit- und Lasttier. Damit erschlossen sich völlig neue Möglichkeiten in der Vernetzung von Gebieten, die durch ausgedehnte

Ein doppelter Mauerring mit Zinnen und Türmen umschloss das Stadtgebiet von Ninive (Rekonstruktion).

links: Arabischer Kamelreiter. Bronze, Höhe: 7,8 Zentimeter.

rechts: Monumentale geflügelte Stierfiguren bewachten die Eingänge assyrischer Paläste. Alabaster, Höhe: 2,50 Meter.

Im Gegensatz zu vielen anderen Wildtierarten Vorderasiens wurde das **Kamel** erst sehr spät, im Verlauf des 2. Jahrtausends v. Chr., domestiziert. In den assyrischen Schrift- und Bildquellen tauchen die ersten Vertreter dieser Spezies im 9./8. Jahrhundert v. Chr. auf, wobei zoologisch völlig korrekt zwischen dem einhöckrigen Dromedar (*gammalu*) und dem zweihöckrigen Trampeltier (*udru*) unterschieden wird. Dank des Umstands, dass Kamele lange Strecken ohne Wasser und mit schweren Lasten zurückzulegen können, eröffneten sich ganz neue Möglichkeiten für Handelsrouten und Kriegszüge durch bis dahin unüberwindbare Wüstengebiete. So glückte dem assyrischen König Asarhaddon 671 v. Chr. beispielsweise die Eroberung Ägyptens, weil er die gefürchtete Sinai-Wüste durchqueren konnte: »Kamele von allen arabischen Stammesfürsten ließ ich kommen und Wasserschläuche tragen. 30 Doppelstunden Landes [i. e. Größe des Gebiets], eine Strecke von 15 Tagen, zog ich durch gewaltige Sandmassen.«

Wüsten oder Steppen voneinander getrennt sind. Die Fähigkeit der Tiere, für lange Zeit ohne Wasser und mit nur wenig Nahrung auszukommen, ermöglichte die Erschließung völlig neuer Routen für den Fernhandel, aber auch für militärische Unternehmungen. Zweifellos hatte das Dromedar einen entscheidenden Anteil an der Entstehung des Beduinentums und ermöglichte über den Landweg einen ständigen Kontakt zu den sagenumwobenen Königreichen auf der arabischen Halbinsel. Ab dem 9. Jahrhundert v. Chr. wurden beide Kamelarten, sowohl die einhöckrigen Dromedare als auch die zweihöckrigen Trampeltiere, letztere aus dem Gebiet des Hindukusch, im Rahmen von Tributlieferungen oder bei Feldzügen auf assyrischen Reliefs abgebildet. Ihre Effektivität als Reittiere im Wüstenkrieg zeigt sich auf Darstellungen des 7. Jahrhunderts v. Chr., die den Kampf der Assyrer gegen arabische Beduinen illustrieren. Kamele erfreuten sich einer hohen Wertschätzung. König Assurbanipal (669–631 v. Chr.) hielt es für eine erwähnenswerte wirtschaftspolitische Leistung, dass sich während seiner Regierungszeit wirklich jedermann für wenig Geld ein solches Nutztier leisten konnte.

Assyrische Machtentfaltung und Strategie

Assyrien war bis zum Beginn des 1. Jahrtausends v. Chr. in völliger Bedeutungslosigkeit versunken und dadurch wieder auf sein Kern-

gebiet im Norden Mesopotamiens beschränkt. König Tiglatpilesar I. (1114–1076 v. Chr.) gelang es als vorläufig letztem Herrscher, den politisch-militärischen Einflussbereich des Landes noch einmal vom Mittelmeer im Westen bis zum iranischen Zagros-Gebirge im Osten auszudehnen. Dabei geriet er bereits mehrmals in Gefechte mit aramäischen Nomaden am mittleren Euphrat. Der bisherige Verlauf der assyrischen Geschichte hatte spätestens seit Tukulti-Ninurta I. gezeigt, dass das Wohl des Landes in hohem Maße von einem Herrscher abhing, der nicht nur ein unermüdlicher Feldherr und vorausschauender Stratege sein musste, sondern auch gegen die Intrigen seiner eigenen Gefolgsleute gefeit sein sollte. Der Aufstieg Assyriens in der ersten Hälfte des 1. Jahrtausends v. Chr. ging zwar auch diesmal nicht ohne Brüche und Rückschläge vor sich, doch nahmen sie bis zum Ende des Reiches nicht mehr ganz das dramatische Ausmaß an wie an der Wende vom 2. zum 1. Jahrtausend v. Chr. Rückblickend vollzog sich die assyrische Machtentfaltung in drei Phasen: Während des 9. Jahrhunderts v. Chr. schafften fortwährende Eroberungen und die Einbindung tributpflichtiger Vasallenstaaten die territoriale Grundlage für die Konsolidierung und administrative Neuordnung des Reiches im 8. Jahrhundert v. Chr. Darauf aufbauend erfolgte im 7. Jahrhundert die Ausdehnung zum alles beherrschenden altorientalischen Weltreich.

Voraussetzung für das assyrische Expansionsstreben war eine effiziente und hoch entwickelte Kriegsmaschinerie. Die gut ausgebildete Armee musste unterschiedliche Anforderungen erfüllen, was zur Spezialisierung bestimmter Truppenteile führte. Dies betraf schnelle Kampfverbände ebenso wie schwere Belagerungsmaschinen, Nachschubeinheiten oder »Pioniere«, die dem Heer und seinem Tross einen Weg bahnten. Aus den eroberten oder verbündeten Ländern rekrutierte man Hilfstruppen mit besonderen Fertigkeiten, insbesondere Reiterei oder Seeleute mit ihren Schiffen. Die Durchschlagskraft der Streitwagen wurde durch stärkere Gespanne, wendigere Wagen sowie einen zusätzlichen dritten Mann als Besatzung erhöht. Entlang der Marschrouten und an strategisch wichtigen Orten richtete man Garnisonen mit Vorratslagern ein, um die Nachschubwege zu verkürzen. In feindlichen Gebieten, in denen sich die Truppen länger aufhielten, operierten sie von befestigten Feldlagern aus. Die Hauptsaison für Feldzüge war von Frühjahr bis Herbstbeginn. Ein besonderer Anreiz für den Eintritt in die Armee dürfte die Gewinnbeteiligung der Soldaten an der Beute gewesen sein.

Vielen zeitgenössischen Berichten ist zu entnehmen, dass häufig schon der Anblick der assyrischen Streitmacht genügte, um den Gegner zur kampflosen Kapitulation zu bewegen. Widerstand oder die Verweigerung von Tributzahlungen zogen unerbittliche Vergeltungsaktionen nach sich. Dabei gingen die Assyrer nicht gerade zimperlich mit ihren Feinden um: Enthaupten, Pfählen, Abziehen der Haut, Abtrennen von Gliedmaßen, Verstümmelungen von Körperteilen, natürlich alles bei lebendigem Leib, stellten die üblichen Tötungs- und Bestrafungsarten dar. Die abgeschlagenen Köpfe wurden vor den Toren der eroberten Stadt zu Haufen aufgeschichtet, die aufgespießten Leiber auf den Mauerkronen weithin sichtbar zur Schau gestellt. Spione und Verräter blendete man oder riss ihnen die Zunge heraus. Gefangen genommene Anführer wurden vor ihrer öffentlichen Hinrichtung in Triumphzügen dem assyrischen Volk wie Tiere in Käfigen präsentiert oder an das Joch des königlichen Wagens gespannt, den sie ziehen mussten. Von der überlebenden Bevölkerung wanderten die jugendlichen und erwachsenen Männer in Gefangenschaft, während man Frauen, Kinder und Alte deportierte. Der massive Einsatz von Kriegsgefangenen, insbesondere bei der Errichtung öffentlicher Bauten oder als Sklaven, war ein bedeutender Faktor der assyrischen Wirtschaft. Dasselbe gilt für die zwangsweise Ansiedlung von Deportierten in den assyrischen Provinzen und Städten. Schätzungen zufolge sollen bei Kriegshandlungen zwischen dem 9. und 7. Jahrhundert v. Chr. bis zu einer Million Menschen aus ihrer Heimat vertrieben worden sein.

Trotzdem wäre es verfehlt, die Assyrer als grausame Sadisten zu diffamieren, die der Spaß an der Folter und am Töten antrieb. Terror dieser Art und in diesem Ausmaß gehörten zur damaligen Kriegsführung und wurden nicht nur von den Assyrern praktiziert. Ihre schaurig genauen Schilderungen dieser Gräuel in Wort und Bild dienten letztlich der Abschreckung und sollten Exempel statuieren. Denn langfristig gesehen war es zweifellos profitabler, ein Land auszubeuten, das sich freiwillig ergab, statt es anzugreifen und damit eigene Verluste zu riskieren. Andererseits blieben, ungeachtet aller Gewaltanwendungen, die ständigen Rebellionen und Bündnisse gegen das assyrische Reich das größte und beständigste Problem, weil die bedrohten und unterdrückten Völker den Forderungen einfach nicht nachkommen wollten oder konnten. Dessen ungeachtet verfolgten die Assyrer im 1. Jahrtausend v. Chr. mit aller Konsequenz eine im alten Orient bisher einzigartige Machtstrategie, die ihnen den Aufbau eines regelrechten Imperiums ermöglichte. Ideologisch begründet wurde dies seit der zweiten Hälfte des 2. Jahrtausends v. Chr. mit dem Auftrag des höchsten Gottes Assur, dem der jeweilige König durch sein Amt verpflichtet war.

Wiederaufstieg und Ausdehnung

Ab der zweiten Hälfte des 10. Jahrhunderts v. Chr. war es zunächst Assur-dan II. (935–912 v. Chr.), der wieder offensiv gegen räuberische Bergstämme im Osten sowie eindringende Aramäer im Westen vorging, um so wenigstens die zu diesem Zeitpunkt bestehenden Grenzen Assyriens zu sichern. Sein Sohn und Nachfolger Adad-nerari II. (912–891 v. Chr.) sah sich dadurch in der Lage, jährlich Feldzüge durchzuführen und eine systematische Vergrößerung des assyrischen Einflussbereiches zu betreiben. In den nordöstlich gelegenen Gebirgsregionen des Zagros bekämpfte er die Nairi-Länder, einen Zusammenschluss von Bergstämmen. Im Westen hingegen war die Auseinandersetzung mit den unterschiedlichen aramäischen Gruppen unausweichlich. Es bedurfte zahlreicher Kriegskampagnen, um sich einen Weg über den Fluss Chabur bis zum Euphrat in Syrien zu bahnen. Im Süden kam es nach anfänglichen Grenzstreitigkeiten mit Babylonien zu einem Nichtangriffspakt, der mit dem Austausch heiratsfähiger Töchter besiegelt wurde. Die Verwendung der traditionellen Titulatur »König der Gesamtheit und der vier Weltgegenden« dokumentierte nach einer Durststrecke von über 150 Jahren die große Bedeutung der militärischen Erfolge für das Selbstbewusstsein Assyriens. Tukulti-Ninurta II. (891–884 v. Chr.) beschränkte sich hauptsächlich auf die Sicherung der Gebietserweiterungen, wobei sein Marsch entlang des Euphrat zeigte, dass schon das Auftauchen der Assyrer vor Ort ausreichen konnte, um ihre Vorherrschaft zu bekräftigen. Dennoch machte die starke Zersplitterung Vorderasiens in unzählige Königreiche, Fürstentümer, Stadtstaaten und Stammesgebiete die assyrischen Eroberungen und deren Bewahrung zu einer mühsamen und langwierigen Angelegenheit.

Die Wandreliefs in den assyrischen Palästen zeigen den König sowohl in realen historischen Situationen als auch in Begleitung göttlicher Wesen, die das Gottesgnadentum seiner Herrschaft bestätigen.

»Das Imperium schlägt zurück« – Erste Hälfte 1. Jahrtausend v. Chr.

Blick auf die Zitadelle von Kalchu (Nimrud) mit dem »Nordwest-Palast« Assurnasirpals II. (9. Jh. v. Chr.).

Mit Assurnasirpal II. (884–859 v. Chr.) nahm die assyrische Politik bereits ansatzweise »imperiale« Dimensionen an. Eine genauere Bewertung seiner Taten im Vergleich zu den Vorgängern ist deshalb möglich, weil aus seiner Regierungszeit erstmals ausführliche Schrift- und Bildquellen zur Verfügung stehen, die sich häufig gegenseitig ergänzen. Assurnasirpal II. griff den traditionellen Machtanspruch wieder auf, indem er vom Zagros-Gebirge bis zum Mittelmeer vorstieß. Neben weiteren militärischen Eroberungen ging er verstärkt dazu über, entfernten Gebieten die Oberhoheit Assyriens vertraglich aufzuzwingen. Gegen regelmäßige Bezahlung in Form von Tributen und Geschenken behielten die unterlegenen Staaten eine gewisse Autonomie, vor allem in inneren Angelegenheiten, und standen dafür außenpolitisch – je nach Sichtweise – unter dem Schutz oder dem Diktat der Assyrer.

Auch die Selbstdarstellung und das Repräsentationsbedürfnis des assyrischen Königtums nahm von jetzt an neue Formen an. Assurnasirpal II. verlegte seine Residenz von Assur, das weiterhin die wichtigste Kultmetropole blieb, in die ehemalige Provinzhauptstadt Kalchu, der heutigen Ruinenstätte Nimrud, etwa 40 Kilometer südöstlich von Mosul. Vielleicht waren strategische Gründe für diese Wahl ausschlaggebend, möglicherweise sollte aber auch eine räumliche Distanz zur einflussreichen Priesterschaft und Oberschicht Assurs geschaffen werden. Auf einer eigens aufgeschütteten und besonders stark befestigten Erhebung am Rande des

»GELD ODER LEBEN« – DAS ASSYRISCHE TRIBUTSYSTEM

Bronzestreifen, mit denen Tempel- und Palasttore beschlagen waren, eigneten sich besonders für die Darstellungen endloser Reihen von Tributbringern.

Ein wichtiges machtpolitisches Instrument der assyrischen Expansion war die Etablierung eines Systems abhängiger und tributpflichtiger Vasallenstaaten. Dadurch konnte das kleine und rohstoffarme assyrische Kernland seine eigenen Ressourcen schonen und auf eine breitere Basis stellen. Grundlage der Abhängigkeit war ein vertraglich geregeltes Abkommen, das der Vasall mit persönlichem Eid (*adê*) auf den assyrischen König besiegelte, indem er dessen militärische Überlegenheit anerkannte und sich zur Loyalität sowie den auferlegten Abgaben verpflichtete. Dafür erkannten die Assyrer einen treuen Vasallen außenpolitisch an und gewährten ihm – wenn auch eingeschränkt – staatliche Souveränität und Unabhängigkeit. Im Gegensatz dazu verloren die als assyrische Provinzen einverleibten, eroberten Gebiete jeglichen Anspruch auf Eigenstaatlichkeit. Mit dem Tributsystem geht auch die Darstellung von Anlieferung und Entgegennahme der Tribute als ein zentrales Thema in die assyrische Kunst des 9. bis 8. Jahrhunderts v. Chr. ein – eine Zeit, in der sich das assyrische Reich stetig ausdehnte. Grundsätzlich lassen sich zwei Arten des Tributs unterscheiden: Zum einen wurde ein Jahrestribut entrichtet, der jährlich nach Assyrien in die Hauptstadt oder jeweilige königliche Residenz gebracht werden musste; zum anderen gab es einen Feldzugstribut, der auf den Kriegszügen vor Ort von den Assyrern eingefordert wurde. Die Aussicht auf »freiwillig« geleisteten Tribut oder gute Beute – sofern sich der Gegner nicht kampflos ergab – konnte dabei durchaus die Marschroute des assyrischen Heeres beeinflussen.

Auf den Abbildungen wird jener Moment gezeigt, in dem der Vasall entweder mit seiner Delegation zum assyrischen König und dessen Gefolge geführt wird oder bereits demütig vor dem Herrscher auf dem Boden liegt, um seine Unterwerfung zu bekunden und mit den Tributgaben den Gegenwert für die mehr oder weniger willkommene assyrische »Schutzmacht« zu zahlen. Ein solches Ereignis, effektvoll in den Bildern und realen Zeremonien inszeniert, war natürlich mit einer hohen ideologischen Aussagekraft verbunden, weil sie jedem Betrachter oder Zuschauer die Überlegenheit des assyrischen Staates vor Augen führte. Das Spektrum der abgelieferten Produkte war groß und regional differenziert. Es umfasste sowohl Rohstoffe als auch Fertigprodukte und Luxusartikel, ebenso lebende Tiere und Menschen. Zum regelmäßigen Lieferumfang gehörten Metalle (Kupfer, Zinn, Silber, Gold), Waffen, Nutztiere, wie Schafe, Rinder, Kamele, Maultiere und Pferde, Gefäße aller Art, edelsteinbesetzter Schmuck, kostbare Stoffe und Gewänder, Möbel aus wertvollen Hölzern, Elfenbein in Form von Stoßzähnen und exquisite Weine. Besonderer Beliebtheit erfreuten sich exotische Tierarten wie Affen, Elefanten und Nashörner für die königlichen Tierparks (*ambassu*). Daneben transferierte man auch besonders ausgebildete Personen, wie Soldaten, Tänzerinnen und Sänger. Aufbewahrt wurden die Waren, außer in den Magazinen des königlichen Palastes, auch in eigens dafür eingerichteten Zeughäusern (*ekal mascharti*). Einen festen Anteil an den Abgaben erhielten die Mitglieder der königlichen Familie und die hohen Würdenträger der staatlichen Administration. Den Großteil der materiellen Einnahmen verschlangen die königlichen Bauprojekte, Dedikationen an Tempel sowie die Finanzierung des Hofstaates und der Unterhalt der Armee.

Der »Schwarze Obelisk« zeigt den assyrischen König, wie er die Unterwerfung und den Tribut seiner Vassallen entgegennimmt. Schwarzer Alabster, Höhe 2,02 Meter (9. Jh. v. Chr.).

> »Die Stadt Tela war schwer befestigt und von drei Mauerringen umgeben. Die Bewohner, die auf ihre Mauern und viele Krieger vertrauten, kamen nicht heraus, um sich mir zu Füssen zu werfen. In einem heftigen Kampf schloss ich die Stadt ein und stürmte sie, wobei ich 3000 Soldaten tötete. Gefangene, Hab und Gut, Rinder und Schafe schleppte ich fort. Viele Soldaten nahm ich lebend gefangen, einigen schnitt ich Arme und Hände ab, anderen Nase und Ohren. Die abgeschlagenen Köpfe hängte ich rings um die Stadt in die Bäume.« Berichte wie dieser über die Eroberung einer Stadt gehörten zum festen Bestandteil der offiziellen assyrischen Kriegsberichte und begründeten den Ruf der Assyrer, äußerst grausam und blutrünstig zu sein. Allerdings gehörten diese **Grausamkeiten** zur damals üblichen Kriegsführung und dienten der Abschreckung. Die Assyrer berichteten davon in Wort und Bild, um Widerstand von vornherein zu brechen.

Stadtgebietes entstand ein abgeschlossener königlicher Bezirk mit dem Herrschersitz und den Tempeln der wichtigsten Gottheiten. Der Palastkomplex unterteilte sich in einen offiziellen Bereich mit Höfen sowie Räumlichkeiten für Staatsbankette oder Empfänge von Delegationen und den dahinter liegenden privaten Wohngemächern der Königsfamilie einschließlich des Harems. Entlang der westlichen Außenseite erstreckte sich eine große Terrasse hoch über dem Ufer des Tigris. Die mehrtägigen Festlichkeiten zur Einweihung des Palastes sind in einer Inschrift ausführlich beschrieben. Zehntausende geladener Gäste aus aller Herren Länder besichtigten das neue Bauwerk und wurden an opulenten Speisetafeln mit Delikatessen aus sämtlichen Gegenden des Reiches verköstigt. Finanziert wurde diese Prachtentfaltung durch die enormen Gewinne aus Beute, Tributen und Steuern. Kein assyrischer König machte je einen Hehl daraus, dass seine wichtigsten Einnahmequellen aus der Unterdrückung anderer gespeist wurden, sondern sah dies als logische Konsequenz seiner persönlichen Leistung und des Wohlwollens der Götter, in deren Auftrag er wirkte.

An die Politik seines Vaters knüpfte Salmanassar III. (859–824 v. Chr.) unmittelbar an. Seine über 30 Jahre dauernde Regierungszeit muss er größtenteils auf Kriegszügen verbracht haben, bevor er deren Leitung aus Altersgründen an seinen obersten General (*turtan*) Daijan-Assur delegierte. Stolz berichtete der König von besiegten Völkern, von denen seine Vorgänger noch nicht einmal die Namen gekannt hätten. Wie viele seiner königlichen Vorfahren seit Sargon von Akkad kam auch er nicht umhin, seine Waffen im Mittelmeer vom Blut seiner Feinde zu säubern. Dass am Ende eine wesentliche Vergrößerung des Reiches stand, die aber durch einen erheblich größeren militärischen Aufwand zustande kam, kann als Zeichen für den stärker werdenden Widerstand gegen die assyrische Vorherrschaft gelten. Viele Länder waren kaum noch in der Lage, die hohen Abgabenlasten zu tragen, ohne sich dabei selbst zu ruinieren. Außerdem formierten sich neue politische Gebilde, die den assyrischen Machtanspruch nicht ohne weiteres akzeptierten. Insbesondere eine Allianz aus phönizischen, aramäischen, israelitischen und arabischen Staaten und Stämmen konnte unter Führung der Könige von Hama und Damaskus einen ersten assyrischen Vormarsch ins westliche Syrien und nach Palästina am Fluss Orontes stoppen. Rückschläge, wie die mehrmals erfolglose Belagerung von Dimaschqa (Damaskus), ließen sich selbst in den offiziellen Propagandaberichten der Assyrer kaum noch verschleiern. Mit Babylonien, dem kulturell hoch geschätzten Nachbarn, wurden weiterhin friedliche Beziehungen gepflegt. Seit jeher verehrte man die gleichen Gottheiten und die babylonische Schrift und Literatur setzten auch in Assyrien intellektuelle Maßstäbe. Salmanassar III. half seinem babylonischen Kollegen Marduk-zakir-schumi (855/51–819 v. Chr.) gegen Umsturzversuche im eigenen Land und schloss einen Beistandspakt, der mit beiderseitigem Handschlag besiegelt wurde. Außerdem unterließ es auch dieser assyrische König nicht, eine noch größere Palastanlage als sein Vorgänger zu bauen, genau in der gegenüber liegenden Ecke des Stadtgebiets von Kalchu.

Per Handschlag besiegelte **Salmanassar III.** (rechts) ein Abkommen mit seinem babylonischen Kollegen Marduk-zakir-schumi.

Stagnation und Konsolidierung
Der Machtwechsel von Salmanassar III. auf seinen Sohn Schamschi-Adad V. (824–811 v. Chr.) verlief alles andere als reibungslos und markierte den Beginn einer langen Schwächephase Assyriens. Ein Bruder des designierten Thronfolgers zettelte vermutlich den Aufstand an, dem sich zahlreiche Städte im Land anschlossen. Nur mit Mühe behauptete sich

URARTU – EIN ERNST ZU NEHMENDER GEGNER ASSYRIENS

Urartu – das geheimnisvolle Reich am Fuße des Berges Ararat, auf dem nach biblischer Überlieferung Noah mit seiner voll besetzten Arche gestrandet sein soll, fiel schon kurz nach seinem Untergang im 6. Jahrhundert v. Chr. der völligen Vergessenheit anheim. Dabei lässt sich sogar der Name Ararat auf eine Verballhornung der assyrischen Bezeichnung »Urartu« im Alten Testament zurückführen.

Bis zur ersten Hälfte des 19. Jahrhunderts sollte es jedoch dauern, bis man durch die Berichte von Forschungsreisenden und Untersuchungen von Orientalisten, wie Carl Ritter, Jean Saint-Martin oder Friedrich Eduard Schulz (1799–1829) aus Gießen, wieder auf diese einstige altorientalische Großmacht aufmerksam wurde. Das Interesse der Gelehrten galt zunächst den in Keilschrift verfassten Schriftzeugnissen, bis Carl Friedrich Lehmann-Haupt 1898/99 seine berühmte »Armenische Expedition« durchführte, um die dortigen Ruinenstätten zu kartieren. In der zweiten Hälfte des 19. Jahrhunderts gelangten dann aus Raubgrabungen auch urartäische Fundobjekte in großer Zahl in die Museen und Privatsammlungen Europas. Die Machart und der Stil dieser Artefakte trugen bald zur Klassifizierung einer eigenständigen Kunst und Kultur Urartus bei.

Das ehemalige Gebiet dieses antiken Staates erstreckte sich zum größten Teil auf das heutige Armenien sowie den äußersten Osten der Türkei, zu kleineren Teilen auf den nordwestlichen Iran und den nördlichen Irak (Kurdistan). Sein Zentrum kann im ostanatolisch-armenischen Bergland zwischen Van-, Urmia- und Sevan-See lokalisiert werden.

Nach dem Zusammenschluss kleiner Fürstentümer und zahlreicher Bergstämme im Verlaufe des 2. Jahrtausends v. Chr. bestand Urartu als einheitliches Reich nur knapp 300 Jahre lang, vom 9. bis zum 6. Jahrhundert v. Chr.

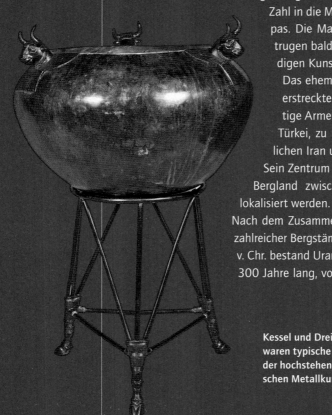

Kessel und Dreifuß aus Bronze waren typische Erzeugnisse der hochstehenden urartäischen Metallkunst.

Allerdings avancierte es in dieser relativ kurzen Zeitspanne zu einer der bedeutendsten Mächte in Vorderasien. Diese Entwicklung geht zunächst aus den überwiegend assyrischen Nachrichten über die Urartäer hervor, in denen sie seit dem 13. Jahrhundert v. Chr. als ethnisch-politisches Gebilde bezeugt sind und unter dem Begriff »*Nairi*(-Länder)« zusammengefasst wurden. Ab der Regierung des neuassyrischen Königs Assurnasirpal II. (884–859 v. Chr.) wuchs der nunmehr in den Inschriften mit »*Urartu/Ur(u)atri*« bezeichnete Staat für das assyrische Reich zu einer ständigen Bedrohung heran, die in mehreren kriegerischen Auseinandersetzungen gipfelte. Die latent vorhandene Rivalität wirkte sich indes nicht nur negativ auf beide Länder aus, sondern durchaus auch gegenseitig befruchtend, zumal es immer wieder Perioden der friedlichen Koexistenz gab. Besonderen Eindruck übte auf die mesopotamischen Nachbarn nicht nur die großartige Felsarchitektur der urartäischen Burgen, befestigten Siedlungen und Aquädukte aus, sondern auch die Schönheit der rauen Gebirgslandschaft.

In Urartu, das von seinen eigenen Bewohnern »*Biainili*« genannt wurde, machte sich der enge Kontakt mit Mesopotamien vor allem in der Übernahme der Keilschrift, der Herrscherideologie, den administrativen Strukturen sowie der Ikonographie bemerkbar. Doch trotz der zahlreichen Einflüsse von außen bewahrte sich die urartäische Zivilisation stets ihr eigenständiges Gepräge, das in einer eigenen, weder dem Semitischen noch dem Indoeuropäischen angehörenden Sprache, dem Staatswesen und der Religion, einer hoch entwickelten Technik und Architektur sowie einem äußerst qualitätvollen Kunsthandwerk zum Ausdruck kommt. An erster Stelle ist hier die Metallbildnerei (Toreutik) zu nennen, deren Produkte bis nach Griechenland und Etrurien (Italien) gelangten.

Erst nach dem Zerfall der früheren Sowjetunion erhielt die archäologische Erforschung Urartus wieder entscheidende Anstöße. Die selbständige Republik Armenien öffnete sich im Bewusstsein ihres vorchristlichen Erbes wieder international, sodass in den vergangenen Jahrzehnten zahlreiche Ausgrabungen initiiert und bis zur Publikationsreife durchgeführt werden konnten.

Silbereimer mit getriebenem Goldband.

der legitime König über Jahre hinweg, konnte unter diesen Umständen aber die weit entfernten Randgebiete des Reiches nicht mehr zusammenhalten. Selbst Babylonien, das unter dem Einfluss innerer Machtkämpfe im Norden und den rebellischen Chaldäern im Süden stand, versuchte einen Vorteil aus dieser Situation zu schlagen, musste sich aber erneut dem stärkeren Nachbarn beugen. Schamschi-Adad V. starb nach einer Regierungszeit von 12 Jahren. Er hinterließ einen offenbar noch minderjährigen Sohn, da zunächst dessen Mutter Schamuramat für fünf Jahre die Amtsgeschäfte stellvertretend leitete. Die aus Babylonien stammende Königin scheint einen bleibenden Eindruck in der Antike hinterlassen zu haben, ging sie doch als legendäre Semiramis in die griechische Sagenwelt ein. Bei seinem Amtsantritt sah sich der junge Adad-nerari III. (811–783 v. Chr.) zunehmend mit Provinzgouverneuren und Statthaltern konfrontiert, die in ihre eigene Tasche wirtschafteten. Der höchste militärische Befehlshaber, *turtan* Schamschi-ilu, unternahm auf eigene Faust Feldzüge und gerierte sich in Inschriften und auf Siegesmonumenten wie ein König. Es wurden zwar noch Tribute angeliefert, doch die meisten Vasallen erfreuten sich wieder weitgehender Unabhängigkeit. An den starken Einbußen assyrischer Autorität änderten auch die Erfolge Adad-neraris III. in Syrien und Babylonien auf Dauer nur wenig.

Unter seinen Söhnen und unmittelbaren Nachfolgern Salmanassar IV. (783–773 v. Chr.), Assur-dan III. (773–755 v. Chr.) und Assur-nerari V. (755–745 v. Chr.) sollte sich dieser Abwärtstrend noch fortsetzen. Von diesen Königen sind kaum mehr als ihre Namen überliefert, geschweige denn sicher zuweisbare Bauten oder Monumente. Stattdessen zerrütteten bürgerkriegsähnliche Zustände die Städte und Provinzen des Landes, dessen Wohlstand und innere Stabilität von der erfolgreichen Eroberungspolitik einer starken Führung abhing. Zu allem Übel kamen noch Seuchen hinzu, bei denen es sich vermutlich um Ausbrüche der Pest handelte. Während dieser Zeit rückte ein Gebiet nordöstlich von Assyrien,

> Auszug aus einem assyrischen Feldzugsbericht des 8. Jahrhunderts v. Chr., der die Landschaft von **Urartu** beschreibt: »Zur Beobachtung ihrer Feinde waren auf den Bergen hohe Türme erbaut (...). Starke Festungen überragen die Gipfel wie Sterne und sind nur mit ihren Unterbauten zu sehen (...). Hochragende Gebirge, schwierige Bergtreppen aus nicht zählbaren Stufen, in die sich gewaltige Wildwasser eingegraben haben, deren tosende Fälle wie Donner schon in einer Entfernung von einer Doppelstunde dröhnen. Die Berge sind mit allerlei Nutzhölzern, Obstbäumen und Weinstöcken so dicht wie Schilfdickicht bewachsen und voll Fruchtbarkeit (...). Freundliche Gärten bestimmen das Bild der Städte, mit Obstbäumen und Weinstöcken bestanden, die von Früchten so reichlich tropfen wie ein Regenguss des Himmels (...). Schönes Weideland ist wie mit Lapislazuli in Blau und Rot eingelegt, die Flur ist bewachsen mit Gras und Schösslingen (...).«

zwischen Van-See und Urmia-See, immer stärker in den Mittelpunkt der Geschehnisse. Mit dem Königreich von Urartu erwuchs ein ebenbürtiger Kontrahent im alten Orient, der die Assyrer in Zukunft intensiv beschäftigen sollte.

Aufgrund der unzureichenden Nachrichtenlage bleiben der familiäre Hintergrund und das verwandtschaftliche Verhältnis von Tiglatpilesar III. (745–727 v. Chr.) zu seinen Vorgängern unklar. Dynastische Intrigen oder eine Usurpation scheinen nicht ausgeschlossen. In jedem Fall setzte dieser Herrscher den entscheidenden Wendepunkt in der weiteren Entwicklung Assyriens. Tatsächlich scheint Tiglatpilesar III. binnen kurzer Zeit wieder für stabile Verhältnisse im Land gesorgt zu haben, sonst wäre es ihm wohl kaum möglich gewesen, schon im ersten Jahr nach seiner Thronbesteigung erfolgreiche Feldzüge durchzuführen. Nur wenig mehr als ein Jahrzehnt benötigte er, um Urartu zu besiegen und sämtliche antiassyrischen Koalitionen zu zerschlagen. Allerdings hatte die jüngste Vergangenheit gezeigt, dass für einen langfristigen Machterhalt sowohl die Unabhängigkeit der hohen Beamten und Militärs eingeschränkt werden musste, als auch die Möglichkeiten des Tributsystems ausgereizt waren, weil die meisten Vasallen sich bei der erstbesten Gelegenheit wieder verselbstständigten. Die eroberten Gebiete wurden zukünftig sofort in assyrische Provinzen umgewandelt und verloren dadurch jede Eigenstaatlichkeit. Dies bedeutete zwar einen deutlich höheren Verwaltungsaufwand sowie eine ständige militärische Präsenz, erstickte aber von vornherein jeden Widerstand im Keim. Wirkungsvoll unterstützt wurden die Umstrukturierungen durch eine Reform der Provinzadministration, die von jetzt ab einer schärferen Kontrolle durch den König unterlag. Veränderungen zeigten sich auch in der Kriegsführung, die ohne ein stehendes Heer kaum noch zu bewältigen war. Auf den Reliefbildern seines Palastes in Kalchu nimmt der König kaum noch aktiv als Krieger am Kampf teil, sondern verfolgt die Schlacht als Feldherr in seinem Streitwagen, um dann thronend die Unterwerfung der Besiegten entgegenzunehmen.

Zusätzliche Bedeutung erlangten systematische Deportationen. Nicht selten verpflanzte man die Bevölkerungen ganzer Länder von einem ans andere Ende des Reiches in eine völlig neue Umgebung, was zu erheblichen Veränderungen in der ethnischen Zusammensetzung Vorderasiens geführt haben muss. Lediglich in den äußersten Randgebieten verblieb ein Streifen weiterhin tributpflichtiger Vasallen sowie loyaler Bündnispartner. Auf diese Weise erreichte Tiglatpilesar III. eine ungeahnte Ausdehnung des assyrischen Reiches bis an die Grenzen Ägyptens, Elams und Urartus, Teilen Kleinasiens, der arabischen Halbinsel und des iranischen Hochplateaus. Babylonien ersparte der umsichtige König jedoch die Demütigung, in eine assyrische Provinz umgewandelt zu werden, stattdessen errichtete er eine Doppelmonarchie. Fortan war jeder assyrische Herrscher zugleich König von Babylonien, wofür er sich einen eigenen babylonischen Thronnamen zulegen musste. Tiglatpilesar III. ging mit gutem Beispiel voran und nannte sich Pulu. Ein stärkeres Eingreifen in Babylonien war notwendig geworden, weil die Chaldäer sich im Süden inzwischen völlig abgelöst hatten und permanente Unruheherde bildeten. In diesen Gebieten setzte Salmanassar V. (727–722 v. Chr.) die Politik seines Vaters fort. Ansonsten gibt es kaum Informationen zu seiner Regierung, die aller Wahrscheinlichkeit nach ein gewaltsames Ende fand.

Höhepunkt und Blütezeit

Der möglicherweise als Usurpator auf den Thron gelangte Sargon II. (722–705 v. Chr.) berief sich in seiner Namensgebung vermutlich sowohl auf den zur Legende gewordenen König der Akkad-Dynastie als auch auf die programmatische Bedeutung des Namens »*Scharru-ken*«, der sich mit »wahrer, legitimer König« übersetzen lässt. Die ansonsten übliche Nennung der Vorfahren oder der Verweis auf eine königliche Abstammung ist bei ihm nirgends zu finden. Die dubiosen Umstände des Thronwechsels lösten Aufstände in der Levante aus und ermutigten einen Chaldäer namens Marduk-apla-iddina, sich in Babylonien als König ausrufen zu lassen. Mit Ägypten kam es zu Grenzstreitigkeiten und selbst Elam machte sich seit langer Zeit wieder einmal bemerkbar. Vom Kaukasus drangen die Reitervölker der Kimmerier und Skythen nach Mesopotamien vor. Im

Mitten in der Altstadt der nordirakischen Stadt Mosul erhebt sich der mächtige Ruinenhügel von Ninive.

Mittelpunkt der Regierungszeit Sargons II. stand aber der Konflikt mit Urartu, der mit dem achten Feldzug des Königs auf brutale Weise endgültig beendet wurde. Der Sieg des assyrischen Königs war so vollkommen, dass er einen detaillierten Bericht in Briefform abfasste, um ihn symbolisch an den höchsten Landesgott Assur zur senden. Solche so genannten Gottesbriefe waren selten und bedeuteten eine besondere Form der göttlichen Ehrerbietung bei außergewöhnlichen Anlässen.

Gestützt auf eine intakte militärische Infrastruktur, war es den Assyrern möglich, an mehreren Fronten gleichzeitig Krieg zu führen. Sie wagten sich mit phönizischen Schiffen sogar auf See, besetzten Zypern und Küstengebiete entlang des Persischen Golfs. Eine umfangreiche staatliche Korrespondenz aus dieser Zeit beweist, dass die neu organisierte Verwaltung des Reiches bestens funktionierte. Assyrien strebte dem Zenit seiner Macht entgegen. Folglich gab sich Sargon II. nicht mehr mit einem neuen Palast in Kalchu zufrieden. Es musste schon eine ganze Stadt sein, deren Anlage das assyrische Weltbild symbolisch zum Ausdruck brachte und die natürlich mit Dur Scharruken, »Sargonsburg«, den Namen des Herrschers erhielt. Vielleicht trug diese Maßlosigkeit zusammen mit den undurchsichtigen und nicht mehr nachvollziehbaren Umständen seiner Thronbesteigung dazu bei, dass es als schlechtes Omen gewertet wurde, als Sargon II. auf einem Feldzug starb und noch nicht einmal sein Leichnam geborgen werden konnte.

Immerhin war diesmal die Nachfolge seines Sohnes Sanherib (705–681 v. Chr.) geregelt, der schon als Kronprinz mit unterschiedlichsten Aufgaben betraut wurde, um ihn auf die Übernahme der Regierungsgeschäfte vorzubereiten. Es war auch nicht versäumt worden, ihn mit einer babylonischen Prinzessin namens Naqia zu vermählen und damit die Beziehungen beider Länder auf eine verwandtschaftliche Basis zu stellen. Der neue Herrscher interessierte sich in hohem Maß für Architektur, technische Konstruktionen und Verfahrensweisen jeglicher Art. Häufig ließ er sich auf Reliefs beim Überwachen von Bauarbeiten abbilden. Ausleben konnte er sein Faible bei der prachtvollen Ausgestaltung Ninives zur neuen Hauptstadt. Auf zwei zentral gelegenen Erhebungen, dem Tell Kujundschick und dem Nebi Yunus, verteilten sich der Palast, diverse Tempel, ein Kronprinzenpalais und ein Zeughaus. Das gesamte Stadtgebiet schützte ein doppelter Mauerring mit mächtigen Toranlagen. Der hohe Wasserbedarf für die vielen Einwohner, die ausgedehnten Parkanlagen, Obstgärten, Weinberge und Felder in der näheren Umgebung wurde durch ein weit verzweigtes System von bis zu 50 Kilometer langen

DUR SCHARRUKEN – RESIDENZ AUS DER RETORTE

Jedem assyrischen Herrscher war es dynastische Verpflichtung und persönliches Anliegen zugleich, seine Vorfahren zu übertreffen – sei es durch ruhmreichere Eroberungen, sei es durch eine aufwändigere Bautätigkeit. Kaum ein neuer König hielt es lange im Palast des Vorgängers aus. Stattdessen befasste er sich gleich nach Amtsantritt damit, entweder einen Herrschersitz zu errichten, der den alten an Größe und Pracht in den Schatten stellte, oder in eine andere Stadt zu ziehen und sie als Residenz auszubauen. Sargon II. (722–705 v. Chr.), unter dem das assyrische Reich seine vorerst größte Ausdehnung erreichte, begnügte sich mit keiner dieser Möglichkeiten, sondern ließ in kürzester Zeit eine komplett neue Residenzstadt hochziehen, die er mit »Dur Scharruken«, »Sargonsburg«, konsequenterweise nach sich selbst benannte. Der König überließ bei diesem ehrgeizigen Vorhaben nichts dem Zufall und betonte seine persönliche Beteiligung an Planung und Ausführung. Erstmals ist mit Tab-schar-Assur sogar der Name des hohen Beamten bekannt, der für die Leitung des Projekts verantwortlich zeichnete.

Den Bauplatz wählte man etwa 35 Kilometer nordöstlich des heutigen Mosul in einer Ebene, die durch einen Bergrücken geschützt wird und durch die der Chosr, ein Nebenfluss des Tigris, verläuft. Dort entstand ein drei Quadratkilometer großes Stadtgebiet, das eine 6,4 Kilometer lange Mauer umschloss, deren Ecken an den vier Himmelsrichtungen ausgerichtet waren. Der doppelte Mauerring wies eine Breite von 24 bei einer Höhe von 12 Metern auf und wurde durch 14 Meter hohe Türme verstärkt. Mindestens acht Tore gewährten Zugang. Im Norden überragte die Stadtmauer zu beiden Seiten eine gewaltige Plattform,

Von den überdimensionierten Abmessungen der Zitadelle in Dur Scharruken zeugt noch heute eine deutlich erkennbare Erhebung im Gelände.

deren geböschte Außenseiten mit 23 Tonnen schweren Steinblöcken verblendet waren. Auf dieser monumentalen Terrasse erstreckte sich ein stark befestigter, 600 auf 600 Meter großer Palast, der über einen eigenen Tempelkomplex mit Zikkurat verfügte. Die sich dazwischen öffnenden weitläufigen Höfe und erhöhten Plätze eigneten sich für Aufmärsche großer Menschenmengen, genau so, wie es auch die überlebensgroßen Reliefs mit endlosen Reihen von Tribut- und Gabenbringern an den Palastwänden zeigen. Am Fuß dieser künstlichen Erhebung befanden sich die Domizile des Kronprinzen und der höchsten Würdenträger des Staates in einem Areal, das noch einmal durch eine eigene Mauer vom übrigen Stadtgebiet getrennt war. Mit dieser Gestaltung konnte Sargon II. seine Vorstellungen eines von den Göttern gegebenen und die Welt beherrschenden Königtums baulich zum Ausdruck bringen, indem er für alle sichtbar über den vier Ecken seines Weltreiches, zwischen Himmel und Erde, thronte und die engsten Gefolgsleute unter sich versammelte.

Die Bevölkerung für die neue Hauptstadt rekrutierte man einerseits aus Kriegsgefangenen und Deportierten, andererseits aus Einheimischen oder in Assyrien ansässigen Ausländern, die mit Steuererleichterungen und anderen Privilegien gelockt wurden. Unter ihnen befanden sich hoch spezialisierte Handwerker aus Syrien und Phönizien, die den immensen Bedarf des Hofes an Luxusgütern decken konnten. Nach dem plötzlichen Tod Sargons II. blieb Dur Scharruken zwar weiterhin Sitz eines Gouverneurs, doch der nachfolgende König Sanherib ließ die alte assyrische Stadt Ninive zu seinem neuen Herrschaftssitz ausbauen.

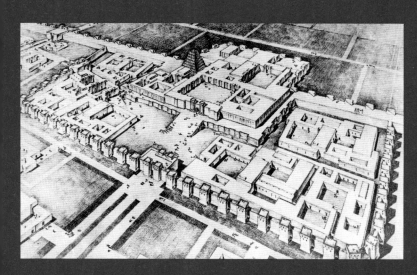

Rekonstruktion der Palastanlage Sargons II. in Dur Scharruken.

Kanälen mit Schleusen, Speicherbecken und sogar Aquädukten sichergestellt. Im Altertum war Ninive, neben Babylon, eine der größten Städte überhaupt. Heute erhebt sich die nur teilweise freigelegte Ruine mitten in der nordirakischen Metropole Mosul.

Technische Meisterleistungen strebte Sanherib auch in seiner Kriegsführung an. Er ließ Schiffe bauen und heuerte phönizische Seeleute an, um Elam vom Persischen Golf aus anzugreifen. Das gesamte Repertoire ausgefeilter assyrischer Belagerungstechniken und -maschinen kam bei

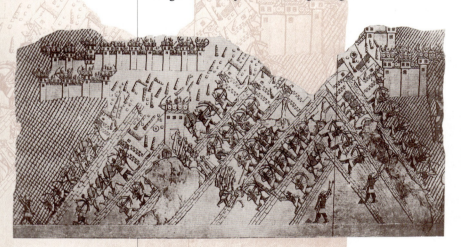

Bei der Belagerung und Erstürmung der judäischen Stadt Lachisch zogen die Assyrer sämtliche Register ihrer hochentwickelten Kriegsmaschinerie.

der Erstürmung der judäischen Festung Lachisch zum Einsatz, wovon nicht nur ein eigener Reliefzyklus im Königspalast von Ninive zeugte, sondern auch die Reste einer aufgeschütteten Rampe, die vor Ort ausgegraben wurde. Trotz militärischer Überlegenheit häuften sich jedoch auch die Rückschläge. Ägypten, das zu diesem Zeitpunkt unter äthiopischer Fremdherrschaft stand, verbündete sich mehrfach mit dem Königreich Juda. Elam initiierte im Verbund mit den Chaldäern wiederholt Aufstände in ganz Babylonien. Die letzte Belagerung der judäischen Hauptstadt Ursalimmu (Jerusalem) wurde kampflos und ohne Angabe von Gründen abgebrochen. Nach biblischer Überlieferung wütete ein Engel Gottes mit dem Schwert unter den assyrischen Angreifern, was als versteckter Hinweis auf eine Pestepidemie interpretiert wird. Beim heutigen Samarra, tigrisaufwärts von Bagdad, endete eine Schlacht gegen eine babylonisch-elamische Allianz ohne greifbares Ergebnis. In Babylon fiel Sanheribs ältester Sohn, der Vizekönig Assur-nadin-schumi, den Elamern in die Hände und wurde aller Wahrscheinlichkeit nach getötet, denn die fürchterliche Rache des Vaters ging als Schreckensdatum in die assyrisch-babylonische Geschichte ein: Im Jahre 689 v. Chr. zerstörte Sanherib Babylon vollständig und überflutete, zum Zeichen der völligen Vernichtung, die gesamte Innenstadt, indem er einen Seitenarm des Euphrat umleitete. Ein derart theatralisch inszenierter Untergang sollte wohl auf den bekannten Mythos der Sintflut anspielen, die alles Böse von der Erde mit sich riss und fortspülte. Die ungeheure Tat wurde selbst in Assyrien als ein Sakrileg empfunden, weil Babylon nicht nur kulturelle Vorbildfunktion hatte, sondern auch Kultstätten von Gottheiten betroffen waren, die man inzwischen im eigenen Pantheon verehrte. Ob dieser offenkundige »Frevel« auch der Auslöser für die Ermordung Sanheribs war, bleibt indes ebenso fraglich, wie die mögliche Verstrickung seines Sohnes Asarhaddon in die Bluttat.

Niedergang und Ende

Sicherlich unter dem starken Einfluss seiner babylonischen Mutter Naqia revidierte Asarhaddon (681–669 v. Chr.) die Babylonien-Politik seines Vaters grundlegend, nahm die Königswürde des Landes wieder selbst an, erfüllte die damit verbundenen kultischen Verpflichtungen und investierte viel in den Neuaufbau Babylons, vor allem in die Wiederherstellung der zerstörten Heiligtümer. Wie üblich gingen mit dem Machtwechsel Aufstände in den Provinzen und Überfälle auf die Grenzen des Reiches einher. In Kleinasien sorgten erneut die Kimmerier und Skythen, im Iran das Reitervolk der Meder für Unruhen. Aus den Weiten der arabischen Wüste tauchten immer wieder Beduinen zu Raubzügen auf. Hinter den Aufständen in Phönizien und Palästina steckten weiterhin die Ägypter als Anstifter. Nach der Befriedung der Levante mit einem erneuten Abstecher nach Zypern, gelang es Asarhaddon 671 v. Chr. als erstem assyrischen König, das untere Ägypten mit dem Nildelta zu erobern und den äthiopischen Pharao Taharka aus seiner Residenz in Memphis zu vertreiben. Damit war die assyrische Macht an den Grenzen der damals bekannten altorientalischen Welt angelangt. Die Kontrolle über ein so ausgedehntes Reich brachte jedoch personelle und administrative Probleme mit sich, die auch die ungeheuren Einnahmen aus den eroberten Ländern nicht mehr aufwiegen konnten. Dies zeigte sich zuerst in Ägypten, wo man sich auf die vorhandenen Verwaltungsstrukturen stützen musste, da die zur Kontrolle eingesetzten assyrischen Beamten einfach nicht ausreichten, um die Herrschaft dauerhaft zu gewährleisten. Auf einem erneuten Feldzug nach Ägypten starb Asarhaddon in seinem 11. Regierungsjahr

an den Folgen einer schweren, offenbar verschleppten Krankheit. Durch eine ganze Reihe von Orakelanfragen an den Sonnengott Schamasch gewinnen wir einen tieferen Einblick in die Persönlichkeit und das Denken dieses Herrschers. Die Texte zeichnen das Bild eines seit langem kranken, ruhelosen Mannes, der schwer an der Last seines Amtes trug und den die ständige Sorge um den Erhalt des Reiches, die Loyalität seiner Untergebenen sowie Zweifel an der Richtigkeit seiner Entscheidungen umtrieb. Noch zu Lebzeiten versuchte er Streitigkeiten um seine Nachfolge vorzubeugen, indem er seinen Sohn Assurbanipal zum König von Assyrien bestimmte und dessen Bruder Schamasch-schum-ukin mit dem Königtum in Babylonien betraute.

Assurbanipal (669–631 v. Chr.) ist der letzte bedeutende assyrische Herrscher, dem es gelang, über einen Zeitraum von etwa 40 Jahren die Ausdehnung dieses riesigen Reiches zu sichern. Allerdings brechen bereits für das letzte Jahrzehnt seiner Regierung die sicher datierbaren Schriftquellen unvermittelt ab. Anhaltende Rebellionen zwangen ihn bald nach seinem Amtsantritt erneut, in Ägypten einzugreifen. Die assyrische Armee eroberte dabei sogar noch das oberägyptische Theben. Doch es dürfte dem frisch gekrönten König mittlerweile klar gewesen sein, dass dieses Land mit seinen verlockenden Reichtümern organisatorisch einfach nicht zu halten war. Schließlich konnte Pharao Psammetich 655 v. Chr. die ungeliebte assyrische Vorherrschaft abschütteln. Gegen die Übergriffe der arabischen Beduinen auf Karawanen und Provinzstädte gingen die Assyrer dagegen mit ungewohnter Härte vor und verschonten nicht einmal Frauen und Kinder. Eine unerwartete Bedrohung ergab sich in Babylonien, wo der unzufriedene Bruder mit Chaldäern und Elamern konspirierte. Es kam zu einem mehrere Jahre dauernden blutigen Krieg, den Assurbanipal gewann. Nach zweijähriger Belagerung Babylons starb Schamasch-schum-ukin 648 v. Chr. in seinem brennenden Palast. In Elam formierte sich daraufhin ein neuer Hauptgegner, der in einer großen Entscheidungsschlacht 639 v. Chr. am Grenzfluss Ulai, dem heutigen Karun, vernichtend geschlagen werden konnte. Das ungeheure Getümmel und die Brutalität des Kampfes führt ein sich über mehrere Wände erstreckendes Reliefbild lebhaft vor Augen, das Assurbanipal, der wie seine beiden Vorgänger in Ninive residierte, in seinem neuen Palast anbringen ließ. Die anschließende Vernichtung Elams betrieben die Assyrer derart gründlich, dass sie sogar die Grabstätten schändeten, um die Gebeine der Toten zu Staub zu zermahlen und in alle Winde zu zerstreuen. Der abgeschlagene Kopf des elamischen Königs Te-umman diente noch lange als

Die »Mutter aller Schlachten«: Am Fluss Ulai, dem heutigen Karun im irakisch-iranischen Grenzgebiet, entlud sich die alte Feindschaft zwischen Assyrern und Elamern in einem furchtbaren Gemetzel.

vorzeigbare Trophäe am assyrischen Königshof. Ungeachtet dieser Gewalttaten stellte sich Assurbanipal in seinen Inschriften als schriftkundiger und belesener Herrscher dar, der selbst die alte sumerische Sprache beherrschte. Jedenfalls sind ihm die größten Bibliotheken und Archive zu verdanken, aus denen die mit Abstand meisten Keilschrifttafeln des alten Orients stammen. So gibt es kaum ein bedeutendes Dokument mesopotamischer Literatur, das dort nicht in einer Abschrift gefunden wurde. Seine Reliefs zeigen ihn, neben seinen kriegerischen Aktivitäten, als einen begeisterten Jäger, der mit inszenierten Zweikämpfen gegen Löwen das besondere Privileg seiner königlichen Würde betonte.

Nach dem Tod Assurbanipals, dessen genaues Datum schon nicht mehr gesichert ist, verfiel das assyrische Reich überraschend schnell. Die personellen und materiellen Ressourcen der Zentralmacht Assyrien hatten sich offensichtlich endgültig erschöpft, da der Druck von außen einfach zu stark geworden war. Nur annäherungsweise lassen sich die Regierungsdaten der nachfolgenden Könige bestimmen, weil Originalquellen fehlen. In späteren Chroniken werden noch zwei Söhne Assurbanipals, nämlich Assur-etel-ilani (631–627 v. Chr.) und Sin-schar-ischkun (626–612 v. Chr.), sowie das kurze Interregnum eines Generals namens Sin-schu-mu-lischir (627/26 v. Chr.) erwähnt. Die beiden historischen Ereignisse, die den endgültigen Untergang des Reiches markieren, sind die Eroberung Assurs im Jahr 614 v. Chr. und die Zerstörung Ninives 612 v. Chr. In beiden Fällen war es eine Streitmacht aus iranischen Medern und chaldäischen Babyloniern, die das Ende der glanzvollen Metropolen besiegelten. Dem assyrischen Prinzen Assur-uballit II. (612–610/09 v. Chr.) gelang zwar mit seinem Gefolge und einigen Truppen die Flucht nach Harran (Türkei), wo er sich noch einmal zum König erklärte, bis auch ihn ein unbekanntes Schicksal ereilte.

Residenzen und Reliefs

Aus keiner anderen Periode der altorientalischen Geschichte sind derartig viele und unterschiedliche Monumente überliefert wie aus der Zeit des neuassyrischen Reiches im 1. Jahrtausend v. Chr. Thematisch stand die Bau- und Bildkunst Assyriens ganz im Zeichen der militärischen Expansion und der Verherrlichung des Königtums.

Assurnasirpal II. schuf mit seinem Palast im Nordwesten der Zitadelle von Kalchu (Nimrud) ein Vorbild, an dem sich in Grundriss und Ausstattung alle nachfolgenden Paläste sowie die Residenzen der höchsten Beamten und Provinzgouverneure orientierten. Tor- und Türdurchgänge bewachten monumentale Flügelstiere gegen Dämonen und negative Einflüsse jeglicher Art. Die Wände der Innenräume schmückten vom Sockel bis zur Decke reliefierte Steinplatten mit historischen und mythischen Szenen, ornamentale Malereien und farbig emaillierte Tonfliesen. Anzunehmen sind auch Teppiche und textile Wandbehänge, von denen sich allerdings nichts erhalten hat. Das umfangreiche Mobiliar aus exotischen Hölzern war mit kunstvollen Intarsien aus Elfenbein verziert.

Insbesondere die Wandreliefs erweisen sich als eine unerschöpfliche historische Quelle mit außergewöhnlicher visueller Kraft. Höchst detailliert schildern sie nicht nur die assyrischen Kriegszüge mit allen ihren Folgen, wie Belagerungen und Eroberungen feindlicher Städte, Hinrichtungen von Feinden, Deportation der Bevölkerung und das Wegschleppen der Beute. Ab dem 8. Jahrhundert v. Chr. wurde sogar der Zweisprachigkeit im Bild Rechnung getragen, indem die Beutestücke von einem assyrischen Beamten in Keilschrift auf einer Tontafel registriert werden, von einem zweiten aber ebenso in aramäischer Buchstabenschrift auf einer Papyrusrolle oder einem Stück Pergament. Auch lassen die Darstellungen die unterschiedliche Fauna und Flora der Landschaften, die das assyrische Heer durchzog, nicht außer Acht. Ebenso erhält der Betrachter Einblicke in die Parks und Gartenanlagen der assyrischen Residenzstädte. Der jeweilige König steht dabei stets im Mittelpunkt des Geschehens und wird in seinen unterschiedlichen Funktionen als Krieger, Feldherr oder Bauherr, bei der Jagd, festlichen Banketten, dem Empfang ausländischer Delegationen oder als frommer Beter vor Götterstatuen und bei Kulthandlungen abgebildet. Bemerkenswerte Bildträger sind auch die gravierten und ziselierten Bronzebänder, mit denen die hölzernen Torflügel von Tempeln und Palästen verziert waren, sowie Obelisken mit gestuftem Abschluss, die auf öffentlichen Plätzen und in Heiligtümern standen. An den Außengrenzen des Reiches brachte man an strategisch wichtigen Stellen Felsreliefs und Stelen mit dem königlichen Bildnis an, um die territoriale Ausdehnung zu markieren. Ergänzt wurden die Abbildungen durch standardisierte In- oder Beischriften, die das Dargestellte genauer erläutern. Nicht minder ausführlich sind die Angaben in den jährlich aufeinanderfolgenden Tatenberichten (Annalen) der Könige, die eine Fülle von Orts- und Völkernamen, topografischen Beschreibungen bis hin zu genauen Auflistungen von Beute und Tributen aus den jeweiligen Herkunftsländern enthalten.

Da man in zunehmendem Maß von Tontafeln als Schriftträger zu umschnürten Papyrus- oder Pergamentrollen wechselte, wurde die Verwendung von kleinen Stempelsiegeln und Siegelringen notwendig. Rollsiegel behielten eine Bedeutung als Amulette oder Würdezeichen. Ihre Bildthemen beschränken sich zum einen auf die Darstellung des Siegelinhabers in Anbetung einer Gottheit, zum anderen auf ein umfangreiches Repertoire an Mischwesen und Fantasiefiguren. Das vielfältige Kunsthandwerk erlebte in dieser Zeit eine hohe Blüte und weist stilistische Einflüsse aus eroberten Regionen, wie Syrien, Phönizien und dem Iran, auf.

Von Nabopolassar bis Nabonid

Der rapide Verfall der assyrischen Macht in Babylonien drückte sich darin aus, dass es den letzten Herrschern Assyriens nicht mehr gelang, einen willfährigen Vertreter ihrer Interessen auf dem babylonischen Thron zu installieren. Geschweige denn waren sie selbst noch in der Lage, die traditionelle Doppelmonarchie auszufüllen. Nach der Regierung eines gewissen Kandalanu (647–627 v. Chr.) blieb das babylonische Königtum zunächst verwaist, bis der Chaldäerfürst Nabopolassar die Stämme des Südens einte und die assyrischen Garnisonen mit Hilfe der Elamer aus dem Land jagte. Daraufhin wurde der Mann, der sich in seinen eigenen Inschriften gleichermaßen bescheiden und stolz als »Sohn eines Niemand« bezeichnete, in Babylon zum König gekrönt. Der spätere Historiker Berossos (um 300 v. Chr.) berichtete, dass Nabopolassar als Heerführer in assyrischen Diensten gestanden habe, bevor er zu einem Anführer der babylonischen Unabhängigkeitsbestrebungen wurde. Nabopolassar (626–605 v. Chr.) verbündete sich mit den Medern, um die letzten standhaften assyrischen Städte Ninive und Assur zu erobern. Die Gebietsteilung zwischen den Siegern sah vor, dass die Meder den Norden Mesopotamiens einschließlich der angrenzenden Gebirgsregionen erhielten, während die Babylonier Syrien mit der Levante übernahmen. Gerade dort versuchten die Ägypter wieder hartnäckig ihren Einfluss durchzusetzen, indem sie am Euphrat-Übergang beim nordsyrischen Karkemisch eine starke Festung hielten.

Nachdem der greise König die Heerführung auf seinen Sohn Nebukadnezar übertragen hatte, kam es 605 v. Chr. zu einer verlustreichen Schlacht, die für die Ägypter mit einer empfindlichen Niederlage endete und damit deren Abzug aus Syrien einleitete. Noch im gleichen Jahr trat der Kronprinz die Nachfolge des inzwischen verstorbenen Vaters an. Hinsichtlich der westlichen Ausdehnung des so genannten neu- oder spätbabylonischen Reiches trat Nebukadnezar II. (605–562 v. Chr.) das assyrische Erbe in diesem Bereich des alten Orients an. Dabei bediente er sich mit jährlichen Kriegszügen, Tributforderungen, Kriegsgefangenen und Deportationen unterlegener Völker der gleichen Mittel wie einst die Assyrer. Bekannt wurde er vor allem durch die zweimalige Eroberung des aufständischen Jerusalems. Die anschließende Deportation der Bevölkerung nach Mesopotamien ging als »Babylonische Gefangenschaft« beziehungsweise »Babylonisches Exil« in die biblische Überlieferung ein, die Nebukadnezar als blutrünstigen und äußerst prunksüchtigen Herrscher diffamierte – einen Topos, den auch Guiseppe Verdi in der nach diesem König benannten Oper »Nabucco« thematisierte. Tatsächlich erlebte Babylonien während seiner 43-jährigen Regierungszeit einen außerordentlichen Wohlstand. Davon zeugen einmal mehr eine riesige Palastanlage mit 53 000 Quadratmetern Grundfläche sowie der Ausbau des Marduk-Heiligtums in der Hauptstadt Babylon mit der größten bis dahin erbauten Zikkurat. Sie sollte in der Bibel als »Turm zu Babel« zum Sinnbild für menschliche Überheblichkeit werden. In den programmatischen Namen »*Esagila*«, »Haus der Kopferhebung«, für den zentralen Tempel sowie »*Etemenanki*«, »Haus des Fundaments von Himmel und Erde«, für den Stufenturm kam der weihevolle Charakter der Kultbauten zum Ausdruck. Weitere palastartige Residenzen, aber auch die Wohnhäuser der wohlhabenden Bürger der Stadt verfügten mit großzügigen Räumlichkeiten, sanitären Einrichtungen und aufwändiger Kanalisation über einen hohen Standard. Obwohl die babylonische Verwaltung des Reiches wohl nie die Effektivität des assyrischen Imperiums erreichte, genügten die Einnahmen aus den besetzten Gebieten, um auch allen anderen babylonischen Städten sowie den bedeutenden Heiligtümern des Landes Reichtum angedeihen zu lassen. Leider verfügen wir neben den Prunkinschriften des Königs über keinerlei Dokumente aus dem leergeräumten Palast, die uns über die administrativen und militärischen Strukturen genauere Auskunft geben könnten. Anders als die assyrischen Könige verzichteten die babylonischen Monarchen völlig auf die Beschreibung ihrer Kriegstaten, sondern

Bei dem Ischtar-Tor von Babylon handelt es sich eigentlich um eine gewaltige Doppeltoranlage mit einem fast 50 Meter langen Durchgang, die den Beginn der Prozessionsstraße zum Marduk-Heiligtum bildete (nach 600 v. Chr.).

betonten ihre Tätigkeit als Bauherren von Tempeln, um sich als fromme Gottesdiener darzustellen. Ganz offensichtlich lag hier ein anderes, eben babylonisches Verständnis des Königtums zugrunde, das sich statt in kriegerischen Taten in der Pflege sakraler Bauten und religiöser Kulte artikulierte.

Nach nur zwei Jahren im Amt musste Nebukadnezars Sohn Awil-Marduk unter nicht geklärten Umständen dem ranghohen Militär Neriglissar (559–556 v. Chr.) weichen, der ebenfalls nur für vier Jahre regierte. Den dürftigen Informationen aus dieser Zeit ist zu entnehmen, dass er einen Feldzug in die (heute türkische) Region Kilikien unternahm und in Babylonien zahlreiche Bauwerke restaurieren ließ. Von anhaltenden Ränkespielen scheint auch noch sein Sohn Labaschi-Marduk betroffen gewesen zu sein, der 556 v. Chr. nur ganze drei Monate auf dem Thron verbrachte, bevor er einem Staatsstreich zum Opfer fiel. Der Usurpator Nabonid (559–556 v. Chr.) verleugnete zwar seine nichtkönigliche Abstammung keineswegs, doch dürfte er dennoch aus dem Umfeld des königlichen Gefolges gekommen sein. Die vielen Rätsel und unterschiedlichen Bewertungen, die sich mit seiner Person verknüpfen, sind nicht nur auf eine unzureichende Quellenlage zurückzuführen, sondern auch auf die ungewöhnlichen Äußerungen und Handlungen dieses Herrschers. Da seine einflussreiche Mutter Adad-guppi eine hohe Priesterin des Mondgottes von Harran war, zog er wohl Sin dem Nationalgott Marduk deutlich vor. Daraus entstanden offenbar nicht nur Konflikte mit der babylonischen Priesterschaft, sondern auch Unmut in der Bevölkerung Babylons, die darin eine frevelhafte Provokation sah. Zehn Jahre lang nahm Nabonid nicht am Neujahrsfest (*akitu*), der wichtigsten Kultfeier des Landes, teil. Stattdessen begab er sich auf die arabische Halbinsel in eine Art freiwillig gewähltes Exil, wo er in der Oase Teima einen Palast errichten ließ. Die Amtsgeschäfte übertrug er weitgehend seinem Sohn Belsazar. In den üblichen Bauinschriften fällt auf, dass Nabonid ein persönliches Interesse daran hatte, die Fundamente und Gründungsurkunden älterer Gebäude gezielt freilegen und bergen zu lassen, damit er in Erfahrung bringen konnte, welcher seiner königlichen Vorfahren an dieser Stelle schon gebaut hatte – ein Vorgehen, das ihm bis heute den nicht ganz ernst gemeinten Ruf einbrachte, der erste »Archäologe« Mesopotamiens gewesen zu sein. Es bleibt unklar, ob sich Nabonid während seiner langen Abwesenheit tatsächlich zu wenig um den Bestand des Reiches gekümmert oder die Stimmung im Land gegen ihn unterschätzt hatte. Zwischenzeitlich hatte sich die persische Dynastie der Achämeniden unter Kyros II. (558–530 v. Chr.) im Iran gegen die Meder durchgesetzt und dehnte nun ihren Machtbereich entlang des Zagros über Nordmesopotamien bis nach Kleinasien unaufhaltsam aus. Allem Anschein nach waren die Babylonier ihres Königs am Ende so überdrüssig, dass sie den Vormarsch der Perser nach Babylon begrüßten und ihnen freiwillig die Tore der Stadt öffneten. Unter diesen Umständen war es hoffnungslos, noch Gegenwehr zu leisten, sodass sich der inzwischen hochbetagte Nabonid in Gefangenschaft begab.

Backsteine und Glasurziegel

Der Aufwand, der für die Bauwerke in Babylon getrieben wurde, war schier gigantisch und sprengte alle bisherigen Maßstäbe. Wenngleich die Baumeister mit gewaltigen organisatorischen und statischen Problemen konfrontiert gewesen sein mussten, waren sie dennoch in der Lage, sie allesamt bravourös zu lösen.

Für ein Gebäude wie den Palast Nebukadnezars II. legte man eine 7,50 Meter starke Fundamentplatte aus 400 000 Kubikmetern Lehmziegeln an, auf der sich der 345 mal 155 Meter große Baukomplex erhob. Es wurden ausschließlich gebrannte Backsteine und fest bindender Kalkmörtel benutzt. Angesichts der ungeheueren Mengen muss allein schon die Rauchentwicklung und Umweltverschmutzung durch die zahllosen Ziegel- und Kalkbrennereien auf dem Baugelände beträchtliche Ausmaße angenommen haben. Die Mauerfugen schützte ein wasserdichter Überzug aus Bitumen, der aus den Asphaltquellen im nahe gelegenen Hit gewonnen wurde. In regelmäßigen Abständen zog man Schilfmatten in die Mauern ein, um der Erosion vorzubeugen. Allein der Thronraum verfügte über sechs Meter starke Wände und hatte eine Länge von 52 Metern bei 18 Metern Tiefe. Wegen des sumpfigen Untergrunds wurden die unterschiedlichen Gebäudeteile einzeln errichtet und mit Hilfe von Gleitfugen regelrecht vernutet, um Setzungen auszutarieren und Risse im Mauerwerk zu vermeiden. Für die Dach- und Deckenkonstruktion schaffte man Abertausende von Zedernholzstämmen aus dem Libanon herbei. Spreizhölzer, die wie mo-

> Aus einer Bauinschrift vom **Palast Nebukadnezars II.** (604–562 v. Chr.): »In Babylon, meiner Lieblingsstadt, war der Palast, das vom Volke bestaunte Haus inmitten Babylons, das Nabupolassar, mein Vater, aus Lehmziegeln hatte erbauen lassen, infolge des Hochwassers schwach geworden und durch die Auffüllung der Straßen waren die Tore zu niedrig geworden. Ich riss seine Ziegelwände nieder, öffnete seine Baugrube und wegen des Grundwassers gründete ich ein festes Fundament. Die Wände aus Backsteinen und Asphalt baute ich hoch wie ein Gebirge. Mächtige Zedernstämme ließ ich der Länge nach hinlegen zur Bedachung. Türflügel aus Zedernholz mit bronzenen Beschlägen, Schwellen aus Stein und Angeln aus Kupfer richtete ich in den Durchgängen auf. Silber, Gold, Edelsteine, alle erdenklichen Kostbarkeiten, rühmenswerten Besitz, den ein herrlicher Krieg mit sich bringt, den königlichen Schatz, häufte ich darin auf.«

BABYLON – METROPOLE ZWISCHEN MYTHOS UND REALITÄT

Kaum eine andere Stadt des alten Orients ist bis in heutige Zeit derart präsent im Bewusstsein der Menschen und weckt so viele Assoziationen wie Babylon. Begriffe wie »Sündenbabel«, »babylonische Sprachverwirrung«, »babylonische Gefangenschaft« oder der legendäre »Turmbau zu Babel« und zahlreiche weitere Erwähnungen belegen, welche Wirkung diese Metropole nach wie vor auf die abendländische Sprach- und Geisteskultur ausübt.

Begründet wurde der mythische Ruf Babylons bereits in der Antike. Für griechische Autoren, wie Herodot oder Strabon, war sie der Inbegriff einer *megapolis* und die »Weltstadt« des Altertums schlechthin, die als einzige gleich mit zwei der sieben Weltwunder des klassischen Kanons aufwarten konnte, nämlich den »Hängenden Gärten der Semiramis« sowie der gewaltigen Stadtmauer. Schließlich hatte sich auch Alexander der Große Babylon zum Zentrum seines graeco-orientalischen Weltreichs auserkoren, bevor er dort am Abend des 10. Juni 323 v. Chr. verstarb. In der biblischen Überlieferung ist die Großstadt am Euphrat indessen durchweg negativ belegt und gilt als Inbegriff unvorstellbarer Lasterhaftigkeit sowie zügelloser Prunk- und Verschwendungssucht.

Dabei gehörte Babylon noch nicht einmal zu den alten ehrwürdigen Kultzentren Mesopotamiens, wie beispielsweise Eridu oder Uruk, die sich bereits im 4. Jahrtausend v. Chr. zu veritablen städtischen Ansiedlungen entwickelt hatten. In der frühesten bislang bekannten schriftlichen Erwähnung um 2200 v. Chr. ist Babilim, »Gottestor«, noch als eine kleine, unbedeutende Ortschaft vermerkt. Im Verlauf ihrer Geschichte avancierte sie jedoch zum beständigsten politischen, kulturellen und religiösen Zentrum Mesopotamiens. Ihre Blütezeit erlebte Ba-

Die moderne Rekonstruktion des Königspalastes in Babylon lässt die einstigen Dimensionen des Bauwerks noch erahnen.

Schematischer Stadtplan von Babylon.

1. Etemenanki
2. Esagila
3. Südpalast
4. Hauptburg
5. Ischtartor und östliches Vorwerk
6. Ninmachtempel
7. Sommerpalast
8. Ischtartempel
9. Tempel Z
10. Ninurtatempel

bylon als Hauptstadt des neubabylonischen Reiches unter König Nebukadnezar II. (605–562 v. Chr.), der in großem Rahmen den Ausbau des Stadtgebietes veranlasste und damit ihr Erscheinungsbild nachhaltig prägte. Der Innenstadtbereich mit dem Ischtar-Tor, der anschließenden Prozessionsstraße, die am Königspalast und den Tempeln vorbei zum Hauptheiligtum des Stadt- und Nationalgottes Marduk führte, repräsentierte in der religiösen Ideologie die kosmische Weltachse zwischen himmlischer und unterirdischer Sphäre. Dieses aufwändige Bauensemble stellte auch die Kulisse für die wichtigste Kultfeier des Jahres, das Neujahrsfest (akitu).

Das Bild der Superlative, das die antiken Quellen von Babylon zeichnen, wurde durch die archäologischen Ausgrabungen bestätigt, die der deutsche Architekt und Bauforscher Robert Koldewey von 1899 bis 1917 in mühsamer Arbeit und unter Verlust seiner eigenen Gesundheit durchführte. Er konnte zwar nur einen verhältnismäßig kleinen Teil der nach wie vor größten ummauerten Ruine des Vorderen Orients untersuchen, doch es gelang ihm, unter den bis zu 25 Metern starken Schuttmassen die gewaltigen Palast- und Tempelbauten einschließlich einiger Wohnviertel und Abschnitte der Befestigungsmauer, freizulegen. Seine Forschungsergebnisse prägen bis heute maßgeblich unsere Vorstellung von Aussehen und Alltag dieser Stadt. Ironie eines Ausgräberlebens: Die Schichten des 2. Jahrtausends v. Chr. aus der Zeit Hammurapis, die Koldewey eigentlich untersuchen wollte, lagen damals schon weit unterhalb des ansteigenden Grundwasserspiegels und werden deshalb der Nachwelt für immer verborgen bleiben.

derne Dübel funktionierten, dienten als Verbindungen. Der vollständige Grundriss war bereits im Fundament mit allen Türdurchgängen angelegt. Eine solche auf Haltbarkeit und Solidität ausgerichtete Konstruktion bedeutete Bauen für die Ewigkeit auf geheiligtem Grund, den die Götter auserwählt hatten.

Im Gegensatz zu Assyrien sind aus der Spätzeit Babyloniens jedoch kaum Bildwerke überliefert. Auch die vielen freigelegten Bauwerke in Babylon bargen nur verhältnismäßig wenige Funde. Das liegt hauptsächlich daran, dass die babylonischen Paläste und Tempel nach ihrer gründlichen Plünderung während der achämenidischen Herrschaftszeit (539–330 v. Chr.) weiter benutzt wurden. Neben der ungünstigen Überlieferungssituation scheinen aber auch andere Kunsttraditionen für diesen Zustand verantwortlich zu sein. Die Babylonier verwendeten keine reliefierten Steinplatten zur Ausstattung ihrer Innenräume. Die Wände waren stattdessen mit einem Gipsputz versehen, der vermutlich den Untergrund für Wandmalereien bildete, von denen jedoch nichts mehr erhalten blieb. Bezeichnend für die spätbabylonische Periode ist die Gestaltung der Außenfassaden mit glasierten Ziegeln, die in Schmelzfarben bemalte Reliefs und Bilder tragen. Die dominierende Farbe für den Hintergrund bildet ein intensiv leuchtendes Blau, vor dem sich Reihen schreitender Löwen, Stiere oder Schlangendrachen, dem Symboltier des obersten Gottes Marduk, in bunten Farben abheben. Es kommen auch stilisierte pflanzliche Ornamente wie Rosetten, Palmetten und Palmensäulen mit Voluten vor. Zahlreiche Reste dieser aufwändigen Dekoration, die äußerste Präzision bei Herstellung und Verlegung erforderte, bewahrten sich im Thronsaal des großen Palastes, am berühmten Ischtar-Tor sowie an den Wänden der daran anschließenden Prozessionsstraße. Basaltfragmente von Löwenfiguren aus dem Palastbereich beweisen, dass dort auch rundplastische Skulpturen standen, ebenso wie die Bauinschriften von Tierdarstellungen aus Metall und ornamental verzierten Bronzebeschlägen an Türen berichten. In Übereinstimmung mit den Schriftquellen kann man davon ausgehen, dass es keine Abbildungen von Kampf- und Jagdszenen gab. Die Roll- und Stempelsiegel dieser Zeit ähneln in Thematik und Motiven sehr stark der assyrischen Glyptik, sodass sich Unterschiede meist erst bei genauer Untersuchung des Stils oder der handwerklichen Fertigung ergeben. Abrollungen oder Abdrücke von Originalsiegeln sind ohnehin selten. Einzelne Exemplare von bebilderten Stelen und Schenkungsurkunden auf »Grenzsteinen« (*kudurru*) belegen die Fortführung dieser Denkmalgattung aus kassitischer Zeit. Ebenfalls in alter mesopotamischer Tradition stehen die in Modeln hergestellten Tonfiguren, die als preisgünstige Weihgaben und Devotionalien hergestellt wurden.

Ausblick und Vermächtnis

Mit dem spätbabylonischen Reich unter Nabonid endete die letzte herrschende Dynastie des alten Orients, die von mesopotamischem Boden ausging. Die neuen Zentren der Macht lagen nicht mehr in Assyrien oder Babylonien, sondern im Südwesten des Iran, im früheren Elam. Mesopotamien war Teil des persischen Weltreichs geworden. Die Übernahme der Herrschaft durch die Perser bedeutete jedoch keinen radikalen Wechsel im Leben der Bevölkerung. Babylonien wurde weiterhin eine gewisse Eigenständigkeit zugebilligt. Die achämenidischen Könige nahmen die babylonische Königswürde an und machten Babylon zum Verwaltungssitz der gleichnamigen Satrapie, die das große Gebiet des ehemaligen spätbabylonischen Reiches umfasste. Die Tempel wurden weiterhin unterhalten, die Kulte fortgeführt. Die Keilschrifttradition erlebte sogar eine neue Blütezeit und bewahrte ihren Status als Schrift der Gelehrten in Wissenschaft und Literatur. Zahlreiche Abschriften religiöser und literarischer Texte sowie historische Chroniken wurden in dieser Spätzeit noch in vielen Städten Babyloniens verfasst. Babylon hatte nach wie vor sowohl große wirtschaftliche als auch kulturelle Bedeutung und stand noch bei den antiken griechischen Geschichtsschreibern im mythischen Ruf einer Weltmetropole. Sonst hätte Alexander der Große (356–323 v. Chr.) sie kaum als Hauptstadt für sein Reich vorgesehen, in dem Babylon eine die Völker verbindende Mittlerrolle zwischen Orient und Okzident einnehmen und zum Schmelztiegel beider Kulturen werden sollte. Nach dem Tod Alexanders geriet die Stadt jedoch unter Seleukos und der von ihm gegründeten Seleukiden-Dynastie (305–125 v. Chr.) rasch in den Schatten des neuen, unweit nördlich gegründeten Seleukia am Tigris, dem heutigen Ktesiphon, etwa 40 Kilometer südlich von Bagdad. Andere babylonische Städte, wie beispielsweise Uruk, blieben Zentren mesopotamischer Gelehrsamkeit und Geisteskultur. Die letzte bislang bekannte Keilschrifttafel stammt aus dem Jahr 75 n. Chr. Tatsächlich benutzt wurde die Keilschrift aber möglicherweise noch bis in das 3. Jahrhundert n. Chr. Von den einst grandiosen Kulturen Mesopotamiens waren zu diesem Zeitpunkt nur noch vage Erinnerungen und der Lehmschutt ihrer gewaltigen Ruinen übrig geblieben.

Panorama der altorientalischen Kulturen

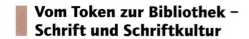

Keilschrift, Religion, Literatur, Wissenschaft und Technik sowie das alltägliche Leben liefern ein gleichermaßen schillerndes wie beeindruckendes Bild von den herausragenden Leistungen und den hohen Standards der frühen Hochkulturen an Euphrat und Tigris.

▎ Vom Token zur Bibliothek – Schrift und Schriftkultur

Die Entwicklung eines eigenen Schriftsystems, gemeinhin als das bedeutsamste Kennzeichen einer Hochkultur angesehen, war in Mesopotamien untrennbar mit der frühen Urbanisierung im 4. Jahrtausend v. Chr. verbunden. Die relativ schnell zu Städten anwachsenden Siedlungen erforderten sowohl in Verwaltung als auch Organisation komplexe Handlungsabläufe, die allein mit den Mitteln der mündlichen Kommunikation und individueller Gedächtnisleistung nicht mehr zu regeln waren. Ein- und Ausfuhr sowie Verteilung und Kontrolle unterschiedlicher Güter in größeren Mengen, über längere Zeiträume oder Entfernungen hinweg, und administrative Vorgänge, an denen verschiedene Personen und Institutionen beteiligt waren, machten zwangsläufig ein universell einsetzbares wie allgemein verständliches System zur Übermittlung und Speicherung von Informationen notwendig.

Ein erstes Hilfsmittel in diesem Prozess stellten bereits seit dem 7. Jahrtausend v. Chr. die so genannten Tokens (von engl. *token*) oder *calculi* dar: Zählmarken aus Ton oder kleinen Steinen, die in unterschiedlichen Formen und teils mit Einritzungen versehen bestimmte Produkte und deren Anzahl repräsentierten. Sie wurden in einer gesiegelten Tonkugel (*bulla*) eingeschlossen und vom Absender einer Lieferung beigegeben, damit der Empfänger anhand dieses »Lieferscheins« den ordnungsgemäßen

oben: Liebespaar auf einer altbabylonischen Terrakottatafel (18./17. Jh. v. Chr.).

links: Ein kunstvoll gearbeiteter Stierkopf ziert die Vorderseite einer mit Intarsien verzierten Harfe aus dem Königsfriedhof von Ur (um 2450 v. Chr.).

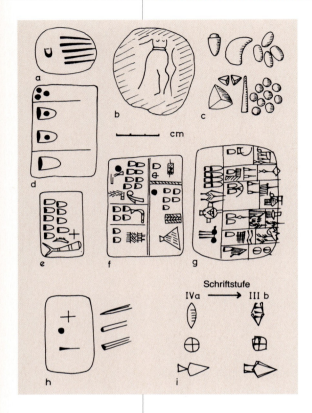

Kleine Auswahl an Tokens, Bullen, frühen Texten und Schreibgeräten aus der Zeit der Schrifterfindung.

Erhalt der Waren nachprüfen konnte. Auf diese Weise war es leichter, große Mengen an Gütern und Tieren, wie beispielsweise Getreide oder Schafherden, kontrolliert von einem Ort zum anderen zu transferieren. Der Aussagegehalt eines Token blieb aber auf das jeweilige Produkt und dessen Anzahl beschränkt. Zusätzliche Informationen, wie Herkunfts- und Zielort, Zeitpunkt der Versendung, die unterschiedlichen Arten eines Produkts oder die an der Transaktion beteiligten Personen fehlten. Folglich musste dieses noch sehr einfache Symbolsystem dem stetig steigenden Informationsbedürfnis einer rasch expandierenden und mit einem entsprechenden Verwaltungsapparat ausgestatteten Wirtschaft angepasst werden.

An die Stelle der eher unhandlichen und zerbrechlichen Hohlkugeln, in denen die Tokens transportiert wurden, traten zwischen 3400 und 3200 v. Chr. beidseitig gewölbte, handtellergroße Täfelchen aus Ton, in die man zunächst die Formen und Markierungen der Tokens zweidimensional eindrückte, um sie später mit unterschiedlich zugespitzten Griffeln aus Schilfrohr einzuritzen. Daraus entstanden Bildzeichen (Piktogramme) für jedes einzelne Wort beziehungsweise jeden Gegenstand. Diese Methode stellte bereits eine Frühform der Schrift dar und bot gleich mehrere Vorteile: Solange der Ton noch feucht war, ließen sich Änderungen und Korrekturen vornehmen, was nach der Trocknung nicht mehr unbemerkt möglich war. Die Unterteilung der Tafelfläche in mehrere Felder durch senkrechte und waagerechte Ritzlinien sowie die Verwendung der Vorder- und Rückseite erlaubte es nun vor allem, eine Reihe ganz unterschiedlicher Informationen auf einem einzigen »Datenträger« zu übermitteln. Durch die Kombination verschiedener Piktogramme konnten erstmals auch Handlungen zum Ausdruck gebracht werden, wie etwa »trinken« oder »essen«, indem man einen menschlichen Kopf mit gewellten Doppellinien für »Wasser« oder dem Halboval für einen Essensnapf (Glockentopf) verband. Außerdem hatten einige Zeichen mehrere Bedeutungen, die sich aus dem jeweiligen Kontext erklärten, wie das »Bein« sowohl »stehen« als auch »gehen« ausdrückte.

Parallel zu den bildhaften Zeichen, die darstellten, was sie bedeuteten, wie etwa ein Stierkopf für »Rind«, gab es von Anfang an auch abstrakte Zeichen, denen man ihre Bedeutung nicht gleich auf den ersten Blick ansah, beispielsweise ein Kreis mit eingeschriebenem Kreuz für »Schaf«. Besonders deutlich wird dies auch an den komplexen Zahlen- und Zeitangaben, die auf einem gemischten sexagesimal-dezimalen System beruhten, auf das auch unsere heutige Zeiteinteilung von 60 Sekunden in einer Minute und 60 Minuten in einer Stunde zurückgeht.

Die überwiegende Mehrheit der bislang bekannten Tafeln aus der späten Uruk-Zeit umfasst Wirtschafts- und Verwaltungstexte zu Warenbeständen oder Rationszuteilungen von Arbeitern mit komplizierten Zeit- und Maßangaben. Inhaltlich bleiben diese Dokumente schwer verständlich, weil uns die nötigen Hintergrundinformationen zu diesen Vorgängen fehlen. Vor allem über den Verbleib und die Verwendung der zu verteilenden Rohstoffe oder die genaue Tätigkeit der beteiligten Personen ist kaum etwas zu erfahren. Den deutlich kleineren Teil dieser frühen Texte bilden die so genannten lexikalischen Listen, umfangreiche Zusammenstellungen nach Begriffen, Sachen, Ortsnamen, Berufsbezeichnungen, aber auch Tieren und Pflanzen, die bis in das 2. Jahrtausend v. Chr. hinein als Schultexte in der Schreiberausbildung Verwendung fanden. An ihnen wird das Bestreben deutlich, die gesamte Umwelt systematisch zu erfassen und einheitlich zu ordnen. Aus diesem Grund sieht man zu Recht hierin den Beginn der mesopotamischen Wissenschaft.

Einer nach wie vor weit verbreiteten Meinung zufolge, gelten die Sumerer als Erfinder dieser ersten Schrift. Das lässt sich jedoch nicht beweisen, da sich in diesen frühen Dokumenten noch keine bestimmte Sprache artikuliert, was vermutlich auch gar nicht beabsichtigt war, denn in Mesopotamien sprach man zu allen Zeiten immer mehrere Sprachen und Dialekte. Neben dem Sumerischen gibt es schon aus dem 4. Jahrtausend v. Chr. eine ganze Reihe von Wörtern völlig unbekannter Herkunft, die auf eine größere Sprachvielfalt hindeuten. Einer der Vorzüge der frühen Schrift bestand in ihrer Reduzierung auf die notwendigsten Informationen. Innerhalb eines weit verzweigten, überregionalen Wirtschaftsverkehrs kam es in erster Linie auf die allgemeine Verständlichkeit an, die eben nicht von der Zugehörigkeit zu einer speziellen Sprach- oder Bevölkerungsgruppe abhängig sein durfte, zumal die für eine Sprache notwendigen Angaben von Laut- und Silbenwerten noch gänzlich fehlten.

WETTLAUF MIT DER ZEIT – DIE ENTZIFFERUNG DER KEILSCHRIFT

Zusammen mit den mächtigen Bauwerken Mesopotamiens gingen auch die meisten Schriftzeugnisse dieser Zivilisation und das Wissen um eine der ältesten Schriftformen der Welt völlig unter. Den letzten Hinweis auf obskure »assyrische Schriftzeichen« lieferte der griechische Historiker Herodot in seiner Stadtbeschreibung Babylons aus dem 5. Jahrhundert v. Chr. Danach versiegten die abendländischen Quellen für fast 2000 Jahre, bevor in der Renaissance auch der Orient, neben den antiken Kulturen Griechenlands und Roms, wieder verstärkt ins Blickfeld geriet. Zu den ersten Forschungsreisenden dieser Zeit gehörte der italienische Edelmann Pietro della Valle, der im Jahre 1621 die Ruinen der achämenidischen Residenz Persepolis (Iran) besuchte und einige in Stein gemeißelte Zeichen abschrieb, weil er darin bereits eine alte Schrift vermutete. Schon 1712 kursierte wegen des ungewöhnlichen Aussehens der Zeichen der Begriff »Keilschrift«, der wahrscheinlich auf den aus Lemgo in Westfalen stammenden Gelehrten Engelbert Kaempfer zurückgeht. Viele seiner Zeitgenossen dachten unterdessen immer noch, es handele sich dabei lediglich um dekorative Muster.

Die altpersische Inschrift aus Bisutun bildete die Grundlage für die Entzifferung der Keilschrift. Ausgangspunkt war die sich wiederholende Zeichenfolge für das Wort »König«.

Der dänische Orientforscher Carsten Niebuhr brachte von seiner Arabien-Expedition (1761–1767) die ersten brauchbaren Kopien von Keilinschriften aus Persepolis mit, die dann auch die Grundlage der ersten Entzifferungsversuche bildeten. Diese Abschriften lagen auch dem Göttinger Lehrer Georg Friedrich Grotefend vor, dem es 1802 mit viel Scharfsinn gelang, Namen und Titulatur dreier achämenidischer Könige zu bestimmen und damit den Schlüssel zur Entzifferung zu liefern. Grotefends Leistung blieb die gebührende Anerkennung jedoch verwehrt, sodass seine Ergebnisse erst 40 Jahre nach seinem Tod, 1893, einer breiteren Öffentlichkeit bekannt wurden. Eine größere Aufmerksamkeit war dagegen Henry Creswicke Rawlinson beschieden, einem englischen »Hobby-Orientalisten«, der den größten Teil seines Lebens in britischen Diensten im Nahen und Mittleren Osten verbrachte. Unter Lebensgefahr erklomm er 1835 die 66

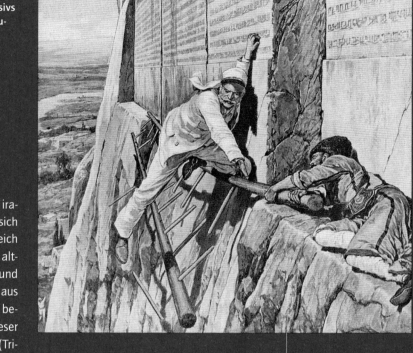

Henry C. Rawlinson riskierte sein Leben, um an der steilen Felswand des Bisutun-Massivs Kopien der Inschriften anzufertigen.

Meter hohe Felswand im iranischen Bisutun, an der sich ein Relief mit einer gleich lautenden Inschrift in altpersischer, elamischer und babylonischer Keilschrift aus dem Jahre 520 v. Chr. befand. Auf der Basis dieser dreisprachigen Version (Trilingue) gelang es ihm, auf ähnlichem Weg wie zuvor schon Grotefend, zunächst die Fassung in altpersischer Sprache zu entschlüsseln, deren Alphabet mit der geringsten Anzahl von 37 Zeichen auskommt. Seine Ergebnisse verbreiteten sich rasch und Sprachforscher aus ganz Europa beteiligten sich nun an der Entzifferung der schwierigsten Version, der assyrisch-babylonischen Keilschrift mit über 600 verschiedenen Zeichen. Ab der Mitte des 19. Jahrhunderts erbrachten zudem die ersten Ausgrabungen in Mesopotamien unaufhörlich neue Keilschriftdokumente. Eine wissenschaftliche Anerkennung dieser rastlosen Jagd nach Zeichenwerten fehlte allerdings noch, erfolgte aber am 25. Mai 1857 durch die *Royal Asiatic Society* in London, die einige der führenden Fachleute dazu einlud, einen Keilschrifttext unabhängig voneinander zu übersetzen. Der verblüffende Ausgang dieses »Experiments« bestand darin, dass alle Ergebnisse miteinander übereinstimmten. Damit war nicht nur der Grundstein für die sprachliche Erschließung der Kulturen des alten Orients gelegt, sondern auch die altorientalische Philologie als eigenständige Wissenschaft anerkannt.

Berücksichtigt man die spätere Entwicklung ab der Mitte des 3. Jahrtausends v. Chr., in der sich das Sumerische als einzig maßgebliche Schriftsprache herauskristallisierte, dann scheint eine Mitwirkung der Sumerer an der Erfindung der Schrift gegen Ende des 4. Jahrtausends v. Chr. immerhin wahrscheinlich. Dazwischen liegt jedoch ein Zeitraum von mehr als 500 Jahren, aus dem überhaupt keine Nachrichten vorliegen. Insofern ist mit der Aussage, es handele sich bereits um eine sumerische Schrift Vorsicht geboten. Hinzu kommt, dass inzwischen auch aus anderen Regionen Vorderasiens Belege früher piktographischer Schriften vorliegen. Im östlich angrenzenden Elam (Südwest-Iran) fand mit dem so genannten Proto-Elamischen ganz offensichtlich eine zeitgleiche Entwicklung statt, wie sie sich für das südliche Mesopotamien nahezu lückenlos nachweisen lässt. Die Erfindung der Schrift muss vielmehr als ein kontinuierlicher Prozess aus mehreren Phasen verstanden werden, der sich innerhalb eines größeren Gebietes mit unterschiedlichen Bevölkerungen vollzog und nicht als Leistung einer speziellen ethnischen Gruppe, wie den Sumerern, in einem eng begrenzten Bereich angesehen werden darf.

Bis etwa 2900 v. Chr. begannen sich die Bildzeichen aufgrund einer schnelleren Schreibweise und des dafür vorwiegend verwendeten Schreibgriffels mit dreieckigem Querschnitt in Gruppen aus kleinen senkrechten, waagrechten und diagonalen keilförmigen Linien aufzulösen. Weiterhin stand aber jede Zeichengruppe für ein einzelnes Wort oder in Kombination mit anderen für eine Handlung. Dadurch stieg die Gesamtzahl dieser Wortzeichen (Logogramme) immer weiter an und erschwerte die praktische Handhabung zunehmend. In dieser sich über mehrere Jahrhunderte erstreckenden Phase vollzog sich der entscheidende Schritt, Sprache in Schrift umzusetzen, indem man begann, die Worte in Silben zu teilen und sie mit Keilschriftzeichen aufzuschreiben. Fortan wurden ganze Sätze gebildet, die eine grammatikalische Struktur aufweisen. Dies ermöglichte eine drastische Reduzierung der unüberschaubaren Zeichenzahl. Daneben wur-

Bruchstücke von Lehmziegeln mit gestempelten Keilinschriften liegen heute noch zu tausenden in den Ruinenstätten Mesopotamiens.

den aber auch viele Wortzeichen beibehalten, sodass die Keilschrift stets eine Kombination aus ganzen Worten und einzelnen Silben blieb.

Aus der Zeit kurz vor der Mitte des 3. Jahrtausends v. Chr. liegen die ältesten zusammenhängenden Texte vor. Damit war der Grundstein für eine vielfältige Schriftkultur gelegt. Als vorherrschende Sprache dieser Dokumente setzte sich das Sumerische durch, das jedoch schon mit zahlreichen Wörtern aus dem semitischen Akkadisch durchsetzt war. Auch die ersten namentlich genannten Schreiber tragen keine sumerischen, sondern akkadische Namen. In der frühdynastischen Periode, ab etwa 2400 v. Chr., verändert sich die zur Verfügung stehende Quellenlage schlagartig: Außer den inhaltlich eintönigen Wirtschafts- und Verwaltungsurkunden sowie den mittlerweile erweiterten lexikalischen Listen kommen nun offizielle Briefe und religiöse Texte, wie Weihinschriften auf Opfergaben, hinzu. Die Möglichkeiten der höher entwickelten Schrift bewirkten zudem die Entstehung einer juristischen Literatur aus Prozessakten, Kauf- und Pfandverträgen sowie Sammlungen von Urteilssprüchen und beschleunigten damit den Aufbau eines Rechtssystems. Herrscher artikulierten ihre Taten in Krieg und Frieden nun auch in schriftlicher Form, um sie Göttern und Untertanen gleichermaßen zur Kenntnis zu bringen. Bis zum Ende des 3. Jahrtausends v. Chr. entstanden auch literarische Gattungen, in denen die bis dahin mündlich überlieferten Mythen und Epen sowohl in Prosa als auch in Versen schriftlich fixiert wurden.

Im 2. Jahrtausend v. Chr. setzte sich dann das Akkadische unter Beibehaltung zahlreicher sumerischer Wortzeichen (Ideogramme) als endgültige Schriftsprache durch. Im Norden und Süden Mesopotamiens differenzierten sich mit dem Assyrischen und Babylonischen die beiden wichtigsten Dialekte. Erst ab dem 18. Jahrhundert v. Chr. stehen uns systematische Angaben zur Aussprache der einzelnen Zeichen zur Verfügung, die sich bis dahin allenfalls rekonstruieren lässt.

> Kostproben mesopotamischen Humors liefern kurze Texte und Gedichte, die in scherzhafter Weise Lehren, Mahnungen und volkstümliche Sprüche vermitteln und unter dem Begriff der **»Weisheitsliteratur«** zusammengefasst werden. Zweifellos war der Bestand an solchen hauptsächlich mündlich überlieferten Anekdoten und Kalauern unerschöpflich:
>
> »Das Schwein gehört einfach nicht in den Tempel, es hat keinen Verstand und darf nicht auf der gepflasterten Straße gehen, es ist ein Gräuel für alle Götter und seine Begrüßungen sind eine einzige Beschimpfung.«
>
> »Eine Maus floh vor einem Mungo [eine Schleichkatze] versehentlich in ein Schlangenloch und sagte zur überraschten Schlange: Der Schlangenbeschwörer schickt mich, Dich zu grüßen.«
>
> »Ein Fuchs lief im Stadtgraben und fiel immer wieder um. Als plötzlich ein Wolf vor ihm stand und sagte: Grüß Dich! Der Fuchs rappelte sich auf und antwortete: Ich habe so viel Bier getrunken, dass ich nicht einmal mehr vor Dir weglaufen kann.«

Zu Beginn des 20. Jahrhunderts entzündete sich nicht nur unter Fachleuten, sondern auch in der breiten Öffentlichkeit eine heftige Kontroverse an eventuellen Zusammenhängen zwischen Schilderungen im Alten Testament und den inzwischen bekannt gewordenen assyrisch-babylonischen Keilschrifttexten. Auslöser dieses so genannten **Babel-Bibel-Streits** war der Assyriologe Friedrich Delitzsch (1850–1922), der behauptete, die jüdische Religion und das Alte Testament seien aus der überlegenen Kultur der Babylonier hervorgegangen und dürften deshalb nicht länger Gegenstand der theologischen Bibelauslegung (Exegese) sein. An seinen Thesen entfachten sich bis in die 1920er Jahre zahlreiche wissenschaftliche und religiöse Diskussionen, die mit scharfer Polemik geführt wurden. Ein positiver Nebeneffekt dieser Auseinandersetzungen war, dass sie ein gesteigertes Interesse an der archäologischen Erforschung Mesopotamiens bewirkten.

Die viele Jahre dauernde Ausbildung zum Schreiber erfolgte in eigenen Schulen, hatte vor allem die Abschrift älterer Texte zum Gegenstand und beschäftigte sich mit dem Erstellen von Wort- und Zeichenlisten. An den Königshäusern entstanden große Bibliotheken, in den Städten wissenschaftliche Einrichtungen (»Akademien«) und öffentliche sowie private Wirtschafts- und Verwaltungsarchive. Ab der Mitte des 2. Jahrtausends v. Chr. hatte sich die akkadische Keilschrift im internationalen Schriftverkehr des alten Orients etabliert und wurde auch von Völkern außerhalb Mesopotamiens für ihre eigenen Sprachen verwendet.

An der Wende vom 19. zum 20. Jahrhundert, zeitgleich mit dem Babel-Bibel-Streit, entstand mit dem **Panbabylonismus** eine wissenschaftliche Strömung, die sich ebenfalls mit den überraschenden Parallelen zwischen einigen mesopotamischen Mythen und dem Alten Testament beschäftigte. Insbesondere die Sintflut-Erzählung, das Gilgamesch-Epos und der Sagenkreis um die Vegetationsgottheit Dummuzi veranlassten den Altorientalisten Hugo Winckler (1863–1913) als Hauptvertreter dieser Richtung, in der babylonischen Kultur den geistigen Ursprung sämtlicher antiker Kulturen mit ähnlichen Mythentraditionen zu sehen. Vor dem Hintergrund des aktuellen Kenntnisstandes erweist sich dieses Erklärungsmodell zwar als völliger Irrweg, verdeutlicht aber gut, welch nachhaltige Wirkung die sensationellen Entdeckungen der damals noch jungen Keilschriftforschung entfaltete.

Im 1. Jahrtausend v. Chr. breitete sich mit dem Aramäischen recht zügig eine neue Umgangssprache in ganz Vorderasien aus. Sie bediente sich einer aus dem Phönizischen entstandenen Alphabetschrift mit nur 22 Buchstaben und dem aus Schilfrohr gewonnenen Papyrus als neuem Schriftträger. Die Keilschrift wurde zunächst für den offiziellen Gebrauch beibehalten und erfuhr durch die Neuschöpfung einer persischen Prunkschrift unter den Achämeniden im 5. Jahrhundert v. Chr. sogar noch einmal eine kurzzeitige Wiederbelebung. In wissenschaftlichen Kreisen wurde die Keilschrift vermutlich noch bis in das 3. Jahrhundert n. Chr. tradiert, bevor sie endgültig in Vergessenheit geriet.

Von der Allmacht der Götter – Die mesopotamische Religion

In der religiösen Vorstellungswelt des alten Orients waren die Götter allgegenwärtig. Demnach wurde nicht nur der Mensch selbst einst von den Göttern aus dem Lehm der mesopotamischen Schwemmebene geformt, sondern der gesamte Naturraum sowie sämtliche Lebensbereiche und Institutionen der menschlichen Gesellschaft waren gottgegeben und vom göttlichen Willen durchdrungen. Die Götter waren zugleich die einzigen Garanten der bestehenden Ordnung, die durch ihre bloße Anwesenheit gewährleistet wurde. Eine Welt ohne Götter stellte man sich wüst, chaotisch und lebensfeindlich vor.

Als dankbare Gegenleistung für ihre irdische Existenz kam den Menschen daher die Aufgabe zu, die Götter im täglichen Kultdienst zu versorgen und mit allerlei Geschenken gewogen zu halten. Diese selbst auferlegte Pflicht war sowohl für den Einzelnen als auch die Gemeinschaft der Gläubigen der wichtigste Bestandteil in der praktischen Ausübung der Religion. In den eigens für die Götter errichteten Wohnhäusern, den Tempeln, brachte man ihnen Speisen und Getränke dar, führte zeremonielle Schlachtopfer aus, vergoss Flüssigkeiten (Libation) oder verbrannte aromatische Substanzen (Räuchern) für deren Wohlbefinden. Darüber hinaus gab es zahlreiche religiöse Feste und Prozessionen, die man den Göttern zu Ehren veranstaltete. Zum Tempel gehörte nicht nur eine komplette Ausstattung an Mobiliar und Kultgeräten, sondern auch umfangreiches Personal, das für die Verwaltung, Instandhaltung und Organisation des

Demütig kniend mit ausgestrecktem Zeigefinger war eine der häufigsten Gebetshaltungen in Mesopotamien.

Kultbetriebes verantwortlich zeichnete. Der Bau und die Einrichtung sowie Pflege und Unterhalt einzelner Heiligtümer bis hin zu ganzen Tempelbezirken war in Mesopotamien zu allen Zeiten eine vorrangige Aufgabe der Herrscher, die ihr Amt und ihre Legitimation den Göttern verdankten. Allein schon deshalb waren sie aus ureigenem Interesse dazu verpflichtet, einen ständigen und engen Kontakt mit den Göttern zu pflegen, um sich auf diese Weise deren Wohlwollen zu sichern.

Den göttlichen Willen versuchte man durch verschiedene magische Praktiken (Divination) zu ergründen. Speziell ausgebildete Priester

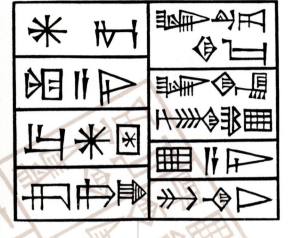

Sumerische Weihinschrift auf einem Lehmziegel: »Für [die Göttin] Inana, seine Herrin, hat Ur-Namma, der starke Mann, der König von Ur, der König von Sumer und Akkad, ihr Haus [d. h. einen Tempel] gebaut.«

(barû) verstanden sich auf Eingeweideschau, Natur- und Himmelsbeobachtungen, Traumdeutungen oder Orakelanfragen, um mit der Götterwelt zu kommunizieren. Besonders verbreitet war die Untersuchung der Innereien geopferter Tiere, meist Schafe, nach ungewöhnlichen Ausprägungen oder krankhaften Veränderungen. Aber auch in ganz simplen Dingen, wie der Blasenbildung von in Wasser ausgegossenem Öl oder dem Verlauf von Rauchfahnen verbrannter Gegenstände, konnte sich bereits göttliche Absicht kundtun. Phänomene wie Mond- und Sonnenfinsternis verhießen meist nichts Gutes, ebenso wie Unwetter, Dürre und Seuchenepidemien als äußerst schlechte Vorzeichen galten, in denen sich der Zorn der Götter artikulierte. Reiche Ernten, fruchtbarer Viehbestand, gesunde Nachkommen, materieller Wohlstand und Friedenszeiten galten dagegen als Ausdruck der Freude einer zufriedenen Göttergemeinschaft. Die Richtlinien zur korrekten Interpretation dieser Erscheinungen, die man allesamt als göttliche Botschaften verstand, kann man so genannten Omenserien entnehmen, die einen wichtigen Bestandteil des umfangreich überlieferten religiösen Schrifttums bilden. Es beinhaltet, neben den divinatorischen Texten, auch ausführliche Opfer- und Ritualanleitungen, hierarchisch gegliederte Götterlisten in verschiedenen Versionen, Gottheiten verherrlichende Lieder und Hymnen, Kultkalender sowie Gebete. Für die in der breiten Bevölkerung herrschende persönliche Frömmigkeit stellt auch die Namengebung (Onomastikon) eine wichtige Quelle dar, denn es war üblich, dass sich die Eigennamen der Menschen aus Segenswünschen und dem Namen besonders beliebter Gottheiten zusammensetzten, wie etwa Ischtar-dinni, »Ischtar stärke mich«, oder Nabû-ballit-anni, »Nabu erhalte mich gesund«.

Vor dem Hintergrund dieser religiösen Konzeption wird auch verständlich, warum sich Zweifel oder gar grundsätzliche Kritik an den bestehenden Gottesvorstellungen zu keiner Zeit im alten Orient nachweisen lassen. Das Verhältnis zu den Göttern war auch nicht von gegenseitiger Liebe und barmherziger Zuwendung geprägt, sondern von (Ehr-)Furcht und distanziertem Respekt seitens der Menschen. Die Unergründlichkeit göttlicher Entscheidungen war indes eine geradezu modern anmutende Denkweise des altorientalischen Menschen, um persönliches Leid, Krankheiten, Kriege sowie Naturkatastrophen trotz erwiesener Frömmigkeit und regelmäßiger Gottesdienste einigermaßen plausibel zu erklären.

Für die mesopotamische Religion steht uns kein zentrales Werk in Form einer »Heiligen Schrift« zur Verfügung, die die theologischen Lehren und Glaubensvorstellungen in sich vereinen und erläutern würde. An ihrem Anfang stand auch keine mehr oder weniger historisch belegbare Gründer- oder Heilsgestalt, wie bei den meisten der heute noch praktizierten Religionen. Ebenso wenig gibt es weder in der sumerischen noch einer der akkadischen Sprachen ein Wort für »Religion«, denn den religiösen Auffassungen lag eben kein formell festgelegtes theoretisches System zugrunde, sondern sie waren ein unmittelbarer Reflex auf die differenzierte Wahrnehmung einer Umwelt, in der übernatürliche Mächte gleichsam schöpferische wie zerstörerische Wirkung ausübten. Diese Vorstellung war aus der Erkenntnis entstanden, dass der Mensch nicht allein auf der Welt ist, sondern umgeben von positiven und negativen Kräften, die er weder hinreichend erklären noch beeinflussen kann. Aus diesem Grund hat wohl auch die Mythologie als Erklärungsmodell für die seit Urzeiten bestehende göttliche Weltordnung eine so große Rolle gespielt. Dem religiösen Weltbild zufolge schwamm die Erde wie eine Insel in einer Halbkugel, die mit Grundwasser angefüllt war. An ihren Rändern ragten die Gebirgsmassive auf, die als Stützen und Fundamente für eine zweite, das Himmelsgewölbe bildende Halbkugel dienten. Bevölkert war dieser Kosmos von den Göttern, die sich dort in der magischen Zahl von 600 auf Himmel und Erde gleichmäßig verteilten.

MYTHEN, EPEN UND FABELN – DIE MESOPOTANISCHE SAGENWELT

Im Unterschied zu den antiken Kulturen Griechenlands und Roms hat sich in Mesopotamien keine eigene nach unserem heutigen Verständnis philosophische Wissenschaft herausgebildet. Dennoch beschäftigte sich natürlich auch der Mensch im alten Orient mit Fragen nach dem Sinn des Lebens, dem richtigen Handeln, der charakterlichen Fehlbarkeit des Einzelnen oder der Unergründlichkeit des göttlichen Ratschlusses. Die gedankliche Auseinandersetzung mit diesen zeitlosen Problemen der menschlichen Existenz bildete jedoch keinen selbstständigen intellektuellen Diskurs, sondern fand exemplarisch Ausdruck in Erzählungen aus einer längst vergangenen Zeit oder einer anderen, dem Menschen entzogenen Sphäre. Fabeln dienten dazu, menschliche Eigenschaften oder Typen als bestimmte Tierarten zu personifizieren und oftmals auch zu karikieren.

Ein Teil der Erkenntnisse offenbarte sich manchmal in Träumen und Visionen, die den Menschen von den Göttern eingegeben wurden. Zunächst dürften alle diese Geschichten und Anekdoten – wie die meisten Sagen der Menschheitsgeschichte – über einen längeren Zeitraum ausschließlich mündlich überliefert worden sein, bevor man begann, sie aufzuschreiben. Ein typisches Erzählmuster besteht darin, dass sich reale Orte und Personennamen mit mythischen Begebenheiten und Heldenfiguren vermischen. Diese Vorgehensweise des schriftlichen Festhaltens und systematischen Sammelns setzte in Mesopotamien bereits im 3. Jahrtausend v. Chr. ein und markiert den Beginn der Literatur.

Das älteste und zugleich bekannteste mesopotamische Epos handelt von Gilgamesch, dem sagenhaften König von Uruk, der sich mit seinem Freund, dem Stiermenschen Enkidu, auf die Suche nach dem ewigen Leben macht. Auf ihrem Weg müssen die beiden Gefährten zahlreiche Prüfungen bestehen, die ihnen von den Göttern auferlegt werden, um am Ende zu erkennen, dass die Unsterblichkeit nichts Erstrebenswertes ist. Auf eine gefährliche Reise begibt sich auch Etana, der mythische König der Stadt Kisch, der sich auf den Schwingen eines Adlers zum Himmel empor tragen lässt, um von den Göttern das »Kraut des Lebens« zu erbitten, weil ihm kein Nachkomme geboren wird. Ein eigener Mythenkreis beschäftigt sich mit der Entstehung und dem Untergang der Welt. Dabei erinnert die Geschichte der Sintflut, die alles Laster mit sich fortspült, auffallend an die viel spätere Überlieferung des Alten Testaments. Im Weltschöpfungsmythos *enuma elisch* (sinngemäß: »als es oben den Himmel noch nicht gab«) kämpfen die Götter, allen voran der jugendliche Krieger Ninurta, gegen die Mächte des Chaos, um die Welt zu einem lebenswerten Ort zu machen. Dämonische Monsterwesen, zusammengesetzt aus Teilen gefürchteter Tierarten, wie Löwe, Adler, Schlange und Skorpion, verkörperten das Böse – eine Vorstellung, die viel später auch in der griechischen Mythologie wieder auftaucht. Weitere Themen sind Fruchtbarkeit und der stets wiederkehrende, jährliche Zyklus vom Werden und Vergehen der Vegetation. Andererseits können sich in Mythen auch historische Ereignisse spiegeln, wie der Aufstand der unterdrückten »Arbeitergötter« im Atramchasis-Mythos vermutlich auf eine tatsächliche Revolte von Sklaven und Tagelöhnern anspielt.

Die vielfältige Sagenwelt Mesopotamiens wurde über drei Jahrtausende hinweg überliefert und bildete ein festes literarisches Repertoire, aus dem die unterschiedlichen Völkergruppen, die ins Zweistromland eingewandert waren, ungeachtet ihrer Herkunft immer wieder schöpften.

linke Seite: Siegelbild mit der Himmelfahrt des Etana auf den Schwingen eines Adlers, um das »Kraut des Lebens« zu erlangen.

rechts: Der Dämon Pazuzu brachte nicht nur Übel, sondern wurde auch zur Bekämpfung der Göttin Lamaschtu eingesetzt, die man für das gefürchtete Kindbettfieber verantwortlich machte.

Aus den Bild- und Schriftquellen geht hervor, dass man sich die Götter von Anfang an in Wesen und Gestalt menschenähnlich vorstellte, auch wenn sie nicht an einen festen Körper gebunden waren, sondern sich gleichzeitig an verschiedenen Orten aufhalten oder in diversen Naturerscheinungen, wie Tieren, Pflanzen, Felsen, Wasser oder auch Blitz und Donner, verkörpert sein konnten. Bei ihrer Persönlichkeit handelte es sich um selbstbestimmte, übermenschliche Wesen mit einem eigenen Bewusstsein, das sie von anderen übernatürlichen, aber fremdbestimmten Erscheinungsformen, wie Geistern und Dämonen, deutlich absetzte. Dennoch verfügten sie weder über göttliche Allwissenheit noch Unfehlbarkeit, sondern unterlagen oftmals allzu »menschlichen« Irrtümern, waren ungerecht oder konnten völlig willkürlich handeln. Letztlich dokumentierte sich auch in dieser Willkür und Unberechenbarkeit die uneingeschränkte Macht der Götter. Die Struktur und Organisation der göttlichen Sphäre in lokale und überregionale Hierarchien entsprach dabei ebenso der irdischen Welt wie das individuelle Empfinden, Denken und Handeln. Lediglich die Begrenztheit des menschlichen Körpers mit Schmerzen, Krankheit und Tod fehlte. Insofern war die Götterwelt ein Idealbild der menschlichen Gesellschaft ohne negative Einflüsse und ohne das Wissen um die Vergänglichkeit allen Lebens.

Daher verwundert es auch nicht, dass die Götterwelt in allen Phasen der mesopotamischen Kunst das am häufigsten verwendete Bildthema überhaupt war. Nachdem im 3. Jahrtausend v. Chr. die ersten Darstellungen von Gottheiten durch die charakteristische »Hörnerkrone«, eine mit Stierhörnern bestückte Kopfbedeckung, eindeutig identifizierbar wurden, kam es in der Akkad-Zeit (2334–2193 v. Chr.) zur Neuorganisation der hierarchisch gegliederten Götterordnung (Pantheon). Damit einher ging eine starke Erweiterung des Bildrepertoires, in dem Gottheiten die Hauptrolle übernahmen. Auffallend gering ist jedoch sowohl in der schriftlichen als auch bildlichen Überlieferung die Zahl der Gottheiten

---

Die Willkür göttlichen Handelns beschäftigte die Menschen in Mesopotamien immer wieder aufs Neue. Sie stellten sich Fragen nach Sinn und Zweck des täglichen Gottesdienstes, wenn die Götter trotz aller Gebete und Opfergaben keinen Trost spendeten und es weiterhin Tod, Krieg und Krankheit gab. Diese Gedanken veranschaulicht exemplarisch die fiktive **Klage an die Götter**, die der verstorbene König Ur-Namma (auch Urnammu genannt, 2112–2095 v. Chr.) aus der Unterwelt an sie richtete: »Obwohl ich alle diese frommen und bemerkenswerten Taten vollbracht habe, den Göttern wirklich diente und ihnen eine Heimstatt gründete [i.e. Tempel baute], ihnen Überfluss angedeihen ließ; obwohl ich Schätze anhäufte auf mit Kräutern und Edelsteinen bedeckten Betten, stand kein Gott mir zur Seite und beruhigte mein Herz! (…) Was habe ich erhalten für meine Bemühungen im täglichen Dienst? Den Tag und auch die Nacht verbrachte ich schlaflos, indem ich diente!«

geblieben, die mit einem individuellen Handlungsprofil und einem speziellen Wirkungsbereich ausgestattet waren. Sie repräsentierten die wichtigsten Göttertypen des jeweiligen Pantheons, während die überwiegende Mehrheit der göttlichen Wesen anonym blieb – zusammengefasst entweder unter der Bezeichnung »Gesamtheit aller Götter« oder »Götter des Himmels und der Erde«.

Zu denjenigen Gestalten, die sich zunächst im sumerischen, später auch im akkadischen Pantheon in prominenter Stellung behaupteten, gehörte eine Trias aus dem Himmelsgott Anu, dem Götterkönig Enlil sowie Enki-Ea, dem Herrn über den Süßwasserozean (*apsû*), der das in der mesopotamischen Schwemmebene bereits in geringer Tiefe vorhandene Grundwasser versinnbildlichte. Einer jüngeren Generation entstammte die bedeutendste weibliche Gottheit Mesopotamiens, Inana-Ischtar, als Göttin zweier (scheinbar) recht gegensätzlicher Bereiche, nämlich der sexuellen Liebe und des Krieges. Der düstere Nergal herrschte mit seiner Gemahlin Ereschkigal in der lichtlosen Unterwelt über die Toten. Personifizierte Himmelserscheinungen waren der Sonnengott Utu-Schamasch, der Mondgott Nanna-Sin sowie der Wettergott Adad, mit denen sich ganz konkrete Tätigkeiten verbanden: So erklärte man den Wechsel von Tag und Nacht damit, dass Schamasch sich jeden Morgen aufs Neue mit einer Säge aus den Bergen befreien muss, um tagsüber am Firmament seine Bahn zu ziehen, bevor er wieder den nächtlichen Gang durch die Unterwelt antritt. Sin durchpflügt des Nachts in seiner sichelförmigen Mondbarke stehend das Sternenmeer, während Adad bei Gewittern Blitzbündel wie Speere auf die Erde schleudert und dabei von einem Stier begleitet wird, dessen Hufgetrappel den Donner verursacht. Im Verlaufe des 2. Jahrtausends v. Chr. entwickelten sich mit Marduk in Babylon und Assur in der gleichnamigen assyrischen Metropole zwei zunächst lokale Stadtgötter zu den führenden Nationalgottheiten Babyloniens beziehungsweise Assyriens. Ebenfalls neu hinzu gesellen sich die Heilgöttin Gula mit ihrem Begleittier, einem Hund, und

> Die in Mesopotamien herrschenden Vorstellungen von **Tod und Jenseits** lassen sich in nur wenigen Worten beschreiben: Mit dem Tod war das Leben endgültig zu Ende. Nach dem Ableben verließ der »Totengeist«, heute würde man die »Seele« sagen, in Gestalt eines vogelähnlichen Wesens die sterbliche Hülle des Körpers und begab sich in die Unterwelt. Das Totenreich, ein »Land ohne Wiederkehr«, galt als wüster, staubiger Ort ohne Licht, an dem man nur Trübsal blasen konnte. Erleichtert wurde das Schicksal der Verstorbenen lediglich durch die Grabbeigaben, mit denen die Götter der Unterwelt gnädig gestimmt werden sollten, sowie durch regelmäßige Opfer der Hinterbliebenen, um eine Versorgung mit Speisen und Getränken zu gewährleisten. Andernfalls riskierte man die Rache des Totengeistes. Insofern blieben die Toten nicht nur im Andenken, sondern im diesseitigen Leben weiterhin fest verankert.

Gruppenbild mit Dame: Die Göttin Ischtar im Kreise ihrer göttlichen Verwandten, darunter ihr Bruder, der Sonnengott Schamasch, der sich jeden Morgen aus den Bergen heraussägt, sowie Ea, der Gott des Wassers, von Fischen begleitet.

Nabu, der Sohn Marduks und Schutzpatron für die Schriftkunst. Gottheiten, die von außerhalb nach Mesopotamien eingeführt wurden, wie zum Beispiel der nomadische Hirtengott Amurru, erfreuten sich entweder nur einer kurzen Lebensdauer oder verschmolzen bald mit bereits bestehenden göttlichen Gestalten, die vergleichbare Eigenschaften aufwiesen (Synkretismus).

Trotz der wechselvollen Geschichte des alten Orients, die über Jahrtausende hinweg von verschiedenen ethnischen Gruppen und deren religiösen Vorstellungen geprägt wurde, zeichnet die mesopotamische Götterwelt sowie die Art und Weise ihrer bildlichen Umsetzung eine bemerkenswerte Kontinuität aus, die den altorientalischen Kulturen – bei aller Unterschiedlichkeit – ein hohes Maß an innerer Geschlossenheit und gemeinsamer Identität verlieh.

■ »Gewusst wie ...« – Wissenschaft und Technologie

Zu den größten Leistungen der mesopotamischen Zivilisation zählt unbestritten die Begründung der Wissenschaft. Im Zweistromland wurden die geistigen Grundlagen auf Gebieten wie der Mathematik, Geometrie, Astronomie und Medizin gelegt. Von diesen Kenntnissen profitierten nicht nur die zeitgenössischen Nachbarregionen Ägypten, Griechenland und Indien, sondern sie haben auch die Kulturen des alten Orients lange überdauert, indem sie eine nachhaltige Wirkung entfalteten. In der hellenistischen Welt und dem Römischen Imperium berief man sich ebenso auf babylonisches Fachwissen wie im mittelalterlichen Arabien, von wo aus es durch die islamischen Eroberungen weite Verbreitung bis nach Europa fand. Noch heute beruht unsere Zeit- und Winkelberechnung sowie die Einteilung des Sternenhimmels in zwölf Tierkreiszeichen auf den Babyloniern.

Die Anfänge wissenschaftlicher Forschung und Lehre reichen in das 3. Jahrtausend v. Chr. zurück und sind ursächlich mit der Schriftentwicklung verknüpft. Die in diesem Zusammenhang bereits erwähnten lexikalischen Listen dienten zwar in erster Linie zur Ausbildung der Schreiber, doch lassen die systematischen Begriffssammlungen unterschiedlichster Dinge schon eine methodische Erfassung der Umwelt erkennen, die als ein aufkeimendes wissenschaftliches Interesse verstanden werden kann. Schließlich bot sich mit der Schrift das verlässlichste Medium, angehäuftes Wissen dauerhaft und vor allem exakt festzuhalten. Die ersten reinen Wissenschaftstexte datieren in das frühe 2. Jahrtausend v. Chr., basieren aber offenkundig auf älteren Vorläufern und wurden ihrerseits wieder über mehrere Jahrhunderte hinweg überliefert sowie inhaltlich erweitert. Im 1. Jahrtausend v. Chr. erscheinen Wissenschaft und Forschung als eine babylonische Domäne, weil sowohl Quantität als auch Qualität der aus Babylonien stammenden Texte mit wissenschaftlichem Inhalt – im Gegensatz zu Assyrien – deutlich zunahmen.

Wie in vielen anderen Bereichen des alten Orients bleiben die Personen, die hinter diesem Fortschritt standen, meist anonym. Denn es ist unklar, ob die Schreiber, die am Ende der Texte namentlich genannt sind, auch für deren Inhalt verantwortlich waren oder lediglich die vorliegende Abschrift anfertigten. Vermutlich hängt dies auch damit zusammen, dass die Aufgabenstellungen in der mesopotamischen Wissenschaft immer sehr stark praxisorientiert waren und niemals der Theorie wegen behandelt wurden, was vielleicht zu einem größeren individuellen Freiraum bei der Problemlösung geführt hatte – ganz anders als in der griechisch-römischen Antike, in der die Wissenschaftler zu den prominenten Persönlichkeiten ihrer Zeit zählten und deren Namen sogar der Nachwelt durch ihre Forschungsergebnisse oder theoretischen Diskurse bekannt

»Wohlan, lasst uns eine Stadt bauen und einen Turm, dessen Spitze bis zum Himmel reicht!« So beginnt im Alten Testament, Buch Genesis 11, 1–10, die Episode zum **Turmbau zu Babel**. In der abendländischen Kunst sind ab dem 11. Jahrhundert n. Chr. in zahlreichen illustrierten Bibelhandschriften entsprechende Bildmotive zu finden. Die Wiedergaben zeigen sehr phantasievolle Vorstellungen vom Aussehen des Turmes, die jedoch weniger dem tatsächlichen Erscheinungsbild der babylonischen Zikkurat entsprechen, als vielmehr aufschlussreiche Details zum mittelalterlichen Baubetrieb liefern. Im 16. Jahrhundert entwickelte sich das Turmbau-Motiv zu einem der beliebtesten Themen in der niederländischen Malerei, verbreitete sich aber auch auf Kacheln, Wandteppichen, Miniaturen oder in Form von Uhren. Während des 17. und 18. Jahrhunderts setzte das wissenschaftliche Interesse an der Rekonstruktion des Turmes ein, das sich in vielen Zeichnungen und Kupferstichen niederschlug.

»RECHT UND ORDNUNG« – MESOPOTAMISCHE GESETZE UND RECHTSTRADITION

Neben Wirtschaft und Wissenschaft begünstigte die frühe Schrifterfindung in Mesopotamien in beträchtlichem Maß auch die Einführung eines Rechtssystems. Bereits aus der zweiten Hälfte des 3. Jahrtausends v. Chr. sind juristische Texte, wie Geschäftsverträge, Prozessunterlagen und vor allem die Sammlung von Urteilssprüchen, bekannt. Von Anfang an gehörte die Gesetzgebung zu den wichtigsten innenpolitischen Aufgaben des Herrschers. Der königliche Topos vom »guten Hirten« oder »gerechten Landesvater« gegenüber seinen Untertanen kam in der Funktion des Gesetzgebers besonders gut zur Geltung und war zu allen Zeiten ein sehr beliebter Titel in der Selbstdarstellung altorientalischer Könige. Eine der ersten Amtshandlungen eines neuen Potentaten bestand folgerichtig in der Schaffung einer »gerechten Ordnung im Land«, die mit Senkungen oder sogar Aufhebungen von Steuern und einer Amnestie für alle Schuldner sehr populäre Maßnahmen beinhaltete. In der Regel verbanden sich diese gesetzlichen Änderungen schon damals mit dem Namen ihrer Urheber, sodass wir heute noch von den Reformen des Urukagina (um 2300 v. Chr.), dem Kodex des Ur-Namma (2112–2095 v. Chr.) oder den Gesetzen des Lipit-Ischtar (1934–1924 v. Chr.) Kenntnis haben. Als der mit Abstand berühmteste Gesetzestext gilt jedoch der Kodex Hammurapi (1792–1750 v. Chr.).

Inhaltlich sind alle diese Werke ähnlich aufgebaut: Sie bestehen aus einer Einführung (Prolog), in der die Absichten und Taten des königlichen Gesetzgebers, aber auch dessen Legitimation durch die Götter, betont werden. Darauf folgen die Aufzählung der Rechtsverordnungen und ein Nachwort (Epilog) am Ende, das sowohl Verfluchungen all jener enthält, die gegen die Gesetze verstoßen, als auch eine Warnung an nachfolgende Herrscher, sich der erlassenen Regelungen nicht selbst zu rühmen. Besonders deutlich und detailliert kommen diese Aspekte im Kodex Hammurapi zum Ausdruck, dessen Text auf einer 2,25 Meter hohen Stele aus Diorit-Gestein überliefert ist. Im Bildfeld oberhalb der Inschrift nimmt der König persönlich den Auftrag zur Gesetzgebung von dem thronenden Sonnengott Schamasch entgegen, der nach der damaligen Vorstellung »Licht ins Dunkel« brachte und deshalb die für die Rechtsprechung zuständige Gottheit war. Der Gesetzestext lässt sich in 282 Paragraphen unterteilen, die Delikte des Straf-, Eigentums-, Familien- sowie Arbeits- und Sozialrechts behandeln. Gesetzlich festgelegt waren auch die zulässigen Höchstpreise für Konsumgüter und Mieten, um Wucher und Ausbeutung vorzubeugen. Während einige juristische Ansätze durchaus modern wirken, wie etwa bei Ehescheidungen, Amtsmissbrauch oder Schadensregulierungen, galt in anderen Fällen der archaische Vergeltungsgrundsatz (Talionsprinzip) oder es wurden Gottesurteile (Ordale) zur Beweisführung herangezogen. Die königlichen Gesetzeserlasse deckten zwar ein weites Spektrum ab, berührten aber bei weitem nicht alle juristischen Bereiche des täglichen Lebens. Genau genommen handelt es sich bei den mesopotamischen »Kodices« auch nicht um Gesetze im eigentlichen Sinne, sondern lediglich um Sammlungen exemplarischer Rechtsfälle, um für identische oder ähnlich gelagerte Sachverhalte die landesweite Rechtsprechung zu erleichtern und zu vereinheitlichen. Tatsache bleibt jedoch, dass man in Mesopotamien schon sehr früh und konsequent damit begann, das gesellschaftliche Leben sowohl im öffentlichen als auch privaten Bereich durch Rechtsnormen und Jurisdiktion zu regeln.

Keilschrifttafel mit dem »Assyrischen Frauenspiegel«, einer Sammlung von Gesetzen, die speziell die Bestrafung weiblicher Missetäter behandelte. Demnach durfte ein Mann seiner diebischen Ehefrau die Ohren abschneiden.

werden sollten. Immerhin machte der berühmte Astronom C. Ptolemaios im 2. Jahrhundert n. Chr. keinen Hehl daraus, dass er für die Berechnungen des nach ihm benannten ptolemäischen Weltbildes das babylonische Zahlensystem verwendete statt das unzureichende griechische.

Gemessen an unserem heutigen Wissenschaftsverständnis gibt es im Vergleich zu Mesopotamien noch zwei weitere äußerst gravierende Unterschiede: Zum einen stellte sich für die mesopotamischen Gelehrten nie die Frage nach Entstehung und Ursache der Dinge, weil gemäß ihrer religiösen Vorstellung alles von den Göttern ausging, zum anderen vermischte sich in der Wissensgewinnung von vornherein Rationales mit übersinnlichem Gedankengut. Medizin und Magie, Astronomie und Astrologie, Arithmetik und Aberglaube bildeten eben keine unvereinbaren Gegensätze, sondern untrennbare Einheiten.

Besonders anschaulich wird dies im medizinischen Bereich, wo die Auffassung herrschte, dass hinter jeder Krankheit ein heimtückischer Geist steckte, der im Auftrag einer Gottheit sein Unwesen trieb. Folglich waren an der Behandlung sowohl ein Beschwörungspriester (*aschipu*) als auch ein Arzt (*asu*) beteiligt. Während der eine ein ausgeklügeltes magisches Abwehrritual (Exorzismus) zelebrierte, um den Dämon der Krankheit zu bekämpfen, verordnete der andere Medikamente gegen die Symptome. Bereits aus dem 3. Jahrtausend v. Chr. liegen die ersten Schriftzeugnisse mit Heilanweisungen und pharmazeutischen Rezepturen vor. Selbst für die Anfänge der altorientalischen Medizin gibt es bereits Anhaltspunkte dafür, dass nicht nur Menschen, sondern auch Tiere ärztlich behandelt wurden. Aus dem 1. Jahrtausend v. Chr. ist ein kommentiertes Diagnose-Handbuch bekannt, in dem Krankheitsbilder von Kopf bis Fuß zusammengestellt sind. Allerdings fällt es schwer, für die jeweiligen akkadischen Bezeichnungen die genauen modernen Entsprechungen zu finden. Zu den am häufigsten auftretenden Krankheiten zählten Kopf- und Zahnschmerzen, Augen- und Ohrenleiden, Erkrankungen des Magen- und Darmtrakts, alle Arten von Fieber, Haut- und Geschlechtskrankheiten sowie gebrochene oder verrenkte Gliedmaßen.

Die so genannte »**Schulsatire**« beschreibt einen ganz gewöhnlichen Tag im Leben eines mesopotamischen Schülers, der in das »Tafelhaus«, also die Schule, geht: »Im Tafelhaus las ich laut meine Tafel vor, folgte den mündlichen Anweisungen des Lehrers, formte meine [Ton-] Tafel, beschriftete sie, stellte sie fertig, bekam meine Hausaufgaben und am Abend meine Handtafel. Nach dem Schließen des Tafelhauses ging ich nach Hause und las meinem Vater meine Handtafel vor, der sich darüber sehr freute, und sagte ihm: ‚Ich habe jetzt Hunger und Durst. Gebt mir Wasser und Brot, wascht meine Füße und stellt das Bett auf, damit ich mich schlafen legen kann. Weckt mich frühmorgens, damit der Tag nicht ungenutzt vergeht, sonst schlägt mich der Lehrer.'«

Genauer zu identifizieren sind aufgrund der Beschreibungen Gelbsucht, Lepra, Wassersucht, Epilepsie, Impotenz und das gefürchtete Kindbettfieber. Die verwendeten Heilmittel setzten sich zumeist aus Pflanzenbestandteilen, mineralischen Substanzen, wie beispielsweise Salze, oder tierischen Produkten zusammen und wurden in Form eines Trankes, einer Pille oder eines Zäpfchens verabreicht. Für äußerliche Anwendungen mittels Pflastern, Verbänden und Umschlägen bildeten fettreiche Trägersubstanzen, wie Talg, Butter oder Öl, die Grundlage, mit der die Heilstoffe vermischt wurden. Lediglich vereinzelt gibt es Hinweise auf chirurgische Eingriffe, wie etwa Schädelöffnungen (Trepanationen), wobei die wieder angewachsene Knochenplatte beweist, dass der Patient nach dem Eingriff weiterlebte. Keine zuverlässigen Angaben können indes zur Wirksamkeit der praktizierten Methoden und verabreichten Medikamente gemacht werden. Sicherlich nicht zu vernachlässigen war die positive psychosomatische Wirkung, die vor allem ein erfolgreich ausgeführtes Zauberritual auf die Genesung des Erkrankten ausübte.

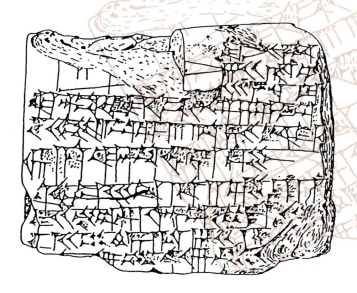

Die mathematische Berechnung auf dieser Keilschrifttafel beweist, dass der Satz des Thales bereits lange vor seinem griechischen Erfinder in Mesopotamien bekannt war.

Die Astronomie diente im Grunde genommen astrologischen Zwecken, indem sie alle Formen von Himmelserscheinungen als Zeichen göttlichen Willens interpretierte, der sich auf das Schicksal der Menschen auswirkte. Um so erstaunlicher erscheinen die auf diesem Gebiet erzielten wissenschaftlichen Leistungen, verdanken wir doch den mesopotamischen Experten erste systematische Aufzeichnungen zur Sichtbarkeit und Position von Sternen und Planeten, einschließlich deren Bahnen. Vor allem die Babylonier waren in dieser Hinsicht führend und begründeten mit den »astronomischen Tagebüchern« ein umfassendes Kompendium, das die Protokolle der täglichen Beobachtungen enthält. Eingeschlossen waren darin auch regelmäßig Aussagen zur Wettersituation, sofern sie die Sicht in den Himmel beeinträchtigten. Die Niederschriften begannen im Jahre 747 v. Chr. und wurden bis ins späte 1. Jahrhundert v. Chr. kontinuierlich fortgeführt. In diesem Werk ist sogar das Auftauchen des Halleyschen Kometen in den Jahren 164 und 87 v. Chr. vermerkt.

Im 5. Jahrhundert v. Chr. kommt es zur Einteilung des Sternenhimmels in die zwölf Sternbilder der Tierkreiszeichen, von denen Löwe, Waage, Skorpion, Krebs, Fische und Zwillinge noch heute gebräuchlich sind. Darauf basierten auch die ersten Horoskope, die bei der Geburt eines Kindes abgefasst wurden. Für die Zeiteinteilung nach Jahren und Monaten diente ein Mondkalender, der am Erscheinen des Neumonds ausgerichtet war. Da ein Mondjahr kürzer ausfällt als ein Sonnenjahr, führte man Schaltmonate ein, um eine bessere Übereinstimmung zu erreichen. Die tägliche Zeitmessung erfolgte mit Hilfe einer Wasser- oder Sonnenuhr, über deren genaue Funktionsweisen wir jedoch nichts wissen. Fragen nach der Entstehung des Weltalls oder der Planeten (Kosmogonie) erübrigten sich aber aufgrund der religiösen Anschauungen, nach der ohnehin die Götter alles erschaffen hatten.

Eine Annäherung auf einer etwas theoretischeren Ebene ist in der Mathematik zu verzeichnen, obwohl auch hier die zu lösenden Aufgaben von der praktischen Anwendung bestimmt wurden. Denn in erster Linie ging es bei den Berechnungen um Flächen- und Volumenkalkulationen für Bauprojekte und agrarische Nutzflächen, wie dem Erdaushub und der Ziegelproduktion, der Beförderung schwerer Lasten, dem Neigungswinkel von Bewässerungskanälen, der Statik von Konstruktionen sowie der Zeit- und Arbeitsteilung im Allgemeinen. Es versteht sich fast schon von selbst, dass für derartig komplexe Vorgänge sämtliche Grundrechenarten (addieren, subtrahieren, multiplizieren, dividieren) beherrscht wurden. Darüber hinaus gab es auch Quadratzahlen und -wurzeln, Logarithmen sowie feststehende Zahlen (Koeffizienten). Kreisberechnungen mit dem für diese Zeit sehr genauen Wert von 3,125 für π stellten ebenfalls kein Problem dar. Fest steht auch, dass bereits mit den Formeln gerechnet wurde, die erst über 1000 Jahre später als Lehrsätze des Pythagoras und des Thales in die Wissenschaft eingingen und bis heute Bestandteil der schulischen Ausbildung sind. Vermittelt wurden die Rechenarten von Kindheit an in den Schreiberschulen mit Hilfe von Tabellen, die auswendig gelernt werden mussten. Gerade die Aufgabensammlungen in den mathematischen Schultexten verraten noch am ehesten eine stärkere Orientierung an der Theorie, weil es oftmals darum ging, mehrere Lösungswege zu finden, die auch zu abstrakten, nicht anwendungsbezogenen Ergebnissen führten. Zur Aufstellung allgemeingültiger Lehrsätze und Formeln kam es jedoch nicht.

Anstöße für immer wieder neue und verbesserte Technologien lieferte die ungeheuer große praktische Erfahrung, die bei allen Herstellungs- und Arbeitsprozessen im alten Orient gesammelt wurde. Ein Meilenstein in der Keramikproduktion stellte schon im Chalkolithikum die Erfindung der schnelldrehenden Töpferscheibe dar. Die frühe Domestikation zahlreicher Tierarten sowie die Kultivierung von Nutzpflanzen sorgten für einen reichen Erfahrungsschatz in der Landwirtschaft und bei der Herstellung von Nahrungsmitteln. Die Gegebenheiten des Naturraumes bedingten spezielle Techniken zur Speicherung und Regulierung von Wasser durch Kanalsysteme, Dämme, Zisternen, Hebevorrichtungen bis hin zu Aquädukten. Eine stark am Im- und Export ausgerichtete Wirtschaft begünstigte ein hoch entwickeltes Transportwesen zu Lande und zu Wasser mit unterschiedlichsten Wagen- und Bootstypen. Ständige kriegerische Konflikte gingen mit immer ausgefeilteren Wehrtechniken für Angriff und Verteidigung einher. Insbesondere die hohen Ansprüche in Architektur und Kunsthandwerk forderten stetige Verbesserungen und Innovationen in der Stein- und Holzbearbeitung, der Metallgießerei, Malerei oder der Glasherstellung.

Das hohe Niveau der mesopotamischen Technologien und Herstellungsverfahren verdient nicht nur uneingeschränkte Bewunderung, sondern versetzt uns nach wie vor in Staunen. Selbst mit modernsten naturwissenschaftlichen Methoden konnten zahlreiche Fragen bislang nicht

Kleines Detail – große Wirkung: Der aufgesetzte Saatrichter beschleunigte und verbesserte die gleichmäßige Verteilung des Saatgutes mit dem hölzernen Scherenpflug.

geklärt werden, wie beispielsweise die notwendige Temperaturregelung bei Brennvorgängen ohne Thermometer oder die exakten Mischungsverhältnisse chemischer Substanzen ohne Digitalwaage. Auch die hohe Genauigkeit der astronomischen Beobachtungen setzt eigentlich leistungsstarke optische Hilfen, wie Linsenfernrohre und Teleskope, voraus. Insofern bewahrte sich die mesopotamische Zivilisation über die Jahrtausende hinweg ihre geheimnisvollen und mysteriösen Seiten.

»Das bisschen Haushalt ...« – Alltag, Familie und Beruf

Trotz der erstaunlichen Vielfalt an überlieferten historischen Quellen bleibt es grundsätzlich schwierig, einen fundierten Einblick in den Alltag und das Privatleben der Menschen in Mesopotamien zu gewinnen. Das liegt zunächst einmal daran, dass sich in beiden Bereichen über die Jahrtausende hinweg natürlich Veränderungen ergaben: Ein Bewohner der Stadt Uruk im 4. Jahrtausend v. Chr. lebte noch unter ganz anderen Umständen, als etwa ein Bürger Babylons im 6. Jahrhundert v. Chr. Auch wenn man die Tatsache berücksichtigt, dass sich ein solcher zeitbedingter Wandel von Lebensumständen im vorindustriellen Zeitalter prinzipiell langsamer vollzog als heutzutage, sollte man doch sehr vorsichtig sein mit pauschalen Aussagen.

Das größte Problem besteht in der Zufälligkeit der Überlieferungssituation von Schriftzeugnissen und Fundobjekten aus den unterschiedlichen Epochen der mesopotamischen Geschichte. Begünstigt wurde diese unausgewogene Quellenlage durch die archäologische Forschung selbst, die sich verständlicherweise zunächst auf die Freilegung der großartigen Tempel und Paläste mit ihren reichen Funden konzentrierte. Die Wohnviertel der meisten Städte und dörflichen Siedlungen wurden dagegen nur selten untersucht und gerieten deshalb erst relativ spät in den Fokus des wissenschaftlichen Interesses. Daher wissen wir heute über den Werdegang mancher Herrscher oder anderer Mitglieder privilegierter Schichten und Eliten weitaus besser Bescheid als über die Lebensverhältnisse oder gar Gemütszustände der »breiten« Bevölkerung.

Zu dieser eingeschränkten Sichtweise trägt außerdem bei, dass es in Mesopotamien kaum persönliche Dokumente gab und schriftliche Verlautbarungen zum Privat- und Familienleben oder zur Gesellschaftsstruktur gänzlich fehlen. Solche Informationen müssen mehr oder weniger »zwischen den Zeilen« der geschäftlichen, juristischen und religiösen Keilschrifttexte herausgelesen werden. Eine weitere Möglichkeit besteht in der zugegebenermaßen oftmals schwierigen Deutung archäologischer Artefakte. So liefern beispielsweise Darstellungen in der Bildkunst, die Ausstattung von Wohnhäusern, Gräber und deren Beigaben, oder gerade auch der Müll, den die Bewohner einer Siedlung hinterließen, unmittelbare Hinweise auf die Lebensgewohnheiten der Menschen. Hilfreich können unter Umständen ethnografische Studien in den Ländern des Vorderen Orients sein, in denen die Bauern und Nomaden heute noch sehr traditionell leben. Dennoch wissen wir bis zur Mitte des 2. Jahrtausends v. Chr. nur sehr wenig von den gesellschaftlichen Schichten und deren jeweiligen Lebenssituation in Mesopotamien. Erst danach fließen die Quellen etwas reichlicher.

Die wichtigste ökonomische Grundlage war durch alle Zeiten hindurch die Landwirtschaft. Sie lag größtenteils in den Händen privater Familienbetriebe, doch spielten auch die mächtigen Verwaltungsorganisationen der Tempel und Paläste eine wichtige Rolle – nicht nur in der Nahrungsmittelproduktion, sondern auch als Arbeitgeber sowie bei der Verpachtung von Feldern an Kleinbauern. In den Städten konnte sich dagegen ein differenziertes Gesellschafts- und Berufsgefüge durch Handel, Handwerk, Beamtentum sowie zahlreiche andere Dienstleistungsbereiche entwickeln. Die Königspaläste und in deren Umfeld auch eine höfische und städtische Oberschicht sorgten durch ihren großen Bedarf an Luxusartikeln für den Zuzug ausländischer Spezialisten. So kam es zum Beispiel, dass die assyrischen Residenzstädte des 1. Jahrtausends v. Chr. zu einer beliebten Arbeitsstätte phönizischer Elfenbeinschnitzer wurden, die mit ihren Produkten Luxusmöbel und -gegenstände verzierten. Ungelernte einheimische Arbeitskräfte konnten sich als Tagelöhner verdingen, sahen sich aber in Konkurrenz zu den billigen ausländischen Kriegsgefangenen, die gerade für die königlichen Bauprojekte in großer Zahl eingesetzt wurden.

Im Kodex Hammurapi ist für das 18./17. Jahrhundert v. Chr. von drei gesellschaftlichen Gruppen die Rede, die der staatlichen Gerichtsbarkeit unterlagen: Der freie Bürger

Das Handwerk hatte eine lange Tradition im alten Orient und war auch Thema von Bilddarstellungen.

(*awilum*), ein mit *muschkenum* bezeichneter Status, der behelfsmäßig mit »Halbfreier« übersetzt wird, weil er seine ursprüngliche Freiheit durch Schuldverpflichtungen oder ähnliches eingebüßt hatte, und schließlich der Sklave (*wardum*), der die unterste Schicht bildete und durch eine spezielle Haartracht oder ein Armband gekennzeichnet war. Wir wissen jedoch nicht, inwieweit diese grobe Einteilung tatsächlich die Realität und nicht nur einen juristischen Sachverhalt widerspiegelt, ob sie auch auf andere Perioden übertragen werden kann und wie hoch der prozentuale Anteil der unterschiedlichen Gruppen an der Gesamtbevölkerung ausfiel. Immerhin hatten auch die Angehörigen des Sklavenstandes Rechte und konnten im Laufe ihres Lebens die Freiheit erlangen, von ihrem Dienstherrn adoptiert werden und eigene Ersparnisse anlegen. Für die wenig angenehmen Seiten des Sklavendaseins legen indes die gesetzlichen Regelungen zu entflohenen und von ihren Besitzern misshandelten Sklaven ein beredtes Zeugnis ab.

Der individuelle Lebensstandard der unterschiedlichen Bevölkerungsschichten war natürlich durch die jeweiligen finanziellen Möglichkeiten vorgegeben. Als eine Vorform des Geldes diente seit dem 3. Jahrtausend v. Chr. Silber in Form gehackter Stücke oder gegossener Barren in unterschiedlicher Größe. Gold kommt stattdessen als Zahlungsmittel kaum

vor. Spätestens ab dem 2. Jahrtausend v. Chr. gab es ein hoch entwickeltes und weit verbreitetes Kreditwesen, das neben Privatpersonen auch von teils staatlichen, teils privaten Institutionen getragen wurde, vergleichbar den heutigen Banken oder Kreditinstituten. Es ist sicherlich kein Zufall, dass dadurch die Schere zwischen Arm und Reich immer weiter auseinander ging und Verschuldungen bis hin zu Insolvenzen zum häufigsten Problem in Wirtschaft und Gesellschaft wurden. Betroffene mussten oft sich selbst oder ihre Kinder als »Halbfreie« oder sogar Sklaven verkaufen, um sich von der Schuldenlast zu befreien. Die Einzelschicksale, die hinter solchen Entwicklungen stehen, offenbaren sich dem Archäologen im Nachhinein nur äußerst selten.

Nachträglich ermessen lassen sich Armut und Wohlstand der Bevölkerung jeweils an Größe und Ausstattung ihrer Wohnhäuser, sofern man sich eine feste Behausung leisten konnte. Zum Grundinventar der ein- bis zweistöckigen Lehmhäuser mit mindestens einem Innenhof und begehbarem Flachdach gehörten hell verputzte Wände, Schilfmatten als Bodenbelag und sicherlich ein Sortiment an Kissen und Decken. Der Vorratshaltung dienten keramische, steinerne und hölzerne Behälter. Abfall und Fäkalien entsorgte man entweder über die hauseigene Kanalisation und Sickergruben oder leerte sie einfach auf der Straße aus. Wärme und Licht kamen im Haus nach Sonnenuntergang von einer zentralen Koch- und Herdstelle, manchmal von fahrbaren Holzkohlebecken sowie von Tonlampen, die mit Leinöl und einem Docht aus Wolle oder Pflanzenfasern betrieben wurden. Hocker, Stühle, Tische und Betten gehörten schon zur gehobenen Ausstattung. Meist begnügte man sich mit dem Boden und geeigneten Unterlagen zum Sitzen und Schlafen.

Nutztiere wie Kühe, Schafe, Ziegen und Schweine lieferten nicht nur Nahrung, sondern mit Fell, Haut, Haaren, Hufen und Hörnern auch Produkte, die zu unterschiedlichsten Gebrauchsgegenständen verarbeitet wurden. Auf dem Speiseplan standen hauptsächlich Gerichte aus Hülsenfrüchten, zu denen Linsen, Erbsen, Bohnen und Graupen gehörten. Das bevorzugte Getreideprodukt war die Gerste. Speiseöl wurde aus Sesam ge-

Spinnen und Weben gehörten nicht nur zu den häuslichen Tätigkeiten der Frauen, sondern waren auch wichtige Gewerbe einer florierenden Textilindustrie.

wonnen. Molkereierzeugnisse, wie Milch, Käse und Joghurt, bereicherten das Angebot ebenso wie Datteln und Honig, der auch zum Süßen diente. Fisch und Fleisch stellten eher die Ausnahme dar und waren besonderen Anlässen vorbehalten. Das dürfte auch für die vorhandenen Obstsorten, wie beispielsweise Granatäpfel und verschiedene Beerensorten, gelten. Getrunken wurde neben Schafs- und Ziegenmilch vor allem Wasser, aber mit Bier auch ein alkoholisches Getränk, das aus Gerste gebraut und mit Hilfe von

Dem Zeitvertreib im alten Orient dienten – wie heutzutage – zahlreiche Brettspiele, die Schach, Dame oder Backgammon geähnelt haben dürften.

Trinkrohren genossen wurde, weil man die festen Bestandteile der Maische nicht herausfilterte. Trauben und Wein waren zwar bekannt, wurden aber, nach Aussage der Quellen, nur an den Königshöfen serviert. Gegessen hat man wohl – wie heute noch im Orient weit verbreitet – in der Regel mit den Fingern und mit Hilfe von gefaltetem Fladenbrot. Gabeln, Löffel und Messer aus Holz, Horn oder Metall sind zwar schon sehr früh belegt, gehörten jedoch kaum zum Standard.

Die Kernzelle der mesopotamischen Gesellschaft bildete die Großfamilie, deren Bestand durch zahlreiche Kinder gewährleistet wurde. Deshalb behalf man sich bei medizinisch bedingter Kinderlosigkeit mit Adoption oder einer Sklavin als »Leihmutter«. Von einem, meist dem erstgeborenen Sohn wurde erwartet, dass er beruflich in die Fußstapfen seines Vaters trat, während die Töchter durch Heirat vom väterlichen Haus in das des Ehemannes wechselten. Der größte Teil des familiären Lebens dürfte im Inneren des Hauses, dem Hof oder auf dem Dach stattgefunden haben. Dem Zeitvertreib dienten Brett- und Würfelspiele. Sportliche Aktivitäten sind bis auf Ringkämpfe nicht belegt, die vermutlich ausschließlich im Rahmen von Kultfeiern ausgetragen wurden. Regelmäßige Kneipenbesuche mit anschließendem Vollrausch waren öffentlich zwar verpönt, dürften aber die zahlreichen Härten des gewiss beschwerlichen Alltags gemildert haben.

Bei den im alten Orient vorhandenen patriarchalischen Strukturen ist es bemerkenswert, dass die Frauen stets eigene Rechte verbrieft bekamen. So waren Scheidungen mit Güterausgleich und Sorgerechtsansprüchen für die Kinder etwa im Fall der Untreue von beiden Seiten aus möglich. Alleinerziehende Mütter und Witwen waren gegenüber männlichen Familienoberhäuptern vor Gericht gleichgestellt. Frauen konnten sowohl ein Gewerbe ausüben, selbstständig einen Betrieb führen als auch hohe öffentliche Ämter, wie das einer Oberpriesterin, bekleiden. Dem steht wiederum gegenüber, dass der Anteil an Frauen unter den Sklaven wesentlich höher ausfiel, als der von Männern, was wohl daran lag, dass Sklavinnen bevorzugt im Haushalt und bei der Kinderbetreuung als Amme Verwendung fanden.

Eine regelmäßige Körperpflege mit Wasser und wohlriechenden Duftstoffen war bei den klimatischen Verhältnissen und hygienischen Bedingungen Mesopotamiens unabdingbar. Kaum etwas machen konnte man gegen die starke Abnutzung von Zähnen und Zahnfleisch durch Sandkörner und Staubpartikel, die etwa beim Mahlen oder Zubereiten in die Nahrung gelangten. Von einer reichlichen Verwendung von Kosmetika zeugen häufige Funde von Muschelschalen mit eingetrockneten Farbsubstanzen und kunstvoll verzierte Schminkbehälter. Aufgetragen wurde das Make-up mit Hilfe von Stäbchen aus Horn, Elfenbein oder Metall und bronzenen Handspiegeln. Einen nicht geringen Aufwand betrieb man auch für die teilweise extravaganten Haar- und Barttrachten, die bei den Männern Kopf- und Körperrasuren beinhalteten oder sich bei den Frauen in aufwändigen Steck- und Zopffrisuren zeigten. Die Bekleidung bestand bei beiden Geschlechtern im wesentlichen aus bis zu den Knöcheln reichenden um den Körper gewickelten Gewändern, Umhängen oder Mänteln sowie unterschiedlich langen, in der Hüfte gegürteten

---

Untrennbar mit den Klischees eines »lasterhaften« Orients ist der Begriff des **Harem** verbunden, der Vorstellungen von ungezügelter Erotik, Vielweiberei und Eunuchen weckt. Tatsächlich geht die Institution eines abgeschlossenen Wohn- und Aufenthaltsbereiches für Frauen auf die alten mesopotamischen Kulturen zurück, beschränkte sich aber dort bereits auf die Residenzen der herrschenden Oberschicht. Eine Sammlung von Palast-Edikten des assyrischen Königs Tiglatpilesars I. (1114–1076 v. Chr.) erlaubt Einblicke in die königlichen Privatgemächer, in denen das Zusammenleben strengen Vorschriften unterworfen war und wenig Anlass zur Freude oder gar Vergnügungen bot. Der Harem war strikt hierarchisch organisiert: die Königinmutter rangierte vor den Ehefrauen, den Töchtern sowie den ausländischen Prinzessinnen, die durch Heiratspolitik an den Hof gelangt waren. Der Handlungsspielraum der Frauen war eng begrenzt und von starker gegenseitiger Konkurrenz um Einfluss und die Gunst des Herrschers geprägt.

PRACHT UND PRUNK BIS IN DEN TOD – DIE KÖNIGINNEN-GRÄBER IN NIMRUD

Das wohl Aufsehen erregendste Ereignis der vergangenen Jahrzehnte in der archäologischen Erforschung Mesopotamiens war zweifellos die Entdeckung der Köinginnen-Gräber in Nimrud. Der Fund ist um so erstaunlicher, wenn man bedenkt, dass die Ruine, unter der sich die assyrische Residenzstadt Kalchu verbirgt, schon seit 150 Jahren regelmäßig von Archäologen untersucht wird. Der im Nordwesten der Zitadelle gelegene Palast des Königs Assurnasirpal II. (884–859 v. Chr.), in dem sich die Gräber befanden, gehört zu den bekanntesten Palastbauten des alten Orients und wird seit 50 Jahren systematisch freigelegt.

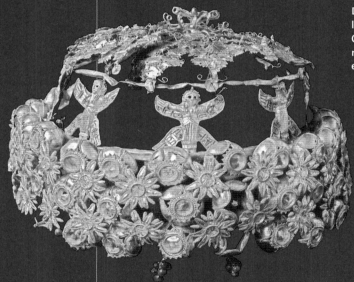

Die goldene Krone aus pflanzlichen Motiven und geflügelten Genienfiguren ist eine der herausragenden Beigaben aus dem Grab einer assyrischen Königin.

Wie so oft im Verlauf von Ausgrabungen war es der Zufall, der den Mitarbeitern des irakischen Antikendienstes im Frühjahr 1988 zu Hilfe kam. Eigentlich sollten sich die Arbeiten auf Restaurierungen im südlichen Gebäudeteil beschränken, in dem der Wohnbereich der königlichen Familie mit dem Harem untergebracht war, als man in einem der Räume auf Unebenheiten im Fußboden stieß. Unter dem Ziegelbelag öffnete sich ein Einstiegsschacht zu einer tonnenförmig überwölbten Gruft mit Vor- und Hauptkammer, in der ein wannenartiger Sarkophag aus Terrakotta stand. Darin lag das vollständig mit kostbarem Schmuck bedeckte Skelett einer etwa 50-55 Jahre alten Frau, wie die anthropologische Untersuchung später ergab. Die glücklichen Entdecker bewahrten zunächst Stillschweigen, um in Ruhe weitersuchen zu können, und fanden tatsächlich ein Jahr später eine zweite ungestörte Gruft mit noch prachtvollerer Ausstattung. Diesmal berichtete eine Inschrift, dass hier Jaba, die Gemahlin König Tiglatpilesars III. (745–727 v. Chr.), bestattet liegt und alle verflucht, die ihre Grabruhe stören oder nach ihrem Schmuck »in frevelhafter Absicht die Hand ausstrecken, sei es die amtierende Königin, seien es Favoritinnen, die Geliebten des Königs«. Insgesamt 157 Gegenstände enthielt der aus Kalkstein gefertigte Sarg, angefangen von goldenen Gefäßen, unzähligen Plättchen eines Gewandbesatzes, einem Diadem, mehreren Halsketten und Armreifen bis hin zu zwei jeweils ein Kilogramm schweren Fußringen aus purem Gold. Allerdings ergab die Analyse der Knochenreste, dass in späterer Zeit noch eine zweite, ebenfalls 30- bis 35jährige Frauenleiche in demselben Sarg beigesetzt worden war. Diese Tote kann, je nach Lesart der Beischriften auf einigen Grabbeigaben, entweder mit Banitu, der Ehefrau Salmanassars V. (727–722 v. Chr.), oder Atalia, der Gattin Sargons II. (722–705 v. Chr.), identifiziert werden.

Im August 1989 legten die Ausgräber noch eine dritte Gruftanlage frei, die sich als Begräbnisstätte der Mullissu-mukannischat-Ninua herausstellte, die unter Assurnasirpal II. und seinem Sohn Salmanassar III. (859–824 v. Chr.) den Titel einer »Palastfrau« führte. Auch in dieser Grabkammer gab es spätere Bestattungen, von denen drei Wannensarkophage aus Bronzeblech zeugen. Zu den insgesamt mehr als 23 Kilogramm schweren Beigaben aus Gold, Silber und Edelsteinen gehört auch eine filigrane Krone aus goldenen Weinblättern mit Lapislazuli-Trauben, Mohnkapseln und Margeritenblüten, die von geflügelten Genienfiguren zusammengehalten werden. Weiterhin eine reich dekorierte goldene Kanne mit Jagd- und Tierszenen sowie Arm- und Fingerringe mit Halbedelsteinen oder emaillierten figürlichen Einlagen. Stilistisch weist ein Großteil des Dekors deutliche Einflüsse aus dem syrischen, kleinasiatischen und iranischen Gebiet auf. Die jüngsten Kriegsereignisse hat der Schatz aus Nimrud im Tresor der irakischen Nationalbank unversehrt überstanden.

Goldene Kanne mit umlaufenden figürlichen und ornamentalen Friesen.

Hemden und Röcken aus Schafwolle, Flachs und später auch aus Leinen. Statt Knöpfen und Reißverschlüssen verwendete man zunächst Nadeln und dann Fibeln, die in ihrer Funktionsweise der modernen Sicherheitsnadel entsprachen. Kopfbedeckungen, wie Tücher, Turbane, Kappen oder Hüte aus Stoff und Leder, sind primär als Standes- oder Würdezeichen zu verstehen, ebenso wie das vermeintlich schicke Accessoire eines Sonnenschirmes, das seit dem 3. Jahrtausend v. Chr. ausschließlich dem König vorbehalten war. Darüber hinaus stellten wertvolle Kleidung, kostbarer Schmuck und andere modische Details ein wichtiges Statussymbol für Männer und Frauen dar.

Die zwischenmenschlichen Beziehungen waren hauptsächlich heterosexuell und monogam. Homosexualität wird zumindest bei Männern erwähnt. Sodomie und Inzest gehörten zu den Straftatbeständen, obwohl die Ehe zwischen Blutsverwandten unter gewissen Umständen akzeptiert wurde, wenn es etwa um den Erhalt der Familie ging. Prostitution war weit verbreitet und scheint in Verbindung mit einem ausgedehnten Schankwesen zu regelrechten »Rotlichtbezirken« in den Städten geführt zu haben. Die käufliche Liebe konnte aber auch im Rahmen von Kultfeiern eine Rolle spielen. Sicherlich liegt die Annahme nahe, dass die damaligen Moralvorstellungen – ebenso wie heute – einem beständigen Wandel unterlagen. Eindeutig revidiert werden muss jedoch das fantasievolle Bild ständiger erotischer Ausschweifungen und sexueller Exzesse, das die Nachwelt in prallen Farben vom alten Orient gemalt hat.

Weiterführende Literatur

Allgemeine Einführungen
Albertz, R. u. a., Frühe Hochkulturen. Ägypten – Sumerer – Assyrer – Babylonier – Hethiter – Minoer – Phöniker – Perser, Stuttgart 2003, 2. Aufl.
Hrouda, B. (Hrsg.), Der Alte Orient. Geschichte und Kultur des alten Vorderasien, Gütersloh 1991.
Hrouda, B., Mesopotamien. Die antiken Kulturen zwischen Euphrat und Tigris, München 2005, 4. Aufl.
Nissen, H. J./Heine, P., Von Mesopotamien zum Irak. Kleine Geschichte eines alten Landes, Berlin 2003.
Roaf, M., Mesopotamien. Kunst, Geschichte und Lebensformen. Bildatlas der Weltkulturen, Augsburg 1998.
Saggs, H. W. F., Völker im Lande Babylon, Stuttgart 2005.
von Soden, W., Der Alte Orient. Eine Einführung, Darmstadt 2006, 2. Aufl.

Lexika und Atlanten
Cancik, H./Schneider, H./Landfester, M. (Hrsg.), Der Neue Pauly. Enzyklopädie der Antike, Stuttgart/Weimar 1996–2002.
Haywood, J., Atlas der alten Kulturen. Vorderer Orient und Mittelmeer, London/Darmstadt 2005.
Reallexikon der Assyriologie und Vorderasiatischen Archäologie, Leipzig/Berlin/New York 1932 ff.
Pritchard, J. B. (Hrsg.), Herders großer Bibel-Atlas, Freiburg/Basel/Wien 2002, 2. Aufl.

Historische Gesamtdarstellungen
Edzard, D. O., Geschichte Mesopotamiens. Von den Sumerern bis zu Alexander dem Großen, München 2004.
Koch, H., Königreiche im alten Vorderen Orient. Die Wechselbeziehungen der verschiedenen Völker in Politik, Glaube und Kultur, Mainz 2006.
Nissen, H. J., Geschichte Alt-Vorderasiens. Oldenbourg Grundriss der Geschichte, Bd. 25, München 1999.
Veenhof, K. R., Geschichte des Alten Orients bis zur Zeit Alexanders des Großen. Grundrisse zum Alten Testament. ATD Ergänzungsreihe, Bd. 11, Göttingen 2001.

Geographie und Klima
Nützel, W., Einführung in die Geo-Archäologie des Vorderen Orients, Wiesbaden 2004.
Schwarzbach, M., Das Klima der Vorzeit. Eine Einführung in die Paläoklimatologie, Stuttgart 1993, 5. Aufl.

Sumer und Akkad
Bauer, J./Englund, R. K./Krebernik, M., Mesopotamien. Späturuk-Zeit und Frühdynastische Zeit. Orbis Biblicus et Orientalis, Bd. 160/1, Fribourg/Göttingen 1998.

Parrot, A., Sumer und Akkad. Universum der Kunst, München 1983, 4. Aufl.
Sallaberger, W./Westenholz, A., Mesopotamien. Akkad-Zeit und Ur III-Zeit. Orbis Biblicus et Orientalis, Bd. 160/3, Fribourg/Göttingen 1999.
Selz, G. J., Sumerer und Akkader. Geschichte, Gesellschaft, Kultur, München 2005.

Assur und Assyrien
Andrae, W., Das wiedererstandene Assur, München 1976, 2. Aufl.
Cancik-Kirschbaum, E., Assyrien. Geschichte, Gesellschaft, Kultur, München 2008, 2. Aufl.
Damerji, M. S. B., Gräber assyrischer Königinnen aus Nimrud, Mainz 2000.
Matthiae, P., Ninive. Glanzvolle Hauptstadt Assyriens, München 1999.
Marzahn, J./Salje, B. (Hrsg.), Wiedererstehendes Assur. 100 Jahre deutsche Ausgrabungen in Assyrien, Mainz 2003.

Babylon und Babylonien
Charpin, D./Edzard, D. O./Stol, M., Mesopotamien. Die altbabylonische Zeit. Orbis Biblicus et Orientalis, Bd. 160/4, Fribourg/Göttingen 2004.
Jursa, M., Die Babylonier. Geschichte, Gesellschaft, Kultur, München 2008, 2. Aufl.
Koldewey, R., Das wieder erstehende Babylon, München 1990, 5. Aufl.
Wullen, M./Marzahn, J./Schauerte, G., (Hrsg.), Babylon. Mythos und Wahrheit, München 2008.

Babylon und seine Weltwunder
Brodersen, K., Die Sieben Weltwunder. Legendäre Kunst- und Bauwerke der Antike, München 2006, 7. Aufl.
Ekschmitt, W., Die Sieben Weltwunder. Ihre Erbauung, Zerstörung und Wiederentdeckung, Mainz 1993, 9. Aufl.
Seipel, W. (Hrsg.), Der Turmbau zu Babel. Ursprung und Vielfalt von Sprache und Schrift. Bd. I: Der babylonische Turm in der historischen Überlieferung, der Archäologie und Kunst, Mailand 2003.

Anatolien und Hethiter
Badisches Landesmuseum Karlruhe (Hrsg.), Die ältesten Monumente der Menschheit. Vor 12 000 Jahren in Anatolien, Stuttgart 2007.
Klinger, J., Die Hethiter, München 2007
Kunst- und Ausstelltungshalle der Bundesrepublik Deutschland (Hrsg.), Die Hethiter und ihr Reich. Das Volk der 1000 Götter, Stuttgart 2002.
Neve, P., Hattuscha. Stadt der Götter und Tempel. Neue Ausgrabungen in der Hauptstadt der Hethiter, Mainz 1996, 2. Aufl.

Nachbarregionen und Randgebiete
Burkert, W., Die Griechen und der Orient, München 2003, 2. Aufl.
Donner, H., Geschichte des Volkes Israel und seiner Nachbarn in Grundzügen. Grundrisse zum Alten Testament 4,1-2, 2 Bde., Göttingen 2000, 3. Aufl.
Fortin, M. (Hrsg.), Syrien. Wiege der Kultur, Mainz 1999.
Helck, W., Die Beziehungen Ägyptens und Vorderasiens zur Ägäis bis ins 7. Jahrhundert v. Chr., Darmstadt 1995, 2. Aufl.

Koch, H., Frauen und Schlangen. Geheimnisvolle Kultur der Elamer in Alt-Iran, Mainz 2007.
Salje, B. (Hrsg.), Gesichter des Orients – 1000 Jahre Kunst und Kultur aus Jordanien, Mainz 2004.
Salvini, M., Geschichte und Kultur der Urartäer, Darmstadt 1995.
Sommer, M., Die Phönizier. Geschichte und Kultur, München 2008.
Tubb, J. N., Völker im Lande Kanaan, Stuttgart 2005.
Wartke, R.-B., Sam'al. Ein aramäischer Stadtstaat des 10. bis 8. Jhs. v. Chr. und die Geschichte seiner Erforschung, Mainz 2005.
Wiesehöfer, J., Das frühe Persien. Geschichte eines antiken Weltreiches, München 2006, 3. Aufl.
Wilhelm, G., Grundzüge der Geschichte und Kultur der Hurriter, Darmstadt 1982.

Kunst und Architektur
Amiet, P., Die Kunst des Alten Orients, Freiburg/Basel/Wien 1977.
Heinrich, E., Die Tempel und Heiligtümer im Alten Mesopotamien. Typologie, Morphologie und Geschichte. Denkmäler Antiker Architektur 14, Berlin 1982.
Heinrich, E., Die Paläste im Alten Mesopotamien. Denkmäler Antiker Architektur 15, Berlin 1984.
Matthiae, P., Geschichte der Kunst im Alten Orient. Die Großreiche der Assyrer, Neubabylonier und Achämeniden 1000–330 v. Chr., Stuttgart 1999.
Moortgat, A., Die Kunst des Alten Mesopotamiens. Die klassische Kunst Vorderasiens. Bd. I: Sumer und Akkad, Köln 1982, 2. Aufl., Bd. II: Babylon und Assur, Köln 1985, 2. Aufl.
Orthmann, W. u.a., Der Alte Orient. Propyläen Kunstgeschichte, Bd. 14, Berlin 1975.
Seipel, W./Wieczorek, A. (Hrsg.), Von Babylon bis Jerusalem. Die Welt der altorientalischen Königsstädte, 2 Bde., Mailand 1999.

Sprachen und Schriften
Doblhofer, E., Die Entzifferung alter Schriften und Sprachen, Stuttgart 1993, 2. Aufl.
Haarmann, H., Geschichte der Schrift, München 2004, 2. Aufl.
Nissen, H. J./Damerow, P./Englund, R. K., Informationsverarbeitung vor 5000 Jahren. Frühe Schrift und Techniken der Wirtschaftsverwaltung im alten Vorderen Orient, Hildesheim/Berlin 2004.
Streck, M. P. (Hrsg.), Sprachen des Alten Orients, Darmstadt 2007.

Religionen und Mythologie
Groneberg, B., Die Götter des Zweistromlandes. Kulte, Mythen, Epen, Zürich 2004.
Haas, V., Geschichte der hethitischen Religion. Handbuch der Orientalistik, Leiden/New York/Köln 1994.
Sallaberger, W., Das Gilgamesch-Epos. Mythos, Werk und Tradition, München 2008.
Niehr, H., Religionen in Israels Umwelt. Einführung in die nordwestsemitischen Religionen Syrien-Palästinas, Würzburg 1998.
Ringgren, H., Die Religionen des Alten Orients. Grundrisse zum Alten Testament, Göttingen 1987, 2. Aufl.

Wissenschaft und Technik
Gericke, H., Mathematik in Antike, Orient und Abendland, Wiesbaden 2004.
Pichot, A., Die Geburt der Wissenschaft von den Babyloniern zu den frühen Griechen, Frankfurt Main 1995, 2. Aufl.

Recht und Gesetzgebung
Haase, R. (Hrsg.), Die keilschriftlichen Rechtssammlungen in deutscher Fassung, Wiesbaden 1979.
Manthe, U. (Hrsg.), Die Rechtskulturen der Antike. Vom Alten Orient bis zum Römischen Reich, München 2003.

Gesellschaft und Alltag
Haas, V., Babylonischer Liebesgarten. Erotik und Sexualität im Alten Orient, München 1999.
Klengel, H., König Hammurapi und der Alltag Babylons, Zürich 1991.
Nunn, A., Alltag im alten Orient, Mainz 2006.

Forschungs- und Wissenschaftsgeschichte
Deuel, L. (Hrsg.), Das Abenteuer Archäologie. Berühmte Ausgrabungsberichte aus dem Nahen Osten, München 1982.
Finkelstein, I./Silberman, N. A., Keine Posaunen vor Jericho. Die archäologische Wahrheit über die Bibel, München 2006, 3. Aufl.
Korn, W., Mesopotamien – Wiege der Zivilisation. 6000 Jahre Hochkulturen an Euphrat und Tigris, Stuttgart 2004.

■ Glossar

Abri Pl. Abris; eine durch einen Felsüberhang oder eine Felsnische geschützte Stelle, die in der Steinzeit als Wohnplatz genutzt wurde.
Achämeniden Iranische Herrscherdynastie von 558 bis 330 v. Chr.; benannt nach ihrem Gründer Achaimenos.
Adoration Anbetung einer Gottheit; bezeichnet in der Kunst die Darstellung eines Beters, der im Gebetsgestus vor einer Gottheit oder deren Symbol steht oder kniet.
agglutinierend Eigentlich Begriff aus der Sprachforschung, der in der altorientalischen Bauforschung das Aneinanderfügen von Räumen und Bauteilen ohne erkennbare Ordnung bezeichnet.
akitu → Neujahrsfest
Akkadisch Sprach- und Schriftduktus der Akkad-Zeit (ca. 2300 v. Chr.); Sammelbegriff für semitische Keilschriftsprachen Mesopotamiens, wie z. B. babylonisch oder assyrisch.
Alabaster Gelblich weißer Kalkstein von feiner kristalliner Struktur; wurde bevorzugt für die Herstellung von Statuen, Gefäßen und Reliefs verwendet.
Alluvialland Schwemmland, mit einem durch abgelagerte Flusssedimente entstandenen, sehr fruchtbaren und nährstoffreichen Boden.
Amurriter Sammelbegriff für semitisch sprechende Bevölkerungsgruppen, die im 2. Jahrtausend v. Chr. von Westen kommend nach Mesopotamien einwanderten; akkadische Bezeichnung »*amurru*«.

Annalen Jahresberichte der assyrischen Könige über ihre Regierungszeit.
apotropäisch Unheil und Dämonen abwehrende Funktion.
Aramäer Sammelbegriff für aramäisch sprechende Bevölkerungsgruppen, die zu Beginn des 1. Jahrtausends v. Chr. von Westen kommend nach Syrien und Mesopotamien einwanderten.
Ararat Mit 5165 Metern höchster Berg der Türkei in Ostanatolien; nach biblischer Überlieferung strandete hier die Arche Noah.
Aungdu Herrscher der frühdynastischen Zeit, der im Königsfriedhof von Ur bestattet war; ältere Lesung Akalamdu(g).
Bauinschrift Schriftdokument, das über die Errichtung und den Bauherren eines öffentlichen Gebäudes (z. B. eines Tempels oder Palasts) Auskunft gibt.
Beduinen Nomadisch lebende Bewohner der arabischen Wüsten- und Steppenregionen (vgl. → Nomaden).
Bitumen Naturasphalt, der zum Abdichten von Mauerfugen und als Klebstoff verwendet wurde.
Bukranion Griechisch für »Ochsenschädel«; Verzierung von Wänden oder Gegenständen in Form eines stilisierten Stierkopfes.
bullae Auch »Bullen« genannte, an Schnüren befestigte, meist hohle Tonklumpen, deren Außenseite mit Abdrücken oder Abrollungen von Stempel- bzw. Rollsiegeln versehen wurden und als Verschluss von Gefäßen, Kisten, Türen oder Ähnlichem dienten.
C^{14}-Methode → Radiokohlenstoffdatierung
Chaldäer Semitisch sprechende Bevölkerungsgruppen, die sich im 1. Jahrtausend v. Chr. aus Westen kommend im südlichen Babylonien ansiedelten; babylonische Herrscherdynastie.
Chalkolithikum Auch als »Äneolithikum« bezeichnete Kupfersteinzeit oder Kupferzeit; Periode zwischen Jungsteinzeit und Bronzezeit, in Vorderasien von etwa 6000–4000 v. Chr.
Dedikation Widmung oder Schenkung an eine Gottheit.
Dendrochronologie Naturwissenschaftliche Methode zur Datierung von Holzfunden anhand von Baumjahresringen.
Deportation Zwangsweise Verbringung oder Verschleppung ganzer Bevölkerungsgruppen in andere Gebiete.
Divination Religiöse Praktiken und Methoden zur Weissagung.
Domestikation Zähmung und Züchtung von Haustieren aus Wildarten; gelegentlich wird der Terminus Domestikation auch für die → Kultivierung wilder Pflanzen benutzt.
Dunkles Zeitalter Bezeichnung für einen Zeitabschnitt, aus dem keine oder kaum aussagekräftige archäologische und schriftliche Zeugnisse vorliegen.
Einführungsszene Häufiges Bildthema in der mesopotamischen Kunst des 2. Jahrtausends v. Chr., bei dem ein Beter von einer rangniederen Gottheit vor eine ranghöhere Gottheit geführt wird.
Eingeweideschau Religiöse Praktik zur Weissagung und Zukunftsbestimmung anhand tierischer Innereien; dafür verwendet wurden zumeist Schaflebern.
Eisenzeit Zeitabschnitt, benannt nach dem überwiegend für Geräte- und Waffenherstellung verwendeten Material (vgl. Steinzeit oder Bronzezeit); beginnt im Vorderen Orient etwa 1200 v. Chr.

Elam Sowohl Gebietsbezeichnung als auch antikes Reich im Südwesten des Iran; die östlich von Mesopotamien gelegene Region weist ähnliche Lebensbedingungen auf wie das Zweistromland; das dort zwischen dem 3. und 1. Jahrtausend lebende Volk wird »Elamer« genannt, ihre eigenständige Sprache »Elamisch«.

Enlil Götterkönig; ranghöchste Gottheit des sumerisch-akkadischen → Pantheons.

Epartiden Elamische Herrscherdynastie in der ersten Hälfte des 2. Jahrtausends v. Chr. im Südwesten des Iran.

Epipaläolotikum Übergangsphase von der Altsteinzeit (→ Paläolithikum) zur Jungsteinzeit (→ Neolithikum); in Vorderasien etwa 12 000–9000 v. Chr.

Eponym Hoher Beamter, nach dem in den assyrischen Chroniken ein Jahr benannt wurde (→ Jahresname).

Etymologie Herkunft, Geschichte und Grundbedeutung von Wörtern.

Exorzismus Religiöses Ritual zur Austreibung von bösen Geistern und Dämonen.

Fibel Während des 1. Jahrtausends v. Chr. bewegliche Nadel mit einem Bügel zur Befestigung von Kleidungsstücken; Funktion ähnlich einer modernen Sicherheitsnadel.

Felsheiligtum In einer natürlich vorhandenen Felsformation eingerichtete Kultstätte, die über entsprechende Installationen (z. B. Altäre, Bänke, Reliefs, Anbauten) verfügen konnte.

Flügelstiere Monumentale, geflügelte Stierfiguren (assyrisch *lamassu*), die in → apotropäischer Funktion Ein- und Durchgänge von assyrischen Tempeln oder Palästen bewachten.

Fruchtbarer Halbmond Wissenschaftliche Bezeichnung für einen Naturraum in Vorderasien, der sich durch besonders günstige klimatische Bedingungen auszeichnet.

Frühdynastikum Zeitabschnitt im Mesopotamien des 3. Jahrtausendes v. Chr.; politisch geprägt durch eine Vielzahl kleinerer Flächen- oder Stadtstaaten unter Führung lokaler Dynastien.

Fürbittende Gottheit Rangniedere Gottheit, die einen Beter vor eine ranghöhere Gottheit führt (vgl. → Einführungsszene).

Gebetsgestus Ausgestreckt erhobene oder vor dem Oberkörper ineinander gelegte Handhaltung eines Beters im Angesicht einer Gottheit bzw. deren Kultstatue.

Gleitfuge Nutähnliche Verbindung zweier Bauteile, um Risse bei der Setzung zu verhindern.

Glyptik Griechisch für »Steinschneidekunst«, modern Siegelkunst; während es Siegelstempel zum Abdrücken in nahezu allen antiken Kulturen gab, blieb das zylinderförmige Rollsiegel zum Abrollen auf einem Tonstreifen oder einer Tontafel eine auf Mesopotamien begrenzte Erfindung.

Gründungsfigur Kleinformatige Figur einer Gottheit oder eines Tieres aus Ton oder Metall, die bei der Grundsteinlegung eines Gebäudes im Fundament eingemauert wurde und → apotropäisch wirken sollte.

Gutäer In den mesopotamischen Quellen nicht näher bezeichnetes »Bergvolk«, das zum Untergang der Akkad-Dynastie (22. Jahrhundert v. Chr.) beitrug.

Häcksel Strohteilchen, die bei der Keramikherstellung dem Ton beigemengt wurden (vgl. → Magerung).

Hellespont antiker Name für die Dardanellen; Meerenge zwischen der Halbinsel Gallipoli und Kleinasien; verbindet das Marmarameer mit dem Ägäischen Meer.

Hera Griechische Göttin des Herdfeuers, Ehefrau des Göttervaters Zeus; bedeutendes Heiligtum (Heraion) auf der Insel Samos, in dem sich auch eine Reihe altorientalischer Weihgaben fanden.

Herrscherideologie Weltanschauungen und Wertvorstellungen, die Herrschaft und deren Ausübung betreffend.

Hockerbestattung Lagerung des Leichnams auf einer Körperseite mit angezogenen Beinen, der Schlafstellung nachempfunden.

Hörnerkrone Mit Hörnern bestückte Kopfbedeckung, die seit dem 3. Jahrtausend v. Chr. Gottheiten, göttliche Wesen, aber auch vergöttlichte Herrscher in der mesopotamischen Kunst kennzeichnet.

Hurriter Ursprünglich vermutlich aus dem Osten stammende Volksgruppe, die sich seit der zweiten Hälfte des 3. Jahrtausends v. Chr. in dem Gebiet von Nordost-Syrien bis östlich des Tigris niederließen; mit einer eigenständigen Sprache, dem Hurritischen.

Hymnen Gedichte und Gesänge, die zur Verherrlichung einer Gottheit oder eines Herrschers verfasst wurden.

Ideogramm Schriftzeichen, das einen bestimmten Begriff darstellt (vgl. → Piktogramm).

Ikonographie Wissenschaftliche Methode zur Beschreibung und Interpretation antiker Bildwerke; Themen- und Motivrepertoire einer kunsthistorischen Epoche oder einer Denkmalgattung.

Irrigation Bewässerung; künstliche Anlage von Kanälen, Wasserhebe- und -schöpfvorrichtungen zur Bewässerung von landwirtschaftlich genutzten Flächen.

Inana → Ischtar

Ischtar Göttin des Krieges und der sexuellen Liebe; bedeutendste weibliche Gottheit im alten Orient; sumerischer Name Inana.

Jahresname Benennung eines Jahres nach einem besonderen politischen Ereignis; wurde bei der Abfassung von Chroniken in der späten Akkad-Zeit (22. Jahrhundert v. Chr.) üblich.

Kaschkäer In den hethitischen Quellen nicht näher bezeichnetes »Bergvolk«, das die Nordgrenze des Hethiter-Reiches bedrohte.

Kassiten Babylonische Herrscherdynastie im 14.–12. Jahrhundert v. Chr.

Keilschrift Schriftsystem des antiken Vorderasiens, deren aus keilförmigen Elementen zusammengesetzte Zeichen durch einen in Ton eingedrückten Rohrgriffel entstanden.

Kimmerier Reitervolk aus der südrussischen Steppe, das zusammen mit den → Skythen im 1. Jahrtausend v. Chr. Assyrien bedrohte.

Kompositfigur Eine aus verschiedenen Materialien zusammengesetzte Figur.

Korrelation Entsprechung oder Wechselbeziehung archäologisch-stratigraphischer Schichten zueinander.

Kosmogonie Mythische Erklärungsmodelle von der Entstehung der Welt.

kudurru Grenzstein; kleine, mit Inschriften und Abbildungen versehene Steinstele, die bei den → Kassiten (14.–12. Jahrhundert v. Chr.) als Urkunde für Landverteilungen in den Tempeln aufbewahrt wurde.

Kultivierung Urbarmachung von Land durch den Anbau und die Pflege von Kulturpflanzen.

Kultkalender Auflistung kultischer Veranstaltungen nach ihrer zeitlichen Abfolge.

Kultraum In der Fachliteratur als »Cella« bezeichneter Hauptraum eines Tempels, in dem das Kultbild steht.

Kulturhorizont Archäologischer Fachbegriff für eine in sich geschlossene Grabungsschicht (Stratum) eines bestimmten Zeitabschnitts.

Lehmziegel Das wichtigste Baumaterial in Mesopotamien war der Lehm, der in luftgetrocknetem oder gebranntem Zustand (als Backstein) verarbeitet wurde.

Levante Geographisch-kulturelle Bezeichnung für die östliche Mittelmeerküste mit dem zugehörigen Hinterland.

lexikalische Listen Zusammenstellung sprachlich oder thematisch verwandter Begriffe nach Art eines Lexikons; gilt als frühester Ausdruck wissenschaftlichen Denkens.

Libation Trankopfer; kultisch-zeremonielles Ausgießen von Flüssigkeiten (z. B. Wasser, Bier, Wein) zu Ehren einer Gottheit.

Logogramm Zeichen für ein Wort in einer Wortschrift (vgl. → Ideogramm, → Piktogramm).

Magerung Anreicherung von Tonerde mit mineralischen oder vegetabilischen Substanzen (z. B. Quarzsand oder Stroh).

Marduk Stadtgott von Babylon und babylonischer Nationalgott; Vater des → Nabu.

Meder Iranisches Reitervolk im 1. Jahrtausend v. Chr.

Meerland-Dynastie Nicht näher bezeichnete Herrscherdynastie, die sich in der zweiten Hälfte des 2. Jahrtausends im südlichen Babylonien im Marschengebiet am Schatt el-Arab festsetzte.

Mittani Ältere Schreibung auch »Mitanni«; indo-europäische Herrscherdynastie, die ab der Mitte des 2. Jahrtausends v. Chr. im nordmesopotamischen Gebiet der → Hurriter ein Reich errichtete.

Mittelsaalhaus Wissenschaftliche Bezeichnung in der altorientalischen Bauforschung für einen Haustypus mit einem zentralen, langrechteckigen Raum, an dessen Seiten kleinere Nebenräume anschließen.

Model Form oder Matrize zur Herstellung von gleichartigen Figuren und Gegenständen aus Ton.

monochrom einfarbig (z. B. bei Gefäßbemalung oder Wandmalerei).

Monolith Griechisch für einzelnen Steinblock; aus einem Steinblock gefertigte Säule oder Denkmal.

Mufflon Wildschaf, das als Vorfahr des Hausschafes gilt.

Mythologie Sammelbegriff für die überlieferten Sagen und Legenden eines Volkes.

Nabu Gott der Schriftkunst und Wissenschaft, Schutzpatron der Schreiber; Sohn des babylonischen Nationalgottes → Marduk.

Nairi-Länder Assyrischer Sammelbegriff für die Gebiete des späteren → Urartu.

Nanna → Sin

Natufien Jungsteinzeitliche Kulturstufe in der → Levante; etwa 12 500–10 000 v. Chr.; benannt nach dem Wadi an-Natuf im Westjordanland.

Negativbemalung Aussparung von Mustern und Motiven in einem einfarbig bemalten Untergrund (z. B. auf Keramikgefäßen).

Neolithikum Jungsteinzeit; unterteilt sich nach dem Vorhandensein keramischer Erzeugnisse in eine frühe Periode ohne Keramik (akeramisches Neolithikum, etwa 10 000–8000 v. Chr.) und eine spätere Periode (keramisches Neolithikum, etwa 8000–6000 v. Chr.) mit Keramik.

Neolithische Revolution Wissenschaftlicher Begriff für den Übergangsprozess des Menschen vom Jäger und Sammler zum Bauern und Viehzüchter mit allen damit verbundenen Faktoren (→ Domestikation, → Kultivierung, → Selektion), im Vorderen Orient ab etwa 10 000 v. Chr.

Neolithisierung Umwandlungsprozess steinzeitlicher Lebensformen gemäß den Vorgaben und Errungenschaften der → Neolithischen Revolution.

Neujahrsfest Das im Akkadischen »*akitu*« genannte Fest ist die wichtigste religiöse Feier des babylonisch-assyrischen Kultkalenders. Teil der sich über mehrere Tage erstreckenden Feierlichkeiten war eine Prozession der Götterbilder.

Nomaden Obergebriff für nicht sesshafte Bevölkerungsgruppen oder Volksstämme.

Obsidian Kompaktes Gesteinsglas vulkanischen Ursprungs; vor allem in der Steinzeit ein beliebter Rohstoff für Geräte und Waffen.

Omen Pl. Omina; gutes oder schlechtes Vorzeichen eines zukünftigen Ereignisses.

Onager Asiatischer Esel, gehört zur Art der Pferde.

Onomastikon Namensverzeichnis mit dem Bestand der Personennamen eines bestimmten Zeitabschnitts.

Ordal Gottesurteil; Herbeiführung eines richterlichen Urteilsspruches durch übernatürliche Zeichen bzw. durch eine Probe, die der Beschuldigte zu bestehen hatte.

Paläolithikum Altsteinzeit; Kulturstufe der Jäger und Sammler, etwa 2 Mio. Jahre bis ca. 12 000 v. Chr.

Palastedikt Königlicher Erlass zur Regelung des Zusammenlebens im Palast (z. B. im Harem).

Pantheon hierarchisch gegliederte Gesamtheit aller Gottheiten einer Religion.

Peleset → Philister

Perser Iranisches Reitervolk im 1. Jahrtausend v. Chr., das sich im Südwesten des Iran ansiedelte und das Herrschergeschlecht der Achämeniden hervorbrachte.

Philister Biblische Bezeichnung für die Peleset, einem Verband der sog. Seevölker, die sich in Palästina (der Name leitet sich von »Peleset« her) Ende des 2. Jahrtausends niederließen und mit den dort ansässigen Israeliten in Konflikt gerieten.

Phönizier Bewohner selbstständiger Hafenstädte an der östlichen Mittelmeerküste im 1. Jahrtausend v. Chr.; bekannt als fähige Seefahrer und Händler.

Piktogramm Griechisch für »Bildzeichen«, das in der Schrift einen bestimmten Begriff oder eine Handlung repräsentiert (z. B. ein Stierkopf für »Rind« oder ein Rationsgefäß kombiniert mit menschlichem Kopf für »essen«).

polychrom Mehrfarbig (z. B. bei Gefäßbemalung oder Wandmalerei).

Prospektion Archäologische Methode zur Auffindung und Erfassung von Fundplätzen.

Proto-Elamisch Vorstufe der elamischen Keilschrift (vgl. → Elam).

Proto-Neolithikum Vorstufe bzw. die früheste Phase des → Neolithikums (etwa 12 000 v. Chr.).

Radiokohlenstoffdatierung Naturwissenschaftliche Methode zur Zeitbestimmung (Datierung) kohlenstoffhaltiger organischer Materialien; da sie auf dem radioaktiven Zerfall des C^{14}-Isotopes basiert, wird sie auch »C^{14}-« oder »^{14}C-Methode« genannt.

Räucheropfer Verbrennen meist aromatischer Substanzen zu kultisch-religiösen Zwecken in Schalen, die auf speziell dafür konstruierten Kultgeräten, wie hohen Ständern und niedrigen Untersätzen, postiert waren.

Redistribution Wirtschaftsform, bei der unterschiedliche Güter von einer zentralen staatlichen Stelle eingesammelt und verteilt werden.
Relief Plastisch aus der Fläche herausgearbeitetes Bildwerk.
Rollsiegel → Glyptik
Sakralarchitektur Spezielle Bauformen und Grundrisstypen für Gebäude, die religiösen Zwecken dienen, wie Tempel.
Satrapie Verwaltungsbezirk oder Provinz im Perserreich der Achämeniden.
Schamasch Sonnengott, sumerischer Name Utu; auch zuständig für Rechtsprechung und Gesetzgebung.
Scheich Oberhaupt eines Beduinenstammes.
Schlangendrache Mischwesen mit Schlangenkopf und -schwanz sowie reptilienartig geschupptem Körper und Greifvogelklauen; Symbol- und Begleittier des babylonischen Nationalgottes → Marduk.
Schmelzfarben-Relief Babylonische Dekorationsform des 1. Jahrtausends v. Chr. aus glasierten Tonziegeln, bei deren Herstellung anorganische Verbindungen zum Färben verwendet wurden; z. B. Ischtar-Tor, Prozessionsstraße und Thronsaalfassade in Babylon.
Sedimente Durch geologische Ablagerung entstandenes Material.
Selektion Auswahl bzw. Aussonderung von Tier- und Pflanzenarten, die zur → Domestikation besonders geeignet sind.
Seleukiden Makedonische Herrscherdynastie in der Nachfolge Alexanders d. Gr. (Diadochen), nach Seleukos I. Nikator benannt; etwa 321–63 v. Chr.
Semiramis Sagenhafte babylonische Königin bei den alten Griechen; wurde in Verbindung mit den »Hängenden Gärten von Babylon« als einem der antiken Weltwunder gebracht.
Sin Mondgott, sumerischer Name »Nanna«; symbolisch repräsentiert durch eine Mondsichel bzw. eine Mondsichelscheibe.
Skythen Reitervolk aus der südrussischen Steppe, das zusammen mit den → Kimmeriern im 1. Jahrtausend v. Chr. eine Bedrohung für das assyrische Reich darstellten.
späthethitisch Periodenbezeichnung für Fürstentümer und Kunstwerke aus Nordsyrien im 1. Jahrtausend v. Chr., die in der Tradition des hethitischen Großreiches standen.
Stele Frei stehende, mit einem Relief und/oder einer Inschrift versehene Steinplatte.
Stempelsiegel Auch Siegelstempel, → Glyptik
Sumerische Königsliste (SKL) Bedeutendste Zusammenstellung mesopotamischer Herrscherdynastien in ihrer zeitlichen Abfolge beginnend im 3. Jahrtausend v. Chr.; in ihrer Tradition stehen auch die späteren assyrischen und babylonischen Königslisten.
Survey Archäologische Geländebegehung, Untersuchung der Oberfläche nach Artefakten.
Synkretismus Religiöse Verschmelzung mindestens zweier Gottheiten mit ähnlichen Eigenschaften und Zuständigkeitsbereichen.
Talionsprinzip Biblisches Vergeltungsgesetz nach dem Grundsatz »Auge um Auge, Zahn um Zahn«.
Tell Arabische Bezeichnung für einen antiken Ruinenhügel; im Türkischen Höyük oder Hüyük, persisch Tepe.

Terrakotten Gegenstände oder Figuren aus gebranntem Ton (lateinisch/italienisch »*terrakotta*«).
Terrazzo-Fußboden Bodenbelag, der sich aus kleinen Steinstücken mosaikartig zusammensetzt.
Thronname Bei Amtsantritt eines Königs angelegter offizieller Name, der nicht mit dem Geburtsnamen identisch ist.
token Kleine Kiesel oder Tonobjekte unterschiedlicher Form, die vor der Schrifterfindung zur Zählung und Informationsspeicherung verwendet wurden.
Töpferscheibe Kreisrunde, rotierende Arbeitsplatte zur Herstellung keramischer Gefäße.
Toreutik Kunsthandwerkliche Verarbeitung von Metall (z. B. Treiben, Punzen, Ziselieren).
Trepanation Knochenöffnung, vorwiegend Schädelöffnung, am lebenden Menschen zu medizinisch-rituellen Zwecken durch aufbohren oder aufmeißeln.
Trilingue Dreisprachiges Schriftdokument; z. B. die Bisutun-Inschrift in babylonischer, altpersicher und altgriechischer Sprache.
Turtan Assyrische Bezeichnung für einen Heerführer; höchster militärischer Posten in der assyrischen Armee.
Überzug Tonschlemme oder dünne Farbschicht, mit der Keramikgefäße überzogen sein können.
Ugaritisch Semitische Sprache und Schrift von Ugarit, heute Ras Schamra an der syrischen Mittelmeerküste nördlich von Latakia.
Uluburun Ort an der südwesttürkischen Küste, vor dem ein Handelsschiff aus der zweiten Hälfte des 2. Jahrtausends v. Chr. unterging; in der archäologischen Forschung bedeutendes Schiffswrack mit reicher Fracht aus dem alten Orient.
Urartäisch Sprache und Schrift der Urartäer.
Usurpation Widerrechtliche Anmaßung bzw. Aneignung staatlicher Macht.
Utu →Schamasch
Vergöttlichung Erhebung eines Herrschers zum Gott nach seinem Tod oder noch zu Lebzeiten (z. B. Naramsin von Akkad).
Volute Spiral- oder schneckenförmiges Ornament oder architektonisches Bauelement.
Wandung Archäologischer Fachbegriff für die Außenseite eines Keramikgefäßes.
Weihgaben Bezeichnung für alle Arten von Gegenständen und Figuren, die Gläubige einer Gottheit als Geschenk darbringen, häufig mit einem Dank oder einer Bitte verbunden.
Würdezeichen bestimmte Kleidungsstücke oder Gegenstände (Statussymbole), die ihre/n Träger/in in ihrer/seiner Funktion und/oder gesellschaftlichen Status kennzeichnen.
Zählsteine →*token*
Zikkurat Tempelturm aus stufenförmigen Absätzen bestehend, der sich aus auf Hochterrassen errichteten Tempeln entwickelte.

Bildnachweis

Albertz, R. u. a., Frühe Hochkulturen, Stuttgart 1997: 87, 152; Art Archive: 35; Badisches Landesmuseum: 126; Dr. Jürgen Bär: 6, 8, 9, 12 u., 13, 16/17, 18, 20, 49, 50, 51, 78, 79, 97, 100, 106, 107, 109, 115, 121, 130, 132, 144, 154; Bär, J., Die älteren Ischtar-Tempel in Assur, Wissenschaftliche Veröffentlichungen der Deutschen Orient-Gesellschaft (WVDOG) 105, Saarbrücken 2003: 63, 64, 65 o., 122; bpk: 60, 76, 134, 148; bpk/RMN/Les frères Chuzeville: 58; bpk/Vorderasiatisches Museum, SMB/Klaus Göken: 2; bpk/Vorderasiatisches Museum, SMB/Jürgen Liepe: 93, 102, 141, 160; bpk/RMN/René-Gabriel Ojéda: 108; bpk/Vorderasiatisches Museum, SMB/Gudrun Stenzel: 53; bpk/Vorderasiatisches Museum, SMB/Olaf M.Teßmer: 5, 95, 167; bpk/rmn: 21, 149, 157; bpk/Scala: 4, 94; DAI/Projekt Göbekli Tepe: 27, 31, 32, 54; Foto Scala, Firenze: 7; Heinrich, E., Die Tempel und Heiligtümer im Alten Mesopotamien, Denkmäler Antiker Architektur 14, Berlin 1982: 44; Hirmer Archiv: 136; Konya Arkeoloji Müzesi: 36; Kunst- und Ausstellungshalle der Bundesrepublik Deutschland (Hrsg.), Die Hethiter und ihr Reich, Stuttgart 2002: 63; Lloyd, S., Die Archäologie Mesopotamiens, München 1981: 42, 43, 99; Mary Evans Picture Library/Alamy: 153; Matthiae, P., Geschichte der Kunst im Alten Orient, Stuttgart 1999: 117, 120, 145; Museum zu Allerheiligen Schaffhausen, Sammlung Ebnöther: 127 (Inv. Nr.: Eb33283.01); Nissen, H. J., Grundzüge einer Geschichte der Frühzeit des Vorderen Orients, Darmstadt 1990: 48, 150; Oriental Institute Museum, University of Chicago: 77 (Photo: John Larson), 133; Orthmann, W./u. a., Der Alte Orient. Propyläen Kunstgeschichte, Bd. 14, Berlin 1975: 123; Parrot, A., Sumer und Akkad, München 1983: 40, 41, 88, 174; Pichot, A., Die Geburt der Wissenschaft von den Babyloniern zu den frühen Griechen, Frankfurt/Main 1995: 169; picture-alliance/akg-images: 11, 67, 125; picture alliance/akg-images/Erich Lessing: 29, 61, 69, 72, 86, 116, 161, 173, 176; picture-alliance/maxppp Electa/Leemage: 12 o.; Roaf, M., Mesopotamien, Augsburg 1998: 28; Saggs, H. W. F., Völker im Lande Babylon, Stuttgart 2005: 171; The Trustees of the British Museum: 38, 164; Renate Windorf (Berlin): 65 u.; Jack Unruh: 34; Dr. Donny George Yokohama: 178, 179; ZKM/H.Klotz: 37

Verlag und Autor danken allen Leihgebern für die Bereitschaft, Bildmaterial für diese Publikation zur Verfügung zu stellen. Leider war es nicht in allen Fällen möglich, die Inhaber der Urheberrechte zu ermitteln. Etwaige Ansprüche kann der Verlag bei Nachweis entgelten.

Bibliografische Information Der Deutschen Bibliothek
Die Deutsche Bibliothek verzeichnet diese Publikation in der
Deutschen Nationalbibliografie; detaillierte bibliografische
Daten sind im Internet über http://dnb.d-nb.de abrufbar.

Umschlaggestaltung: Stefan Schmid, Stuttgart, unter Verwendung
von Abbildungen von bpk und picture alliance/akg-images

© 2009 Konrad Theiss Verlag GmbH, Stuttgart
Alle Rechte vorbehalten
Die Herausgabe dieses Werkes wurde durch die Vereinsmitglieder der WBG ermöglicht.
Lektorat: Beate Dillmann-Gräsing, Fehmarn
Kartografie: Peter Palm, Berlin
Reihen-Gestaltung und Satz: Katrin Kleinschrot, Stuttgart
Reproduktionen: reproteam siefert, Ulm
Druck und Bindung: Offizin Andersen Nexö Leipzig GmbH, Zwenkau
ISBN: 978-3-8062-2139-8

Besuchen Sie uns im Internet: www.theiss.de